CADENCES

méthode de français

Dominique Berger
Régine Mérieux

NIVEAU DÉBUTANT

HATIER/ Didier

Crédits photographiques

p. 5 (haut) Hoa-Qui/Kid-Robert ; (bas) Bénichou • **p. 6** (1, 2, 3, 5, 6, 7) Buttigieg -Sanna © Didier ; (8) Alcatel ; (4) Renault • **p. 7** (B) Pix/R. Poinot ; (A) Pix/J. Bénazet ; (C) SNCF • **p. 8** Marie Claire • **p. 12** Vidéo Tours ; Photo et passeport DR • **p. 15** Pix/F.P.G.-M. Lohman • **p. 24** Fotogram/F. Gilbert • **p. 26** (gauche) Explorer/Le Toquin ; (droite) Jerrican/Valls • **p. 27** Les Films du Losange • **p. 36** Buttigieg-Sanna © Didier • **p. 38** Ministère de l'Environnement • **p. 42** Buttigieg-Sanna © Didier • **p. 47** (haut) DR ; (bas gauche) Rapho/J.M. Charles ; (bas droite) Hoa Qui/S. Grandadam • **p. 48** Jerrican/Faure • **p. 49** Vloo/H. Marcou • **pp. 57-58** France Miniature ; **p. 58** (haut gauche) Vloo/K. Hackett ; (haut droite) Pix/P Viard ; (bas gauche) Pix/APA ; (bas droite) Vloo/Chemin • **p. 61** (haut) Campagne-Campagne/Merle ; (milieu) Pix/M. Dusart • **p. 62** Festival cinéma de Cannes • **p. 64** Comité Français d'Éducation pour la Santé • **p. 65** Brasseries Jenlain • **p. 71** (1, 4, 5, 7, 8, 9) Buttigieg-Sanna © Didier ; (2) La Poste ; (3) Jerrican/Limier ; (5) RATP ; (6) Signalisation routière • **p. 74** Lyna édition • **p. 76** Office du Tourisme de Carnac • **p. 77** (haut droit) Jerrican/Limier ; (milieu gauche) Buttigieg-Sanna © Didier ; (milieu droit) Buttigieg-Sanna © Didier • **p. 79** Buttigieg-Sanna © Didier • **p. 80** (gauche) Salon Jacques Moisant, Paris ; (droite) Studio MP, Tours • **p. 83** Stills/M. Pécou • **p. 88** Buttigieg-Sanna © Didier • **p. 89** Explorer/A. Tovy • **p. 91** Buttigieg-Sanna © Didier • **p. 93** CEREN et Fédération française de Cardiologie • **p. 97** (haut droit) Explorer/Roy ; (milieu) Rapho/F. Ducasse ; (bas) Rapho/M.S. Yamashita • **p. 98** Sipa/A. Baumann • **p. 100** (A) Explorer/S. Missir ; (B) Explorer/J.P. Boyer ; (D) Jerrican/Labat ; (E) Fotogram/Chaville ; (F) Explorer/A. Wolf ; (G) Collection Viollet • **p. 101** Scope/P. Guy • **p. 107** Explorer/P. Maille • **p. 110** (a) Gamma ; (b) DR ; (c) Imapress ; (d) Stills/Sainlouis • **p. 111** (e) Sipa ; (f) Stills/Arnal ; (g) Sipa ; (h) Sipa/Dalmas • **p. 115** Coll. Christophe L • **p. 117** Gamma • **p. 118** Club Actuel • **p. 120** Burger King • **p. 121** (haut droit) Sipa/Witt ; (haut milieu) Sygma/P. Vauthey ; (milieu gauche) Sipa/Gronick ; (milieu) Sipa/Klein ; (milieu droit) Sipa/P. Leroux • **p. 127** Comité Français d'Éducation pour la Santé • **p. 130** La Poste • **p. 131** *Achille Talon aggrave son cas* © Dargaud Ed., de GREG • **p. 133** Ticket contact • **p. 135** Boissonnet ; (5) Citroën • **p. 140** Jerrican/Clément • **p. 141** Collection Viollet • **p. 142** Sygma • **p. 145** (bas gauche) Explorer/P. Gleizer ; (bas droite) Explorer/P. Roy • **p. 146** Coll. Christophe L • **p. 150** Nestlé Rowntree • **p. 153** Explorer/V. Hazat-Iconos • **p. 158** (2) ADAGP/Calder ; (4) France 2 ; (5) Kipa/Roncen ; (7) Éditions du Seuil • **p. 161** (1) Plon ; (2) Éditions du Seuil ; (3) Solar ; (4) Delachaux & Niestlé ; (5) Éditions du Seuil • **p. 163** Studio, Tours • p. 168 © Bayard Presse, *Okapi*, 1993, illustrateur : Pierre Frisano ; Elle ; Figaro ; Nouvel Observateur • **p. 171** Chèque Lire • **p. 175** (1) Musée des Beaux Arts/Tours ; (2) Pix/Gontscharoff ; (3) RATP • **p. 177** Jerrican/Taylor • **p. 180** Coll. Christophe L • **p. 181** (haut gauche) Coll. Christophe L ; (milieu droit) Gaumont • **p. 182** (A) Bac Films ; (B) ARP ; (C) Hachette Première ; (D) Coll. Christophe L ; (E) Renn Production • **p. 184** (A) Club Med/N. Dumas ; (B) Jerrican//Gus ; (C) Explorer/J. Villégier ; (D) Scope/J.D. Suches ; (E) Montpellier • **p. 187** Jerrican/Nicaud • **p. 191** Buttigieg-Sanna © Didier • **p. 192** Hôtel Formule 1 • **p. 193** Explorer/C. Delu • **couverture** (haut gauche) Explorer/F. Jalain ; (haut droit) Buttigieg-Sanna © Didier ; (milieu droit) Buttigieg-Sanna © Didier ; (bas gauche) Pix/C. de Torquat

Illustrations :

Marie Fournier *(pp. 67, 104)*,
Jean-Louis Goussé *(pp. 9, 20, 29, 30, 45, 51, 53, 62, 66, 73, 75, 78, 84, 90, 108, 126, 127, 138, 162, 185)*,
Jacques Lerouge *(pp. 11, 14, 19, 25, 37, 60, 100, 141, 143, 151)*,
Sylvie Serprix *(pp. 10, 18, 21, 55, 70, 87, 147, 177)*.

Cartes et plans :

Graffito *(p. 22)*, Xavier Hüe *(pp. 57, 58, 76)*.

Conception couverture :

Studio Favre & Lhaïk

Maquette intérieure :

Étienne Henocq

Réalisation :

SG Production, SG Création

© Les Éditions Didier, Paris, 1994   ISBN 2-278-04319-6   Imprimé en France

AVANT-PROPOS

PUBLIC
Adultes et grands adolescents, **vrais débutants**
• **cours intensif** de 100-120 heures. Un parcours d'apprentissage bien balisé correspondant à deux sessions d'un mois, à raison de 15-16 heures hebdomadaires.
• **cours extensif** en milieu universitaire ou en formation continue pour adultes.

OBJECTIFS
• Prendre en compte les difficultés des vrais débutants par un ensemble très structuré et une démarche très progressive.
• Faire acquérir des savoirs linguistiques, communicatifs et culturels pour mettre en œuvre des **savoir-faire** de la vie sociale. Par exemple, le travail sur l'interrogation, les noms de pays et les verbes *aller* et *venir* conduit au savoir-faire « s'informer sur un lieu ».

DÉMARCHE
• Notionnelle-fonctionnelle afin de développer une **réelle compétence de communication en français**.
• L'enseignement-apprentissage est basé sur les **besoins de l'apprenant**, visant à le guider vers l'autonomie.
• Prise en compte des temps d'enseignement par un découpage en étapes bien repérables à l'intérieur de chaque séquence. Cette organisation permet à l'enseignant de tirer parti du matériel en fonction des exigences de son public.

PLAN GÉNÉRAL
• **4 dossiers de 4 séquences (cf. tableaux p. 221 à p. 224)**

Dossier 1 : Arriver
… en France
… dans une famille
… à l'institut de langue française
… en classe

Dossier 2 : Observer
… les régions
… la ville
… la rue
… des gens et des lieux

Dossier 3 : Vivre
… au jour le jour
… une vie de princesse
… au fil des années
… au XXe siècle

Dossier 4 : Proposer
… une sortie
… des lectures
… un film
… des vacances

• Précis grammatical
• Tableau de phonétique
• Lexique multilingue

DESCRIPTION D'UNE SÉQUENCE
Chaque séquence comprend :
• **UN DOCUMENT DÉCLENCHEUR** qui permet de :
– mettre les apprenants en contact avec des documents tantôt sonores (dialogues de films, émissions radiophoniques, conversations téléphoniques, chansons…) tantôt écrits (romans-photos, articles de presse, BD, lettres…)
– sensibiliser les apprenants à des contenus culturels et linguistiques variés correspondant à des **situations réelles de la vie quotidienne**.
– fournir les éléments linguistiques relatifs à la séquence.
– faire des exercices de repérage et de compréhension sur ces documents.

- **DES ACQUISITIONS GRAMMATICALES** incitant l'apprenant à :
  – **observer un corpus** puis à déduire, en groupe ou individuellement, des règles de fonctionnement de la langue.
  – **appliquer et systématiser** ces règles à l'aide d'exercices fermés en contexte situationnel.
  – **réemployer** ces structures dans des exercices ouverts oraux et écrits.
  – **fixer** les acquis par des tableaux de systématisation.

- **DES ACTIVITÉS ORALES** liées au contenu thématique de la séquence, invitant l'apprenant à :
  – **observer/écouter** des actes langagiers correspondant à des actes de parole.
  – **réemployer** ces éléments dans des exercices d'application ouverts tels que simulations ou jeux de rôles.
  – **mémoriser** ces réalisations grâce à des tableaux.

- **DES ACTIVITÉS ÉCRITES :**
  lecture de documents et exercices de compréhension (répondre à un questionnaire, ordonner un texte, repérer des éléments scripto-visuels…), guidant l'apprenant vers des activités de production (rédiger une lettre, une critique, une biographie…)

- **DES SAVOIR-FAIRE** qui permettent :
  – non seulement de reprendre les éléments linguistiques et communicatifs étudiés,
  – mais aussi de proposer des tâches à accomplir dans des **situations réelles** d'usage de la langue (savoir remplir des documents administratifs, dialoguer par téléphone, raconter un fait divers, justifier des choix…)
  – et donc de **valoriser l'apprentissage** par la prise de conscience d'une autonomie communicative.

- **DES REPÈRES**
  qui proposent de travailler sur des **aspects socio-culturels** liés au thème de la leçon (des objets quotidiens, des films français, le minitel…)

- **des exercices sur la relation phonie/graphie et sur l'intonation expressive.**

MATÉRIEL Le livre de l'élève s'accompagne :

- d'un **guide pédagogique** comprenant la correction des exercices, des indications culturelles et un test d'évaluation à la fin de chaque dossier.

- de **deux cassettes audio** reprenant les dialogues et les exercices symbolisés par le signe
  Les transcriptions figurent à la fin de ce manuel.

DOSSIER 1

Arriver

- en France
- dans une famille
- à l'Institut de langue française
- en classe

EN FRANCE

1 QUE CONNAISSEZ-VOUS DE LA FRANCE ?

Ⓐ *Quels sont les objets typiquement français ?*

1

2

3

4

5

6

7

8

B *Citez 3 villes, 3 régions, 3 personnages historiques et 3 artistes.*

VILLES	RÉGIONS	PERSONNAGES HISTORIQUES	ARTISTES
Lyon	Normandie -V.-	Napoléon Ier	Renoir
Nice	Champagne	Marie-Antoinette	Toulous-Lautrec
Paris	Bourgogne	Luis XV	Paul Cezanne.
Toulouse	Le Pays basque	Jacques Chirec	Rembandl

 C *Écoutez et retrouvez le message en français.*

| 1 ☐ | 3 ☐ | 5 ☐ | 7 ☐ |
| 2 ☐ | 4 ☐ | 6 ☐ | 8 ☐ |

D *Trouvez des mots français qui existent dans votre langue et prononcez-les.*

Exemple : hôtel [ɔtɛl], rendez-vous [rãdevu]

....

....

2 IDENTIFIEZ

  A *Faites correspondre les documents sonores et visuels.*

1 ......B........   2 ......C........   3 ......A........

B

A

C

B *Retrouvez la couverture du magazine* **Marie Claire** *écrite en français.*

n° ....1..........

1

2

3

4

5

6

7

8

9

3 SALUTATIONS

A ③

B ①

C ②

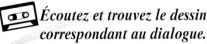 *Écoutez et trouvez le dessin correspondant au dialogue.*

1 – Bonjour, monsieur le Directeur. Comment allez-vous ?
 – Bien, merci, mademoiselle Malin. Et vous ?

2 – Salut Christine !
 – Salut Bertrand ! Ça va ?

3 – Au revoir, Benoît, à tout à l'heure !
 – Au revoir, maman !

Saluer quelqu'un
– Bonjour ⎰ monsieur ! – Comment allez-vous ? madame ! ⎱ mademoiselle !
– Bien merci. Et vous ?
– Salut, ça va ? – Oui, ça va et toi ?

et vous?   allez vous?
et toi ?
vas-tu ?
ça va ? video

4 SE PRÉSENTER - PRÉSENTER QUELQU'UN

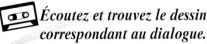 **A** *Dites qui parle : un homme, une femme ou les deux.*
Cochez la (les) case(s) correspondante(s).

	H	F
1	X	X
2	X X	
3		X X
4	X	X

Je m'appelle
tu t'appelles
il s'appelle
Nous appellons

B *Complétez.*

1 – Je _____m'appelle_____ Paul et vous ?
 – Moi, ____Je m'appelle____ Anne.

2 – Lui, _____n'_____ Joël et elle ?
 – Elle, ____s'appelle____ Monique.

3 – Elle _____s'appelle_____ Rita ?
 – Non, ____Je m'appelle____ Lola.

Se présenter
Je m'appelle...

Présenter quelqu'un
Il s'appelle... Elle s'appelle...

à bientôt →à la proche

9

Savoir-faire

Maintenant, vous savez **vous présenter.**

Présentez-vous à la classe et demandez son prénom à un(e) autre étudiant(e).

Exemple : Moi, je m'appelle .... et vous ?

Moi, je m'appelle .... et toi ?

Maintenant, vous savez **présenter les autres étudiants de la classe.**

Exemple : Il s'appelle .... et elle ?

Elle s'appelle .... et lui ?

---

5 FORMULES DE POLITESSE

Écoutez et trouvez le document correspondant au dialogue.

B **1** – S'il vous plaît, monsieur,
la tour Eiffel ?
– Toujours tout droit.

siempre recto

C **2** – Voilà, madame !
– Merci !
– Je vous en prie !

de nada -cortesía

A **3** – Vous voulez un café ?
– Oui, merci.
– Avec du sucre ?
– Non, merci.

*de rien - de nada
pas de quai - de nada
faltaba mas*

Formules de politesse

S'il vous plaît, la rue de Rivoli ?
Merci.
Je vous en prie.

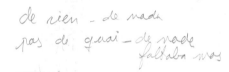

A

B

C

6 L'ALPHABET

 Écoutez puis répétez.

			L'alphabet
A,	a,	*a*	[a]
B,	b,	*b*	[be]
C,	c,	*c*	[ce] *x*
D,	d,	*d*	[de]
E,	e,	*e*	[ə] *cerrea*
F,	f,	*f*	[εf]
G,	g,	*g*	[ʒe] *ge*
H,	h,	*h*	[aʃ] *ag*
I,	i,	*i*	[i]
J,	j,	*j*	[ʒi] *ʒ*
K,	k,	*k*	[ka]
L,	l,	*l*	[εl]
M,	m,	*m*	[εm]
N,	n,	*n*	[εn]
O,	o,	*o*	[o]
P,	p,	*p*	[pe]
Q,	q,	*q*	[ky] *Kiv*
R,	r,	*r*	[εr]
S,	s,	*s*	[εs]
T,	t,	*t*	[te]
U,	u,	*u*	[y] *laucomoi*
V,	v,	*v*	[ve]
W,	w,	*w*	[dublve]
X,	x,	*x*	[iks]
Y,	y,	*y*	[igrεk]
Z,	z,	*z*	[zed] *ud*

1 – Bernard Lorrain.
– Épelez, s'il vous plaît !
– B. E. R. N. A. R. D. L. O. deux R. A. I. N.

relatrea.

2 – Denis Xanaki.
– Épelez, s'il vous plaît !
– D. E. N. I. S. X. A. N. A. K. I.

3 – Yamoko Sushi.
– Épelez, s'il vous plaît !
– Y. A. M. O. K. O. S. U. S. H. I.

REPÈRES

Lisez ces sigles et dites à quoi ils correspondent.

Exemple : TGV ⟹ **T**rain à **G**rande **V**itesse.

1 – B.D.

2 – H.L.M. ⟵   *Société protectrice des animaux*   *S'il vous plaît*

3 – S.N.C.F. ⟵   *Habitation à loyer modéré*

4 – S.V.P.   *Bande dessinée*

5 – V.O. ⟵   *Version originale*

6 – E.D.F. ⟵   *Société nationale des chemins de fer*

7 – S.P.A ⟵   *Électricité de France*

8 – O.N.U. ⟵   *Organisation des Nations Unies*

Savoir-faire

Maintenant, vous savez *comprendre quelqu'un qui épelle.*

 Écoutez puis complétez ces documents.

VIDÉO-TOURS
14, RUE DU COMMERCE - 37000 TOURS
TÉL.: 47 66 68 11

ABONNÉ

CETTE CARTE STRICTEMENT PERSONNELLE EST NÉCESSAIRE POUR EFFECTUER VOS LOCATIONS A TARIF PRÉFÉRENTIEL

DU 03.03.92 AU

NOM : LACAVETINE MARIA

1

CENTRE HALLES GYM
48 38 60 83
FORME
NOM ......HOUX........
PRÉNOM ..HERVE.BANT..
Date d'insc. ....
VALABLE AU ....

2

**BIBLIOTHÈQUE MUNICIPALE
SECTION ADULTES**

N° D'INSCRIPTION : ....
NOM : ....Disage.............................
PRÉNOM : ....Julia.............................
ADRESSE : ....

3

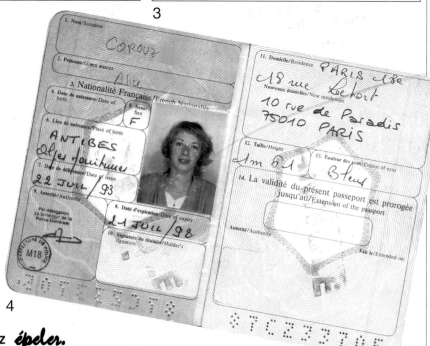

4

Maintenant, vous savez *épeler.*

Épelez votre nom, prénom et votre adresse.

Savoir-faire

Maintenant, vous savez *utiliser un dictionnaire.*

Classez par ordre alphabétique ces extraits de dictionnaire.

1 accent ....
2 changer ....
3 eux ....
4 gare ....
5 livide ....

6 mercredi ....
7 national ....
8 professeur ....
9 téléphoner ....
10 ville ....

changer v. 1. *Le temps va changer*, devenir différent. 2. *Cette nouvelle coiffure la change*, la rend différente. 3. *Marie a changé de robe*, elle en a mis une autre. 4. *Pierre a changé de place avec moi*, nous avons échangé nos places. 5. *M. Durand a changé des francs en lires*, il a donné une certaine monnaie et a reçu une monnaie différente.

téléphoner v. *Je te téléphonerai ce soir*, je te parlerai au téléphone (= appeler).

accent n. m. 1. *Mireille a l'accent marseillais*, elle prononce le français comme les Marseillais. 2. *L'accent est aigu dans « pré »*, *grave dans « près »*, *circonflexe dans « prêt »*, le signe placé sur la voyelle. 3. *Il a mis l'accent sur son rôle*, il y a insisté.

professeur n.m. *M. Durand est professeur de français*, *Mme Dupont est un jeune professeur de maths*, ils enseignent ces matières.

national adj. *L'Assemblée nationale représente le peuple. En France, le 14 juillet est la fête nationale*, la fête de la nation, du pays. *Une route nationale parcourt une grande partie du pays* (≠ départemental, local).

livide adj. *Tu as froid ? Tu es livide*, très pâle.

ville n. f. 1. *Paris est la plus grande ville de France* (=agglomération). 2. *Les Durand habitent la ville* (≠ campagne).

eux pron. pers. est le pluriel de *lui* : *Je vais avec eux.*

mercredi n.m. *Demain, nous serons mercredi 8 février.*

gare n.f. *Le train entre en gare*, l'endroit où il s'arrête.

Dictionnaire *Maxi-débutants*. © Larousse, 1992.

7 INTONATION

 Ⓐ *Écoutez et comparez les intonations.*

Exemple : Il s'appelle Pierre.

Il s'appelle Pierre ?

1   La rue Nationale, s'il vous plaît ?
2   C'est votre valise ?
3   Un café, merci.
4   Tu aimes le fromage ?
5   Il est midi.

Ⓑ *Écoutez et choisissez : « . » (affirmation) ou « ? » (interrogation).*

1   C'est un ami . ?
2   Il fait beau .
3   Tu es libre ?
4   Il est américain ?
5   C'est l'école de Pierre .

6   Ça va bien ?
7   Elle est française .
8   Il est deux heures .
9   Vous allez bien ?
10   Elle s'appelle Marie .

Ⓒ *Changez l'intonation des 10 phrases précédentes.*

Exemple : Vous entendez : c'est un ami ?

Vous dites : c'est un ami.

DANS UNE FAMILLE

Tours, le 25 mars 1994

Ref. F 41289

JF it. cherche famille Tours pour études Juillet. Ref. H20031

JH cherche maison

Chère mademoiselle,

Vous cherchez une chambre à Tours ? Nous avons une chambre confortable à vous offrir. Le loyer est de 800 francs par mois.
Je vous présente ma famille : je m'appelle Christine Férieux, nous sommes quatre personnes, nous habitons à Tours, 20 rue Marceau.
Voici une photo : mon mari s'appelle Pierre et il est médecin. Moi, je suis professeur de français. Julie, ma fille, a cinq ans et Hugo a onze ans. Le chien s'appelle Câlin.
Nous serons très contents de recevoir une jeune fille italienne.
À très bientôt j'espère !
Christine Férieux

P.S. Je vous envoie aussi un plan du quartier.
Plano de la zona

à Tour - en esta ciudad.
loyer - alquiler (lueyer)
chambre → dormitorio → camara
co chor - marceau

Mademoiselle A. Giusti
Via Palermo 43
00183 Roma
Italie

• *Trouvez la bonne réponse.*

1 Mlle Giusti
   – cherche une chambre à Tours. ☒
   – habite à Londres. ☐
   – cherche une chambre à Rome. ☐

2 M. et Mme Férieux habitent
   – à Tours. ☒
   – à Marseille. ☐
   – à Lyon. ☐

3 M. Férieux est
   – avocat. ☐
   – professeur. ☐
   – médecin. ☒

4 Les enfants de M. et Mme Férieux s'appellent
   – Henri et Lucie. ☐
   – Antoine et Julie. ☐
   – Julie et Hugo. ☒

5 La famille Férieux a
   – un chat. gato ☐
   – un oiseau. pájaro ☐
   – un chien. perro ☒

6 Mme Férieux
   – est contente de proposer une chambre. ☒
   – est fatiguée de travailler. ☐
   – est triste d'habiter à Tours. ☐

1 LES VERBES DU 1er GROUPE AU PRÉSENT

A Observez ces verbes au présent.

Habiter

✗ j' habite
✗ tu habites
✗ il/elle habite
nous habitons
vous habitez
✗ ils/elles habitent

✗ se prononcian igual

Chercher buscar

je cherche
tu cherches
il/elle cherche
nous cherchons
vous cherchez
ils/elles cherchent

Regarder

je regarde
tu regardes
il/elle regarde
nous regardons
vous regardez
ils/elles regardent

Aimer

j' aime
tu aimes
il/elle aime
nous aimons
vous aimez
ils/elles aiment

B Écoutez et soulignez dans l'exercice A les formes que vous entendez.

C Que remarquez-vous ?

je cherche
tu cherches
il/elle cherche
ils cherchent

se prononcent :
☐ de la même façon
☐ différemment

j' aime
tu aimes
il/elle aime
ils aiment

s'écrivent :
☐ de la même façon
☐ différemment

D Complétez et lisez ces verbes.

1 _tu_ parles
2 _ils/elles_ répètent
3 _tu_ étudies
4 _nous_ aimons
5 _vous_ demandez
6 _ils/elles_ téléphonent
7 _j'_ joue
8 _j'_ mange
9 _ils/elles_ photographient
10 _tu_ passes

E Faites des phrases avec les mots suivants.

1 Je / regarder / la photo   *Je regarde la photo*
2 Tu / étudier / le français   *études*
3 Elle / chercher / une chambre   *cherche*
4 Pierre / photographier / la maison   *photographie*
5 Christine / demander / un renseignement   *demande*
6 Nous / parler / anglais   *parlons*
7 Ils / aimer / le tennis   *aiment*
8 Les enfants / manger / la tarte   *mangent*
9 Vous / écouter / la radio   *écoutez*
10 La dame / rencontrer / un ami   *rencontre*

Verbes en ...er	
je	... e
tu	... es
il/elle	... e
ils/elles	... ent

On ne prononce pas
la finale du verbe

| nous | **ons** | [õ] |
| vous | **ez** | [e] |

F Complétez ces dialogues avec les verbes indiqués.

Exemple : **[manger - aimer]**

– Vous *mangez* des gâteaux ?

– Oui, nous *aimons* les desserts.

1 [inviter - dîner]

– Nous _invitons_ Pierre ?

– Mais non, nous _dînons_ au restaurant.

2 [adorer - détester]

– J' _adore_ ce disque. Il est super !

– Moi, je _déteste_ cette musique.

3 [travailler - habiter]

– Vous _travaillez_ à Marseille ?

– Oui, mais j' _habite_ à Aix. C'est plus calme.

4 [voyager - rester]

– Vous _voyagez_ beaucoup.

– Non, nous _restons_ toujours ici.   *nos quedamos siempre aquí*

5 [accepter - refuser]

– Elle _accepte_ ce travail ?

– Non, elle _refuse_. C'est mal payé.   *está mal pagado*

16

le. sing
les. plural. *il* *a quinze ans - el viene quince años*
à *quinze ans - a los quince años.*
Dans une famille

Savoir-faire

Maintenant, vous savez **présenter des personnes.**

Observez ces cartes de visite et présentez ces personnes.

Exemple : Elle s'appelle Françoise Brige.
Elle habite 40, rue Fourcade à Paris.
Elle est dentiste.

1

Françoise Brige
chirurgien - dentiste

40, rue Fourcade - 75015 Paris
Tél. 12 53 10 25

Verbe être	
je	suis *ser.*
tu	es
il/elle	est
nous	sommes
vous	êtes
ils/elles	sont

NORD FORMATION

Jean DIEZ
Formateur (Foto)

NORD FORMATION
12 bis, place de la gare - 59000 Lille
Tél. 59.19.25.93

2

Il s'epelle Jean Diez
Il habite 12 bis
place de la gare
à Lille.
Il est Formateur

Il s'epelle Joël Berton.
Il habide 1, rue de l'Odéon à Paris
Il est Vétérinaire

JOËL BERTON

vétérinaire

1, rue de l'Odéon
75006 Paris
Tél. 46.21.05.31

3

Danielle et Michel Jouve
Décorateurs

2, place Clichy   Tél. 47.25.43.05
75018 Paris   Fax 47.25.40.11

4

Ils s'apolent Danielle et Michel Jouve.
Ils habitent 2 place Clichy à Paris.
Ils sont Décorateurs.

SG PRODUCTION

Emilie Tizy
Secrétaire de direction

6, place Gambetta - 06000 Nice - Téléphone : 93.11.99.32
Fax 93.11.99.31

5

Elle s'eppelle Emilie Tizy
Elle habite 6 place Gambetta à Nice.
Elle est Secrétaire de direction

Eugénie Drapier

Infirmière

Elle s'epelle Eugénie Drapier
Elle habite 1, rue Léo Delibes à Tours
Elle est infirmière

1, rue Léo Delibes
37200 Tours
Tél. 47.25.43.05

6

2 EXCLAMATIONS

Ⓐ Dites si les personnes qui parlent sont contentes, tristes ou fatiguées.

Exemple : J'arrive en France, c'est formidable !

que dici d'sui gres content.
④ que seule., moi osi

	1	2	3	4	5	6	7	8
Content 😊	✕		✕					✕
Triste 🙁				✕			✕	
Fatigué 😌		✕			✕			

Ⓑ Discutez avec votre voisin(e). Utilisez les expressions données ou trouvez-en d'autres.

Exemple : – J'adore les films policiers !
– Ah bon, tu regardes un film policier ?

Étudiant A :
– Deux kilomètres à pied, c'est dur !
– Pratique et rapide, j'adore ce moyen de transport.
– Oh oui ! merci. Tu es adorable !
– Comme c'est beau, cette musique !
– Oh oui, j'adore les films policiers !
– Quelle fatigue ! Tout ce travail !
– La mer, le soleil ! super !

Étudiant B :
5 – regarder un film policier
7 – être en vacances
6 – travailler trop
4 – écouter un bon disque
1 – marcher beaucoup
2 – voyager en avion
3 – aimer le cadeau

3 LES ARTICLES

Ⓐ Observez le plan envoyé par madame Férieux et complétez le tableau.

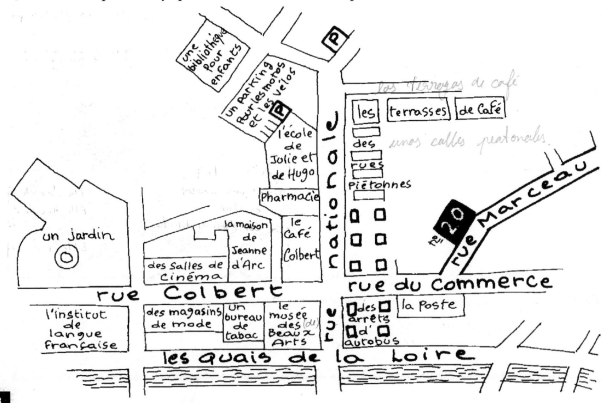

*l. aspiradu.   le * haricot vert.— judia verde.*
l' homme.

DANS UNE FAMILLE

	Article défini	Article indéfini	Article défini	Article indéfini
	Singulier		**Pluriel**	
MASCULIN	**le** café	**un** jardin	**les** vélos	**des** magasins ....
FÉMININ	**la** place St-Paul	**une** poste	**les** motos	**des** rues piétonnes ....

B *Complétez avec* **le, la, les, l'.**

1 **le** professeur (m)
2 *le* frère (m)
3 *les* enfants (m)
4 *la* ville (f)
5 *la* bibliothèque (f)

étudiant.— masc
étudiants fem

6 *les* étudiantes (f)
7 *la* maisons (f)
8 *le* immeuble (m)
9 *la* gare (f) *estacion*
10 *le* institut (m)

C *Complétez avec* **un, une, des.**

1 *une* radio (f)
2 *un* téléphone (m)
3 *des* rues (f)
4 *une* voiture (f)
5 *une* idée (f)

6 *un* âge (m) *edad*   *l'âge. igrat — mijrata.*
7 *un* étudiant (m)
8 *des* fruits (m)
9 *un* exemple (m)
10 *une* université (f)

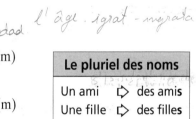

Le pluriel des noms
Un ami ⮕ des ami**s**
Une fille ⮕ des fille**s**

D *Dites ce que vous aimez, vous détestez.*

Exprimer ses goûts
J'aime le café.
Je déteste les voitures.

Exemple : J'aime le chocolat mais je déteste la pluie.

J'aime le .... *poulet (pollo)* .... mais je déteste la .... *soupe de poisson* ....   *poison*

la .... *musique pop* ....   la .... *musique classique* ....

l' .... *été (verano)* ....   l' .... *hiver (invierno)* ....

les .... *chats* ....   les .... *chiens* ....

E À l'aide des mots indiqués, complétez selon le modèle.

– salon (m) 4   – professeur (m/f) 5   – passeport (m) ✓   – valise (f) ✓

– maison (f) 8   – semaine (f) 2   – parents (m) 3   – jour (m) 2

– classe (f) 5   – chambre (f) 4   – mois (m) 2   – salle de bains (f) 4

Exemple : Une carte d'identité = un nom, un prénom, une adresse, un âge, une ville.

1 un voyage = *un passeport, une valise,*

2 une année = *un jour, une semaine, une mois*

3 une famille = *une maison, les parents*

4 un appartement = *un salon, une salle de bains, une chambre*

5 une école = *une professeur, une classe*

---

4 QUELQUES PRÉPOSITIONS

A Lisez et retrouvez le dessin de la famille Férieux.

Ici, nous sommes dans le jardin, devant la maison.
Derrière Hugo, il y a le chien.
Sur la table, il y a le chat des voisins.
Julie est sous la table.

3

2

1

Il y a
Il y a une personne.
Il y a des personnes.

entre - entre
à côté de - al costado
parmi - entre
autour de - alrededor
côte - la cuesta
la costa

Quelques prépositions	
dans en	derrière detrás
sur sobre	sous debajo
devant delante	à en

B *Faites des phrases.*

Exemple : Il y a une voiture devant le magasin.

devant   derrière   dans   est   l'   sur

voiture   dame

animal   il y a   des   sous

rue   à gauche   bibliothèque   cinéma

les   une   monsieur

le   à droite   jardin

magasins   enfant

C *Mettez ces phrases dans l'ordre.*

(handwritten) Il y a un enfant devant la maison

1 un / devant / la / il y a / enfant / maison
2 je / les / le / regarde / photos / lit / sur   *(handwritten)* Je regarde les photos sur le lit
3 la / tu / classe / français / parles / dans
4 22 / derrière / habite / le / il / rue Nationale / cinéma
5 la / dans / le / ils / télévision / regardent / salon
6 parents / église / photographient / Marie / devant / les / l'
7 à / Zola / la / droite / place / est
8 le / des / magasin / dans / clients / il y a
9 la / étudions / bibliothèque / à / nous

(handwritten)
3) Tu parles français dans la classe.
4) Il habite 22, rue Nationale, derrière le cinéma
5) Ils regardent la télévision dans le salon
6) Les parents photographient Marie devant l'église.
7) Zola est droite à la place.
8) Il y a des clients dans le magasin (tienda)
9) Nous étudions à la bibiothèye

savoir-faire

Maintenant, vous savez *parler de lieux et de personnes.*

Décrivez ces dessins.

1 M. et Mme Brias
M. Brias : avocat
Mme Brias : commerçante
Henri et Bruno
Le chien Paulo
22, rue des Cordeliers
59150 Lille

2 Mme Perrier : ouvrière
Émilie : étudiante
1, place de Jaude
63000 Clermont-Ferrand

Exemple : Voilà une famille. Ils s'appellent _Brias_

M. _Brias_ est _avocat_

Mme _Brias_ est _commerçante_

Ils _habiton_ à _22 rue des Cordelier._

Devant _la mer_, il y a _____

Derrière _les enfats_, il y a _un beque_

REPÈRES

A *Observez ces enveloppes et trouvez :*

1 Le nom du destinataire :
   a *Mme Vallet*
   b *M et Mme Sadania*

2 L'adresse du destinataire :
   a *18 rue Anatole*
   b *1 Place Foch*

3 La ville du destinataire :
   a *Montpellier*
   b *Ajaccio (Corsège)*

4 Le n° du département du destinataire :
   a *34000*
   b *20 000*

Mme Vallet
18 rue Anatole France
34000 MONTPELLIER

a

M. et Mme SADANIA
1 Place Foch
20000 AJACCIO

b

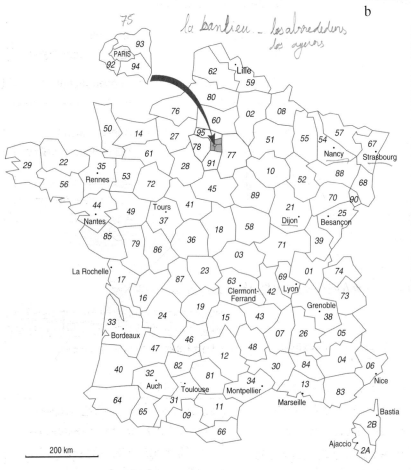

la banlieue - los alrededores
los ayros

01 AIN	48 LOZÈRE
02 AISNE	49 MAINE-ET-LOIRE
03 ALLIER	50 MANCHE
04 ALPES-DE-HAUTE-PROV.	51 MARNE
05 HAUTES-ALPES	52 HAUTE-MARNE
06 ALPES-MARITIMES	53 MAYENNE
07 ARDÈCHE	54 MEURTHE-ET-MOSELLE
08 ARDENNES	55 MEUSE
09 ARIÈGE	56 MORBIHAN
10 AUBE	57 MOSELLE
11 AUDE	58 NIÈVRE
12 AVEYRON	59 NORD
13 BOUCHES- DU-RHÔNE	60 OISE
14 CALVADOS	61 ORNE
15 CANTAL	62 PAS-DE-CALAIS
16 CHARENTE	63 PUY-DE-DÔME
17 CHARENTE-MARITIME	64 PYRÉNÉES-ATLANTIQUES
18 CHER	65 HAUTES-PYRÉNÉES
19 CORRÈZE	66 PYRÉNÉES-ORIENTALES
2A CORSE-DU-SUD	67 BAS-RHIN
2B HAUTE-CORSE	68 HAUT-RHIN
21 CÔTE-D'OR	69 RHÔNE
22 CÔTES-D'ARMOR	70 HAUTE-SAÔNE
23 CREUSE	71 SAÔNE-ET-LOIRE
24 DORDOGNE	72 SARTHE
25 DOUBS	73 SAVOIE
26 DRÔME	74 HAUTE-SAVOIE
27 EURE	75 PARIS
28 EURE-ET-LOIR	76 SEINE-MARITIME
29 FINISTÈRE	77 SEINE-ET-MARNE
30 GARD	78 YVELINES
31 HAUTE-GARONNE	79 DEUX-SÈVRES
32 GERS	80 SOMME
33 GIRONDE	81 TARN
34 HÉRAULT	82 TARN-ET-GARONNE
35 ILLE-ET-VILAINE	83 VAR
36 INDRE	84 VAUCLUSE
37 INDRE-ET-LOIRE	85 VENDÉE
38 ISÈRE	86 VIENNE
39 JURA	87 HAUTE-VIENNE
40 LANDES	88 VOSGES
41 LOIR-ET-CHER	89 YONNE
42 LOIRE	90 TERRITOIRE-DE-BELFORT
43 HAUTE-LOIRE	91 ESSONNE
44 LOIRE -ATLANTIQUE	92 HAUTS-DE-SEINE
45 LOIRET	93 SEINE-SAINT-DENIS
46 LOT	94 VAL-DE-MARNE
47 LOT-ET-GARONNE	95 VAL-D'OISE

❸ Complétez les enveloppes.

1 Vous écrivez à Marie Dupont. Elle habite à Dijon, 88 boulevard de la Trémoville, avec son mari et sa fille.

2 Vous écrivez à Hugues Franais. Il habite à Strasbourg, 25 avenue de l'Europe.

3 Vous écrivez à Henri et Madeleine Legrand. Ils habitent à Nancy, 5 rue Stanislas.

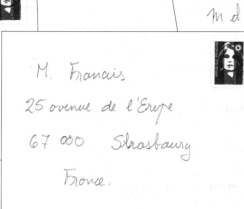

Mme Dupont.
88. bolevard de la Tremoville
21000 Dijon
France.

M. Franais
25 ovenue de l'Erope
67 000 Strasbourg
France.

M et Mme Legrand.
5 rue Stanislas
54.000 Nancy.
France.

5 LES FINALES DES MOTS

 ❹ Écoutez et barrez les lettres finales qui ne se prononcent pas.

Exemple : tu habite̶s̶

1 Il regarde	2 table	3 nid	4 avec
Je parle	mille	bavard *(charlatan)*	sac
Tu étudie̶s̶	frère	trop	canif
Elle répète	ville	galop	vif
Tu adore̶s̶	Hollande	bras	animal
J'aime	madame	riz	bal
Ils arrive̶n̶t̶	grosse	assez	bonjour
	petite	prix	coiffeur
		perdrix	premier ⎫
		avocat	dernier ⎬ No
		départ	venir ⎭

❺ Que remarquez-vous ?

1 Le *e* final	se prononce	☐
	ne se prononce pas	☒
2 En général, les consonnes finales *d, p, s, t, x, z*	se prononcent	☐
	ne se prononcent pas	☒
3 En général, les consonnes finales *c, f, l*	se prononcent	☒
	ne se prononcent pas	☐
4 Le *r* final	se prononce	☐
	ne se prononce pas	☐
	cela dépend	☒

 ❻ Lisez ces phrases et barrez les lettres muettes. Écoutez pour contrôler.

Exemple : Elle̶s̶ s'appelle̶ Gemma.

1 Elle̶s̶ sont françaises̶.

2 Vous êtes̶ autrichienne̶. *autrichien*

3 Regarde̶z̶ le tableau.

4 Quelle̶ est votre̶ profession ?

5 Ils̶ ont l'air très̶ content̶.

6 C'est une̶ journaliste̶ célèbre̶.

7 Quelle̶ est l'adresse̶ de Catherine̶ ?

8 C'est le père̶ de Julie̶ avec notre̶ professeur.

9 Elle̶ est trop̶ petite̶.

10 Il habite̶ à Paris̶, près̶ de la gare̶ du Nord̶.

Les finales des mots
Le **e final** ne se prononce pas.
un(e) cart(e)
ell(e) s'appell(e)
En général, les consonnes finales (*d, p, s, t, x, z*) ne se prononcent pas.
tar(d)- tro(p)- trè(s)- tô(t)- pri(x)- ri(z)
N.B. Il(s) répèt(ent) [repet] Elle(s) parl(ent) [parl]

23

À L'INSTITUT DE LANGUE FRANÇAISE

Ⓐ *Dans le message du répondeur, on vous demande :*

	oui	non
votre nom *apellido*	☒	☐
votre nationalité	☒	☐
votre profession	☐	☒
votre âge	☒	☐
votre prénom	☒	☐
votre numéro de téléphone	☒	☐
votre adresse	☒	☐
votre niveau de français	☐	☒

- 47. 27. 03. 41

Ⓑ *Maintenant, écoutez les réponses de l'étudiante et remplissez la fiche d'inscription.*

FICHE D'INSCRIPTION

ILF

15, rue de la Monnaie
37000 TOURS

Madame ☐   Mademoiselle ☐   Monsieur ☐

Nom   : Hunt

Prénom   : Lisa

Âge   : 24

Nationalité : American   NY   10024

Adresse   :

Pays   :

Téléphone : 10024 -   70.71   Fax :

Quel cours choisissez-vous ?

Cours normal (80 heures) ☐
Cours intensif (120 heures) ☐
Cours de français du tourisme ☐
Cours de français des affaires ☐
Cours de français du secrétariat ☐
Cours spécial pour professeurs ☐

Quel type d'hébergement désirez-vous ?

Famille ☒
Chambre ☐
Studio ☐
Appartement ☐
Cité universitaire ☐

1 LES NATIONALITÉS

A Observez.

allemand - américaine - coréen - italienne - thaïlandaise - japonais - anglaise - américaine - chinoise - allemande - français - espagnole - suisse - italien - chinois - anglais - coréenne - japonaise - française - espagnol - thaïlandaise.

 ### B Écoutez et complétez le tableau.

MASCULIN	FÉMININ
1 Il est suisse.	Elle est _suissine_
2 Il est _français_	Elle est française.
3 Il est _suédois_	Elle est suédoise.
4 Il est thaïlandais.	Elle est _thaïlandaise_
5 Il est _saoudien_	Elle est saoudienne.
6 Il est espagnol.	Elle est _espagnole_
7 Il est _marocain_	Elle est marocaine.
8 Il est coréen.	Elle est _coréene_
9 Il est _belge_	Elle est belge.
10 Il est australien.	Elle est _australiene_

C Observez le tableau de l'exercice B et complétez.

LES NATIONALITÉS	ADJECTIF FÉMININ DIFFÉRENT DE L'ADJECTIF MASCULIN À L'ORAL ?
1 suisse	non
2 français	oui
3 espagnol	oui
4 chilien	oui
5 cubain	oui
6 russe	non
7 argentin	oui
8 finlandais	oui
9 danois	oui
10 allemand	oui

❿ *Qui écrit ? Un homme (masc.), une femme (fém.), on ne sait pas ?*

		Masc.	Fém.	On ne sait pas
1	Je suis finlandaise.		—	
2	Je suis roumain.	—		
3	Je suis indienne.		—	
4	Je suis suisse.		—	
5	Je suis brésilien.	—		
6	Je suis guinéenne.		—	
7	Je suis bulgare.	—		
8	Je suis taïwanais.		—	
9	Je suis chinoise.		—	
10	Je suis coréen.	—		

Adjectifs de nationalités

- français / française
  [ɛ]   [ɛz]
- américain / américaine
  [ɛ̃]   [ɛn]
- belge / belge
- chinois / chinoise
  [wa]   [waz]
- italien / italienne
  [jɛ̃]   [jɛn]
- coréen / coréenne
  [eɛ̃]   [eɛn]

❺ *Dans la classe, dialoguez sur le modèle suivant :*

Exemple : – Quelle est la nationalité de Maria ?
   – Elle est espagnole. Et Yuji ?
   – Il est japonais.

2 L'INTERROGATION AVEC QUEL(LE)

**QUELLE EST LA LANGUE
LA PLUS PARLÉE ?**

**QUEL EST LE MONUMENT FRANÇAIS
LE PLUS CONNU ?**

Ⓐ *Observez ces phrases et indiquez si *quel* est au masculin (M) ou au féminin (F).*

	M	F
– **Quel** est le nom de l'étudiante ?	✕	
– **Quelle** est la nationalité de Lisa ?		✕
– **Quel** est le numéro de téléphone de Paul ?	✕	
– **Quelle** est l'adresse de Colette ?		✕
– **Quel** âge as-tu ?	✕	

Ⓑ *Pour chacune de ces réponses, trouvez une question avec* **quel** *ou* **quelle**.

Exemple : Quelle est votre profession ? ➪ ingénieur

1 .... ? – 49.28.13.80.

2 .... ? – Karl.

3 .... ? – Je suis norvégien.

4 .... ? – 3, place Delille - 63000 Clermond-Ferrand.

5 .... ? – 23 ans.

6 .... ? – Rossi, il est italien !

Ⓒ *Lisez le texte sur Vanessa Paradis puis répondez aux questions.*

À 21 ans, Vanessa Paradis est déjà très célèbre en France et à l'étranger. C'est une jeune chanteuse et aussi une excellente actrice. Elle est la vedette de *Noce Blanche* de Jean-Claude Brisseau. Elle rêve de tourner de bons films avec d'autres grands acteurs.

1 Quel âge a-t-elle ?

....

2 Quelle est sa profession ?

....

3 Quel est le titre du film de Jean-Claude Brisseau ?

....

4 Quel est le rêve de Vanessa Paradis ?

....

Ⓓ *Posez des questions aux autres étudiants en vous aidant de l'exemple.*

Exemple : – Je suis américaine ;
   j'ai 30 ans.

   – Et vous, quel âge
   avez-vous ?
   – Moi, j'ai ... ans.

   – Quelle est votre
   adresse ?
   – J'habite ...

Les questions avec quel(le)	
Quel est votre numéro de téléphone ?	**Quelle** est votre adresse ?
Quel âge as-tu ?	

Avoir	
j'	ai
tu	as
il/elle	a
nous	avons
vous	avez
ils/elles	ont

3 L'INTERROGATION TOTALE

A *Observez :*

Voulez-vous habiter dans une famille ?
Aimes-tu le café ?
Est-ce que tu as un stylo ?
Est-ce qu'elle est contente ?
Vous êtes français ?
Elles habitent au centre ?

Margerin, *Chez Lucien* © Humanos

B *Complétez chaque série et soulignez la phrase la plus familière.*

Exemple : Est-ce que tu es étudiant ? / Es-tu étudiant ? / <u>Tu es étudiant ?</u>

1 Tu habites à Paris ? ....

2 Est-il professeur ? ....

3 Ils ont vingt ans ? ....

4 Est-ce que tu manges au restaurant ? ....

....

5 Joues-tu du piano ? ....

C *Formulez des questions avec les verbes proposés entre parenthèses.*

a. Utilisez la langue standard.

Exemple :
– **Tu téléphones** à Marie ? (tu / téléphoner)
– **Est-ce que tu téléphones à Marie ?**
– Oh oui, avec plaisir !

1 – *Vous parles* français ? (vous / parler)
Est-ce que vous parle

– Oui, un peu.

2 – marcher ? (Annie / aimer)
Est-ce qu' Annie aimes marcher ?

– Non, pas du tout. Elle prend toujours sa voiture.

3 – au café avec nous ? (tu / venir)
Est-ce que tu venis au café avec nous ?

– Non merci, je vais regarder le match de foot à la télé.

b. Utilisez la langue soutenue.

Exemple :   *? positive.*
– **Voulez-vous** un dessert ? (vous / vouloir)
– Non merci, je préfère un café.

4 – *Cherchez-vous* un appartement ? (vous / chercher)

....

– Non, une chambre en ville.

5 – *Et-elle* espagnole ? (elle / être)

....

– Non, elle est portugaise.

6 – *Font-ils* beaucoup de sport ? (ils / faire)

....

– Oh oui ! Ils jouent au tennis tous les jours.

Trois façons de poser les questions	
– Vous dansez ?	
– Est-ce que vous dansez ?	– Oui...
– Dansez-vous ?	– Non, ...

Langue soutenue	Langue standard
	Tu es américain ?
Êtes-vous français ?	Est-ce que tu es américain ?

28

4 ÊTRE OU AVOIR ?

A *Complétez ces phrases avec* être *ou* avoir *à la forme qui convient.*

1 – Tu ......*es*...... anglaise ?

– Non, je ....*suis*.... irlandaise.

– Tu ......*es*...... à l'université ?

– Oui, je ....*suis*.... étudiante.

– Quel âge ....*as*....-tu ?

– J'....*ai*.... 21 ans.

2 – Pierre ....*est*.... à Amsterdam.

– Il *a*. des amis aux Pays-Bas ?

– Oui, son père ...*est*... néerlan-

dais et il ....*a*........ sa famille

et ses amis à Amsterdam.

3 – Nous ....*sommes*.... étudiants

en médecine et nous ...*avons*...

beaucoup de travail et
muchas

d'heures de cours. *las*

– Vous ...*avez*... de bons profes-

seurs ?

– Oh oui, ils ....*sont*.... excellents !

4 – Vous ....*êtes*.... écrivain ?

– Moi ? Non, je ....*suis*........

journaliste.

5 – Quel ......*est*...... votre nom,

s'il vous plaît ?

– Bertrand Fayat.

– Ah, Monsieur Fayat, nous

......*avons*........ un message

pour vous.

6 – Ils ....*sont*........ un bébé ? ✳

– Oui, c'....*est*.... un garçon et

il ....*est*........ très joli. *muy lindo*

Il ......*est*...... 7 mois. ✳

B *Retrouvez les répliques.*

Exemple : 1.a.

1 Bonjour, ça va ? •A | a Ça va, et toi ?
2 Tu es italienne ? •H | b Mais non, jamais le mercredi.
3 Vous êtes à l'aéroport ? •G | c Non, thaïlandais.
4 Vous vous appelez comment ? •I | d Non, un chat.
5 Est-ce qu'elle a un chien ? •D | e Moi, à Osaka.
6 J'habite à Helsinki, et toi ? •E | f Oui, beaucoup !
7 Ils sont japonais ? •C | g Non, nous sommes dans un café.
8 Elles sont à l'école ? •B | h Non, je suis espagnole.
9 Vous aimez le café ? •F | i Catherine.

5 TU OU VOUS ?

A *Faites correspondre les mini-dialogues et les dessins.*

A

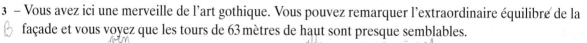

B

C

D

1 – Tu veux un autre café ?
C – Oui, si tu veux.
   – S'il vous plaît, deux cafés !

2 – Maman, tu achètes des bonbons, s'il te plaît ?
A – Tu as trois paquets de bonbons à la maison, ça suffit !
   – Oh ! Tu dis toujours ça !

3 – Vous avez ici une merveille de l'art gothique. Vous pouvez remarquer l'extraordinaire équilibre de la
B façade et vous voyez que les tours de 63 mètres de haut sont presque semblables.

4 – Bonjour, je voudrais un billet pour Toulouse, s'il vous plaît.
   – Oui, quand voulez-vous partir ?
D – Samedi matin.
   – Vous avez un train à 8 heures 10, le samedi.

B *Par groupes, jouez les scènes.*

C *Complétez le tableau.*

Tu ou vous ?
Tu :
– à un parent.
Exemple : Maman, **tu** achètes des bonbons.
– à un(e) ami(e)
Exemple : ....
....
Vous :
– à une personne inconnue.
Exemple : **Vous** avez un train à 8 h 10 le samedi.
– à plusieurs personnes
Exemple : Vos avez un avion la matins Vos avez un car à 7 heurs

D *Complétez avec **tu** ou **vous**.*

1 .Tu.. es colombien ; alors .tu. parles espagnol ?

2 .Vous. êtes professeur de français ?

3 .Tu. regardes toujours la télévision !

4 Est-ce que .vous. allez bien aujourd'hui ?

5 Quel âge as- .tu. ?

6 Vous vous appelez Monsieur Muller ? .Vous. êtes allemand ?

7 Dans la classe .vous. parlez français.

8 .Vous. avez une belle voiture ; et toi Anne, .tu. as une voiture ?

REPÈRES

*Indiquez où vous trouvez
ces formulaires (à la poste, à la
préfecture, à la gare...)
et remplissez-les.*

SNCF RCS Paris B 552 043 447 — DEMANDE D'ABONNEMENT **MODULOPASS** N° F

084518

■ **Bénéficiaire de l'abonnement**   Monsieur ☐   Madame ☐   Mademoiselle ☐

Nom | | | | | | | | | Prénom | | | | | | | | | |

Résidence / escalier / bâtiment. | | | | | | | | | | | | | |

N° | | | Rue / avenue / bd | | | | | | | | | | |

Commune | | | | | | | | | | | | | | | ☎

Code postal | | | |

Né(e) le | | | | | | à | | | | | | | | | | | | | | | Département

■ **Objet de la demande**   Première souscription ☐   Modification ☐   Duplicata ☐

I Conditions de l'abonnement

- 1re Classe ☐   2e Classe ☐   • 1er coupon MODULOPASS de la carte à établir pour: 6 mois ☐ 12 mois ☐
- Sur le, ou les, parcours indiqué(s) ci dessous ☐
  - 1er parcours aller et retour   - le cas échéant, 2e parcours aller et retour

de | | | | | | | | | | | | | | | | de | | | | | | | | | | | | | | |

à | | | | | | | | | | | | | | | | à | | | | | | | | | | | | | | |

via | | | | | | | | | | | | | | | | via | | | | | | | | | | | | | | |

- Sur l'ensemble des lignes SNCF ☐   • Sur lignes SNCF hors TGV Nord Europe ☐

Gare de retrait de la carte | | | | | | | | | | | | | | | |

Les indications que vous porterez sur ce document feront éventuellement l'objet d'un traitement informatisé, conformément à la loi 78 - 17 du 6 janvier 1978 relative à l'informatique, aux fichiers et aux libertés."
Toute personne peut exercer le droit d'accès et de rectification prévu par celle-ci.   *Signature:*

(joindre deux photos d'identité)

Cadre réservé à la SNCF

Recette "Abonnements": inscrire le numéro de la carte éditée | | | | | | | Timbre à date de la gare de dépôt de la demande

- Cadre à compléter par la gare qui reçoit une demande:
  - de remplacement d'une carte perdue ☐   détériorée ☐
  - de modification de contrat ☐
  - n° de la carte à remplacer | | | | | | | | | Km
  - n° du dernier coupon MODULOPASS
  - date de la fin de validité
  - n° du dernier forfait libre circulation
  - date de la fin de validité

destiné à la recette "Abonnements" où il est archivé   C.de 3000.3.00027 - 100.000 - 09/93 - C.O.B. 7016 **01263** 3

© SNCF   **2**

IMPORTANT
...ne peut constituer un duplicata
...d'identité, il tient lieu de **permis de**
...pendant un délai de **2 mois** au plus
...pour de la déclaration.
...37 du Code de la Route.)
...stylo à bille
...JUSCULES d'imprimerie. Ex. DUPONT

**Déclaration
de perte ☒ de vol ☐
de pièces d'identité**

application de l'article R89 du code de procédure pénale

...déclarant

...es femmes, écrire le nom de jeune fille)

...se ou veuve de _____
...et prénom du mari)

...oms _____
...l'ordre de l'état civil)

...ou Fille de _____

...e _____

...te de naissance | | | | Lieu _____
   (commune, département; Paris, Lyon, Marseille, préciser l'arrondissement.)

...micile habituel _____
...a, N°, commune, lieu-dit, département)

...our les personnes de passage _____
...dresse actuelle)

2. Caractéristiques du ou des documents

Carte Nationale d'Identité | Passeport | Permis de conduire
N° : | N° : | N° :
Délivrée le : | Délivré le : | Délivré le :
Par : | Par : | Par :

3. Eléments sur la disparition du ou des documents

Date et lieu _____
Circonstances _____
à l'aéroport Roissy

Signature du déclarant

Toute fausse déclaration est passible des peines prévues par l'article 154 du code pénal

Fait à _____

Le _____

Partie réservée à l'administration   Sceau et visa du parquet

En cas de vol :

P.V. N° : _____

Établi le : _____

Par : _____

Exemplaire à remettre au déclarant

1

DR

AVEC AVIS DE RÉCEPTION

RA 5309 4679 9FR   RA 5309 4679 9FR

TAUX DE RECOMMANDATION R1 ☐ R2 ☐ R3 ☐
Cadre réservé au service

Présentation le _____

Distribution le _____
Signature du destinataire :

DESTINATAIRE   LETTRE ☐   COLIS ☐

EXPÉDITEUR

UTILISER UN STYLO À BILLE/APPUYER FORTEMENT

Date	Prix	Contre-Remboursement	Nature de l'objet

3   RCS PARIS B 356 000 000

PREUVE DE DISTRIBUTION

AVIS DE PASSAGE

PREUVE DE DÉPÔT

RECOMMANDÉ AR

DR

6 LES CHIFFRES ET LES NOMBRES

A *Regardez le tableau et entraînez-vous à prononcer les chiffres et les nombres.*

B *Écrivez en chiffres.*

Exemple : onze : 11

1 Trente et un : 31

2 Vingt-huit : 28

3 Quatorze : 14

4 Soixante-dix-sept : 77

5 Cinquante-quatre : 54

6 Dix-neuf : 19

7 Soixante-trois : 63

8 Quarante-sept : 47

9 Quatre-vingt-six : 86

10 Cent : 100

C *Cette grille contient des nombres de 1 à 100. Trouvez-les !*

LES CHIFFRES ET LES NOMBRES		
1	un	[œ̃]
2	deux	[dø]
3	trois	[tʀwa]
4	quatre	[katʀ]
5	cinq	[sɛ̃k]
6	six	[sis] *si + cons*
7	sept	[sɛt]
8	huit	[ɥit]
9	neuf	[nœf]
10	dix	[dis] *di + cons*
11	onze	[ɔ̃z]
12	douze	[duz]
13	treize	[tʀɛz]
14	quatorze	[katɔʀz]
15	quinze	[kɛ̃z]
16	seize	[sɛz]
17	dix-sept	[disɛt]
18	dix-huit	[dizɥit]
19	dix-neuf	[diznœf]
20	vingt	[vɛ̃]
21	vingt et un	[vɛ̃teœ̃]
24	vingt-quatre	[vɛ̃tkatʀ]
30	trente	[tʀɑ̃t]
31	trente et un	[tʀɑ̃teœ̃]
40	quarante	[kaʀɑ̃t]
50	cinquante	[sɛ̃kɑ̃t]
60	soixante	[swasɑ̃t]
70	soixante-dix	[swasɑ̃tdis]
71	soixante et onze	[swasɑ̃teɔ̃z]
80	quatre-vingts	[katʀəvɛ̃]
81	quatre-vingt-un	[katʀvɛ̃œ̃]
90	quatre-vingt-dix	[katʀvɛ̃dis]
91	quatre-vingt-onze	[katʀvɛ̃ɔ̃z]
100	cent	[sɑ̃]
1 000	mille	[døsa] [mil]
1 000 000	un million	[œ̃miljɔ̃]

D *Un étudiant a noté sa liste de devoirs à faire pour jeudi. Écoutez son professeur et corrigez les fautes de l'élève.*

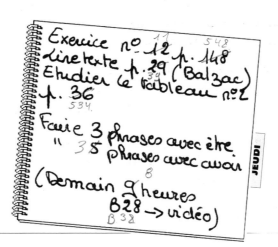

savoir-faire

Maintenant, vous savez *remplir un chèque.*

Afin de régler votre inscription à l'Institut de Langue Française, établissez un chèque de 2 750 francs.

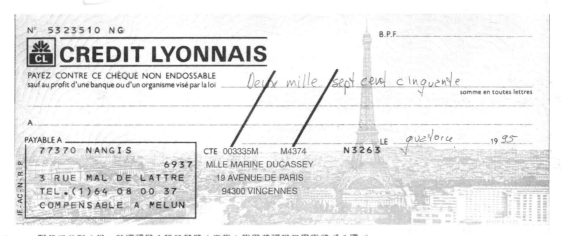

Maintenant, vous savez *noter des numéros de téléphone.*

 Écoutez les annonces suivantes et écrivez les numéros de téléphone.

– SOS Médecins   :   47 37 77 77 ✓
– SAMU   :   45 67 50 50
– SNCF   :   45 82 50 50 ✓
– Taxi Radio   :   42 60 61 40 ✓
– Mairie de Paris :   42 76 40 40
– Office de Tourisme : 47 23 61 72 ✓
– Air France   :   45 35 61 61 ✓

7 JEUX DE RÔLES

Jouez ces situations !

1 Vous êtes au secrétariat de l'Institut de Langue Française.
   Vous voulez habiter dans une famille française.
   La secrétaire vous demande si vous préférez une famille avec des enfants.
   Vous répondez et vous remerciez la secrétaire.

2 En classe. Vous demandez à votre voisin(e) s'il (elle) est européen(ne).
   Il (elle) répond et vous demande votre nationalité.
   Vous répondez.

3 En classe, vous êtes professeur. Vous demandez à un(e) étudiant(e) son prénom.
   Il (elle) répond.
   Vous comprenez mal et vous demandez à l'étudiant(e) d'épeler son prénom.
   Il/elle épelle son prénom.
   Vous remerciez l'étudiant(e).

4 Vous êtes à la maison. Votre ami Pedro arrive avec une amie.
   Il vous présente son amie Laura.
   Vous demandez à Laura si elle habite à Paris.
   Elle répond.
   Vous demandez à Laura son âge, sa profession…
   et vous vous présentez.

Pour demander poliment
Vous voulez bien ouvrir la fenêtre ? Pouvez-vous répéter s'il vous plaît ?

8 LE DÉCOUPAGE DE LA CHAÎNE PARLÉE

Séparez les mots pour retrouver les phrases.

1 Lesvacancessontlà. Nousallonspartiràlameroùàlamontagne.MoijevaispartiràLondreschezmesamis.
   Jeveuxapprendrel'anglais.

   *Les vacances sont là. Nous allons partir à la mer ou à la montagne.
   Moi je vais partir à Londres chez mes amis. Je veux apprendre l'anglais.*

2 J'aimebeaucouplatélévision. Jeregardesouventlesémissionsdevariétés.J'aimeaussilesfilmsétrangers
   etlesjournauxtélévisés.

   muchas veces
   *J'aime beaucoup la télévision. Je regarde souvent les émissions de variétés.
   J'aime les films étrangers et les journaux télévisés.*

3 Àseptheuresjepréparemesaffairespouraller travailler.J'écoutelaradio.Jeprendsmonpetitdéjeuneret
   jesorspourprendrel'autobusnuméro cinquanteneuf.

   *À sept heures je prépare mes affaires pour aller travailler. J'écoute la
   radio. Je prends mon petit déjeuner et je sors pour prendre l'autobus numéro, cinquanteneuf.*

4 Leprofesseurécoutelesétudiantsquandilsposentdesquestions.Ilexpliquelesrèglesdegrammaire
   pourfairelesexercices.

   salgo
   planteas
   *Le professeur écoute les étudiants quand ils posent des question. Il
   explique les règles de grammaire pour fair le exercises*

9 LA LIAISON

 Ⓐ Écoutez et marquez la liaison.

Exemple : des amis

[z]

1 Les étrangers.
2 Les dernières années. (los ultimos años)
3 Ils aiment.
4 C'est trop important.
5 Chez eux ou chez elles ?

6 Un grand arbre.
7 Il est deux heures.
8 C'est un bon élément.
9 Elle a dix ans.
10 Vous avez cinq enfants.
11 Le premier amour.
12 Il est neuf heures.
13 Quand il est là, tout va bien.

Ⓑ Regardez les phrases de l'exercice A, et donnez des exemples de liaisons obligatoires.

1 Pronom + verbe   : .....3 -..........
2 Article + nom   : .....2 -..........
3 Adjectif + nom   : .....6 -..........
4 Adverbe + adjectif   : ....13 -..........
5 Préposition + pronom : .....5 -..........

Ⓒ Notez les liaisons obligatoires puis lisez les phrases.

Exemple : C'est un petit homme.

1 Elles ont des examens en avril.
2 Quand il y a des examens, les étudiants
  sont nerveux.
3 Je suis allée aux États-Unis.
4 Comment allez-vous ?
5 Ils ont cinq appartements.
6 Elle est très occupée.
7 C'est un grand ami.
8 Il a de plus en plus de problèmes.
9 En Espagne, on aime danser.
10 C'est un grave problème.
11 Il vient toujours sans elle.

La liaison
La liaison est obligatoire :
1 Entre le pronom et le verbe :   *Ils entrent*   [z]
2 Entre l'article ou l'adjectif et le nom :   *Les enfants   un grand homme*   [z]   [t]
3 Entre l'adverbe et l'adjectif :   *C'est trop important*   [p]
4 Entre la préposition et le pronom :   *Chez eux*   [z]
5 Dans les expressions courantes :   *De plus en plus   tout à fait*   [z]   [t]
Remarque :   En général, on fait la liaison entre *quand* et le pronom personnel :   *Quand il a le temps, il me téléphone.*   [t]

SÉQUENCE 3

DOSSIER 1

EN CLASSE

ILF

15, rue de la Monnaie
37000 TOURS

Cours : CI2
Professeur : Muriel Fremont
Salle : 29

Nationalité

1	BOLTON	Amy	américaine
2	FÖRSTE	Thorsten	allemande
3	IWARA	Naho	japonaise
4	JONES	Gregory	britannique
A 5	LÊ	Minh	vietnamienne
6	LINDEMANN	Andrea	allemande
C 7	LAGOS	Juan	colombienne
8	RALMEEN	Fayez	koweïtienne
9	ROSS	Ned	américaine
B 10	SALAAM	Fina	tanzanienne
11	TAGA	Mariko	japonaise
12	THIBODEAU	Mark	canadienne
D 13	TINGBORD	Suzanne	suédoise Oslo
14	TODARO	Filippo	italienne

A

B

C

D

 Ⓐ *Écoutez ces étudiants et retrouvez leur nom sur la liste.*

 Ⓑ *Écoutez encore l'enregistrement et complétez le tableau.*

Nom :	Nom :	Nom :	Nom :
Il s'appelle Lê Minh	Juan Lagos	Fayez Salaam	Suzanne
Âge :	**Âge :**	**Âge :**	**Âge :**
Il a 29	22	18	26
Profession :	**Profession :**	**Profession :**	**Profession :**
Il est employé de banque	étudiant	sportive	mère de famille
Caractéristiques :	**Caractéristiques :**	**Caractéristiques :**	**Caractéristiques :**
Il est 1,80 grand pour est vietnamien	J'aime le cinema et le sport. J'aime devenir professeur de francais	Elle habite dans une ami. Elle est petit et dynamique	Elle étudies le francais pou travaille dans une entreprise

1 C'EST/IL EST

A *Observez le tableau.*

Qui est-ce ?
C'est un étudiant ; **il est** chinois. **C'est** Laura ; **elle est** américaine. **C'est** une amie de Paul ; **elle est** journaliste. **C'est** mon professeur ; **il est** français. **C'est** la chanteuse du groupe ; **elle est** vraiment très belle.

B *Complétez avec* **c'est, il est, elle est.**

1 ......*C'est*...... un avocat.
2 ......*C'est*...... une danseuse espagnole.
3 ......*Elle est*...... secrétaire.
4 ......*C'est*...... Jim.
5 ......*Il est*...... directeur.
6 ......*C'est*...... un étudiant.
7 ......*Il est*...... grand.
8 ......*C'est*...... Madame Leduc.

C *À l'aide du tableau ci-dessous, choisissez un personnage et décrivez-le à la classe ; les autres personnes doivent trouver le numéro du personnage.*

Exemple : C'est une jolie fille ; elle est brune et elle a les cheveux longs. Elle porte une jupe. Qui est-ce ?
⇨ C'est le personnage n° 2.

Décrire quelqu'un	
Il/elle est :	grand(e), petit(e) mince, gros(se) jeune, vieux (vieille) blond(e), brun(e) beau (belle), laid(e)
Il/elle a :	les cheveux courts, longs des lunettes des moustaches un petit, grand nez
Il/elle a l'air :	sympathique, drôle, timide, fatigué(e), sportif(ve), content(e), triste
Il/elle porte :	une jupe, une robe, un pull, un pantalon, une salopette, une chemise, un chemisier, un costume, des baskets, des bottes, un chapeau.

Ⓓ *Observez le tableau puis complétez les phrases.*

Caractériser une personne
1 **Qui est-ce ?** **C'est qui ?**   – C'est Monsieur Berthier.   – C'est Marc.
2 **Qu'est-ce qu'il/elle fait ?** **Il/elle fait quoi ?**   – Il est acteur.   – C'est une infirmière.
3 **Comment est-il/elle ?** **Il/elle est comment ?**   – Il est grand.   – Elle est petite.   – Il est sympathique.   – Elle est timide.

1 Thomas ? *Il est* suisse. *C'est* un bon skieur.

2 *C'est* l'ami de Michel ; il s'appelle Pierre et *il est* avocat.

3 *C'est* un libraire, *C'est* le petit ami de Maria. *Il est* danois.

4 *Il est* beau, *Il est* sympathique, *Il est* étudiant ; *C'est* mon ami !

5 Mademoiselle Launet est mon professeur. *C'est* une femme active. *Elle est* très sportive !

Savoir-faire

Maintenant, vous savez *décrire quelqu'un.*

Vous décrivez une personne de la classe. Les autres essaient de deviner qui est cette personne et donnent son prénom.

Exemple : Il est grand, il a un pantalon noir et un gros pull. Il est anglais. Il a des lunettes.
Qui est-ce ?
⇨ C'est Ian.

---

2 LES POSSESSIFS

Ⓐ *Observez :*

J'adore sortir avec mes amis.
Ma passion : le football américain.
Mon mari s'appelle Sven, ma fille Klara et mon fils Matts.

les journées de l'environnement
un geste
pour
ma terre
ta terre
sa terre
notre terre

MINISTÈRE DE
L'ENVIRONNEMENT

B *Complétez.*

:)			:) :) :)		
J'ai un livre, une cassette, des crayons et des gommes.	Tu as un livre, une cassette, des crayons et des gommes.	Il/elle a un livre, une cassette, des crayons et des gommes.	Nous avons un livre, une cassette, des crayons et des gommes.	Vous avez un livre, une cassette, des crayons et des gommes.	Ils/elles ont un livre, une cassette, des crayons et des gommes.
mon livre ...m.s.. cassette .mes.. { crayons / gommes	...ton... livre ta cassette .tes... { crayons / gommes	...son... livre ..sa.. cassette ses { crayons / gommes	notre { livre / cassette ..nos... { crayons / gommes	votre { livre / cassette vos { crayons / gommes	leur { livre / cassette leurs { crayons / gommes

C *Complétez les phrases avec l'adjectif possessif qui convient.*

1 Je cherche ......mon...... journal et ......mes...... lunettes.

2 Philippe prépare ......son...... sac pour aller à New York. Il met ......son...... pull rouge, ..sa.. chemise blanche et ...ses... chaussures. (zapatos)

3 Pierre et Sylvie adorent ......leur...... chien et ......leur...... chats.

4 Vous prenez ...vos... bottes ?

5 Tu téléphones à ......ton...... amie tous les jours ?

D *Complétez.*

1 Ils écoutent   leur professeur.
leurs disques.
leur amie Sylvie.
leurs parents.

2 Nous habitons avec   notre père.
notre mère.
nos chiens.
notre petit chat.

3 Elle regarde   sa film préféré.
ses photos de vacances.
ses enfants.
sa amie.

4 J'aime   mon moustache.
mes cheveux   mais je déteste
mon petit nez.

ton ....
ta ....
tes ....

Les adjectifs possessifs		
Singulier		Pluriel
Masculin	Féminin	
mon - ton - son	ma - ta - sa	mes - tes - ses
notre - votre - leur		nos - vos - leurs

Devant les noms féminins qui commencent par une voyelle ou un *h* muet, on emploie **mon / ton / son** au lieu de **ma / ta / sa**.
Mon amie, *ton* idée, *son* histoire

ⓔ *Votre mission : lisez les informations et retrouvez les rendez-vous de Catherine.*

Catherine et ses rendez-vous

Aujourd'hui, Catherine a rendez-vous avec ses amis Luc, Éric, Marco, Bruno et Patrice. Elle doit aller dans cinq rues de Paris, à cinq heures différentes, et elle a cinq cadeaux, un pour chaque ami.

Mais elle a perdu son agenda et elle ne sait plus qui elle doit rencontrer, à quelle heure et où... De même, elle ne sait plus à qui offrir quel cadeau.

Heures des rendez-vous : 14 heures, 16 heures, 18 heures, 19 heures, 22 heures.
Nom des rues : Royale, Odéon, Saint-Honoré, Beaubourg, Lhomond.
Cadeaux : un stylo, un dictionnaire français, un disque, un livre sur l'histoire de France, une montre.

1 Luc habite rue Lhomond ; il attend Catherine à 16 heures.
2 L'ami qui habite rue Saint-Honoré aime beaucoup l'histoire.
3 L'ami qui attend Catherine à 19 heures rêve d'une montre.
4 Éric n'attend pas Catherine à 18 heures ; il n'habite pas rue Royale ; il adore la musique.
5 Marco est italien ; il étudie le français à Paris ; il n'habite pas la rue de l'Odéon, ni la rue Royale.
6 Bruno attend Catherine à 22 heures.

	Où ?	À quelle heure ?	Quel cadeau ?
Luc	....	....	....
Éric	....	....	....
Marco	....	....	....
Bruno	....	....	....
Patrice	....	....	....

3 VOULOIR

Vouloir	
je	veux
tu	veux
il/elle	veut
nous	voulons
vous	voulez
ils / elles	veulent

ⓐ *Observez :*

Je veux devenir professeur de français.
Je veux apprendre le français pour travailler dans une entreprise.

Nous voulons deux enfants.
Elles veulent un dictionnaire.

HEIN ?!! QU'EST-CE QUE ?..

MOI, J'VEUX BIEN DANSER AVEC VOUS !

AVEC LES FILLES

Margerin, *Chez Lucien* © Humanos

Ⓑ *Complétez ces phrases avec le verbe* **vouloir** *à la forme qui convient.*

AU CAFÉ

1 – Tu ......*veux*...... une cigarette ?

– Oui, je ......*veux*...... bien. Je ......*veux*...... aussi un autre café, et toi ?

– Non, merci.

– Monsieur, s'il vous plaît, je ......*veux*...... un café.

À L'ÉCOLE DE LANGUES

2 – Nous ......*voulou*...... connaître des Français.

– Oui, et vous ......*voulez*...... rencontrer des étudiants ou des familles ?

– Des étudiants, comme nous !

À LA MAISON

3 La mère :

– Les enfants ......*veulent*...... toujours regarder la télévision !

Le père :

– Mais moi, je ne ......*veux*...... pas !

La fille :

– Papa ......*veut*...... toujours parler avec nous, mais nous ......*voulons*...... regarder les films à la télévision !

AU BUREAU

4 – Mademoiselle, vous ......*voulez*...... taper cette lettre ?

– D'accord, je......*veux*...... bien. J'ai le temps.

– Merci !

À LA POSTE

5 – Un timbre s'il vous plaît !

– Vous ......*voulez*...... un timbre à 2 francs 80 ou à 4 francs 70 ?

– À 2 francs 80.

– Vous ......*volez*...... autre chose ?

– Non merci.

Ⓒ *Et vous, que voulez-vous faire dans la vie ? Dialoguez avec votre voisin.*

Exemple : – Moi, je veux être médecin, et toi ?
　　　　　　– Moi, je veux voyager.

étudier	avoir une profession intéressante
être riche	travailler en France
avoir une grande maison	avoir une belle voiture
avoir des enfants	dormir
faire du sport	aimer

4 QUE DIT-ON EN CLASSE ?

A *Observez :*

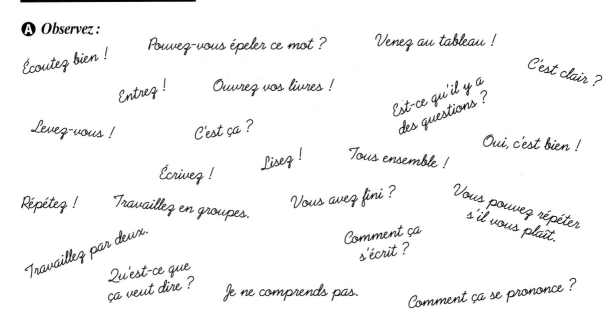

Écoutez bien !

Pouvez-vous épeler ce mot ?

Venez au tableau !

C'est clair ?

Entrez !

Ouvrez vos livres !

Est-ce qu'il y a des questions ?

Levez-vous !

C'est ça ?

Oui, c'est bien !

Écrivez !

Lisez !

Tous ensemble !

Répétez !

Travaillez en groupes.

Vous avez fini ?

Vous pouvez répéter s'il vous plaît.

Travaillez par deux.

Comment ça s'écrit ?

Qu'est-ce que ça veut dire ?

Je ne comprends pas.

Comment ça se prononce ?

B *Dans la liste de l'exercice A, retrouvez les phrases prononcées par les étudiants, le professeur, ou par les deux. Trouvez-en d'autres.*

EST-CE QU'IL Y A DES QUESTIONS ?

⊖ Trouvez la bonne réponse.

Le professeur dit :

1 **« C'est clair ? »**
– Vous dites : « Merci » ☐
– Vous dites : « Oui » ☐
– Vous dites : « Je regarde » ☐

2 **« Parlez plus fort ! »**
– Vous répétez. ☐
– Vous sortez. ☐
– Vous restez silencieux. ☐

3 **« Venez au tableau. »**
– Vous parlez. ☐
– Vous vous levez. ☐
– Vous restez assis. ☐

4 **« Travaillez par deux. »**
– Vous gardez le silence. ☐
– Vous parlez avec votre voisin. ☐
– Vous quittez la classe. ☐

5 **« Répétez ! »**
– Vous dites : « oui ». ☐
– Vous dites la même phrase. ☐
– Vous dites « non merci ». ☐

Savoir-faire

Maintenant, vous savez *intervenir en classe de langue.*

Que dites-vous en classe ?

1 Quand vous ne savez pas écrire un mot ?

....

2 Quand un autre étudiant parle trop vite ?

....

3 Quand vous ne comprenez pas un mot ?

....

4 Quand votre professeur vous pose une question difficile ?

....

5 Quand vous ne savez pas prononcer un mot ?

....

5 PRENDRE - COMPRENDRE - APPRENDRE

Ⓐ Observez :

Je ne comprend**s** pas.
Nous appren**ons** le français à Paris.
Elles prenn**ent** le métro.

B *Regardez le tableau et complétez les phrases avec* **prendre, comprendre** *ou* **apprendre** *à la forme qui convient.*

1   Vous .... du sucre ?

2   Je .... le train demain.

3   Le soir, elle .... un bain.

4   Pedro .... le français ?

5   Tu .... vite et bien.

6   Vous .... à nager.

7   Les enfants .... à écrire à six ans.

8   Nous .... un peu l'espagnol.

9   Vous .... le boulevard Haussmann.

10 Je .... mais parlez lentement.

Prendre
(comprendre / apprendre)
je   prends [prã]
tu   prends
il/elle prend
nous   prenons [prənõ]
vous   prenez [prəne]
ils/elles prennent [prɛn]

REPÈRES

A *Voici une liste de prénoms français. Par groupes de deux, amusez-vous à les retrouver dans la grille.*

Exemple : Anne - Marc

D	C	H	R	I	S	T	I	N	E
C	O	L	E	T	T	E	H	A	M
L	D	M	R	O	G	E	R	R	I
E	I	P	I	U	N	C	U	P	L
O	L	Y	C	N	J	U	L	I	E
N	E	C	A	M	I	L	L	E	E
P	A	U	L	E	E	Q	D	R	I
A	L	A	I	N	O	U	U	R	R
Z	H	L	C	L	A	U	D	E	A
H	E	L	E	N	E	C	R	A	M

Alain   Eric
Alice   Hélène
Anne   Julie
Aude   Luc
Camille   Léon
Christine   Marc
Claude   Marie
Colette   Odile
Dominique   Paul
Elie   Pierre
Emile   Roger

B *Classez ces prénoms dans le tableau.*

Masculin	Féminin
Marc	Anne
....	....
....	....
....	....
....	....
....	....
....	....

C *Que remarquez-vous pour certains prénoms ?*

....

....

....

....

....

....

....

....

6 L'ACCENT TONIQUE

 Ⓐ *Écoutez et observez*
où est l'accentuation la plus forte.

1 Un enf**an**t.

2 Un am**i**.

3 Des voit**u**res.

4 J'ai vingt **ans**.

5 Elle est à Par**is**.

6 Vous avez des lég**u**mes ?

7 Vous vous appelez comm**en**t ?

8 Je voudrais du p**ain**.

9 Au sec**ou**rs !

 Ⓑ *Écoutez, répétez et repérez où est*
l'accentuation la plus forte.

1 Bonjour !
Bonjour, Christine !
Bonjour Christine et Claude !

2 Ça va.
Ça va bien.
Ça va bien et toi ?

3 Il pleut.
Il pleut beaucoup.
Il pleut beaucoup aujourd'hui.
Il pleut beaucoup aujourd'hui à Toulon.

Ⓒ *Que remarquez-vous ?*

....

....

....

 Ⓓ *Lisez ces phrases, puis contrôlez*
avec l'enregistrement.

1 Il part à Chamonix.
Il part à Chamonix pour faire du ski.
Il part à Chamonix pour faire du ski alpin.

2 J'adore manger.
J'adore manger du chocolat au lait.
J'adore manger du chocolat au lait avec du pain.

3 Demain, je vais acheter une jupe.
Demain, je vais acheter une jupe rouge.
Demain, je vais acheter une jupe rouge,
des chaussures et un pull en laine.

L'accent tonique

Dans un mot ou un groupe de mots, **la dernière voyelle prononcée** est toujours la plus forte.
un gât**eau** – votre éc**ole**
un am**i** – ils pr**ennent**

N.B. : Un groupe de mots correspond à une idée, à une unité de sens.

Aujourd'**hui** / je fais du **ski**.

7 L'ÉLISION

Ⓐ Observez et complétez le tableau.

1 Je me lève - je m'appelle.

2 J'habite - je regarde.

3 Elle se lève - elle s'appelle.

4 J'écoute - je suis - j'ai.

5 Je n'ai pas - je ne suis pas.

6 C'est un Italien - ce sont des Américains.

7 Une photo de Vichy - une église d'Avignon.

8 L'école - la maison.

9 Le professeur - l'étudiant.

10 Le temps de la vie - le temps d'une vie.

11 Elle aime le café - elle déteste le vin.

12 Quelle idée - quelle bonne idée !

L'élision		
Devant un mot commençant par une voyelle ou un « h » muet,		
me	⇨	m'
je	⇨	j'
se	⇨	s'
la	⇨	l'
le	⇨	l'
de	⇨	d'
ne	⇨	n'
ce	⇨	c'
	⇨	
mais trois mots ne changent pas :		
une	quelle	elle

Ⓑ Faites l'élision si nécessaire.

Exemple : Je / ai / le / temps. ⇨ J'ai le temps.

1 Je / aime / la / eau / minérale.

....

2 La / amie / de / Marc / est / là.

....

3 Ce / est / une / idée.

....

4 Elle / admire / mon / travail.

....

5 Quelle / est / la / histoire ?

....

6 Je / étudie / le / espagnol.

....

7 Je / ne / ai / pas / de / ordinateur.

....

8 Il / y / a / une / automobile / devant / le / immeuble.

....

9 Qui / est-ce ? / Ce / est / une / élève.

....

10 Il / se / appelle / Henri.

....

DOSSIER 2

Observer
- les régions
- la ville
- la rue
- des gens et des lieux

LES RÉGIONS

Aiment-ils leur région ?

En cette période de vacances, nous avons interrogé des lecteurs pour découvrir des régions françaises.

Journal des loisirs : .... ?

Josiane Coche : J'habite à La Rochelle, en Charente.

Thomas Vilmont : Moi, je vis à Marseille, en Provence.

Journal des loisirs : .... ?

Josiane Coche : J'aime bien La Rochelle parce que c'est une petite ville calme. La vieille ville est très jolie et puis j'adore habiter au bord de l'Atlantique. Ici, on peut se promener sur de grandes plages de sable fin.

Thomas Vilmont : Le Midi, le soleil, la mer, ça me plaît beaucoup ! Je préfère vivre ici parce que les gens aiment rire et sortir. Et puis, il fait toujours beau. Il y a la Méditerranée, la « Grande bleue ».

Journal des loisirs : .... ?

Josiane Coche : Il y a beaucoup de monde. Surtout à l'île de Ré. La région organise des activités culturelles et sportives.

Thomas Vilmont : C'est très animé avec des festivals partout. Il y a beaucoup de vacanciers. Ce n'est pas très calme mais c'est gai.

Journal des loisirs : .... ?

Josiane Coche : Oui, surtout des Parisiens, des Anglais, des Hollandais. Ils aiment l'Atlantique, la nature. Ils font de la voile et du vélo.

Thomas Vilmont : Oh là oui ! Bien sûr, il y a des Parisiens mais aussi des étrangers. Ils viennent d'Europe, d'Amérique, du Japon ! Ils viennent pour visiter la Côte d'Azur. Ils vont à la plage, ils vont danser et ils profitent du soleil !

Journal des loisirs : .... ?

Josiane Coche : Nous passons le mois d'août à l'île de Ré. Pour les enfants, c'est formidable. Ils retrouvent leurs amis. Nous faisons du vélo tous ensemble.

Thomas Vilmont : Oh ça dépend, je vais dans les Alpes mais aussi en Espagne parce que j'adore le flamenco. Je préfère partir en juin, c'est plus calme !

Marseille

Ⓐ *Lisez ces deux interviews puis retrouvez les questions du journaliste.*

1 – Comment vivez-vous ? ☐
– Où est-ce que vous habitez ? ☐
– Pourquoi habitez-vous ici ? ☐

2 – Comment vous appelez-vous ? ☐
– Pourquoi est-ce que vous aimez votre région ? ☐
– Quand travaillez-vous ? ☐

3 – Pourquoi allez-vous à Paris ? ☐
– Vous déjeunez où ? ☐
– Comment est votre région en été ? ☐

4 – Vous parlez anglais ? ☐
– Est-ce qu'il y a des touristes dans votre région ? ☐
– Comment est votre maison ? ☐

5 – Est-ce que vous voulez apprendre une langue étrangère ? ☐
– Et vous, vous partez en vacances où et quand ? ☐
– Vous aimez faire du sport ? ☐

Ⓑ *Lisez encore une fois l'article du* **Journal des Loisirs** *et choisissez la (les) bonne(s) réponse(s).*

1 Marseille est :
en Bretagne ☐
en Lorraine ☐
en Provence ☒

2 La Provence est :
au nord ☐
au centre ☐
au sud ☐

3 La Rochelle est :
en Méditerranée ☐
sur l'Atlantique ☐
sur la mer du Nord ☐

4 Josiane Coche :
aime sa région ☐
déteste sa ville ☐
préfère Paris ☐

5 À Marseille, il y a :
des touristes allemands ☐
des touristes américains ☐
des touristes asiatiques ☐

6 À La Rochelle, les touristes viennent :
pour faire de la voile et de la bicyclette ☐
pour visiter des expositions ☐
pour le soleil ☐

La Rochelle

1 PRÉPOSITIONS ET NOMS DE PAYS

A *Observez les documents et complétez le tableau.*

1 Un train en Colombie

2 ☐ RUGBY : Victoire du Quinze de France en Roumanie.

3 CHINE
Vague d'arrestations
au Tibet

4 L'ÉQUIPE DE FRANCE :
Retour du Canada
après le championnat de football.

5 A la frontière pakistanaise
**Trois diplomates
européens
ont été enlevés
en Afghanistan**

6 Exposition florale
aux Pays-Bas

7 Retour au Chili :
Le 1er ministre
satisfait
de son voyage

8 CASQUES BLEUS AU CAMBODGE

9 ÉLECTIONS PRÉSIDENTIELLES
EN TUNISIE

10 LA NAVETTE SPATIALE ARIANE :
départ des États-Unis

11 La nouvelle star du Rock
arrive d'Israël

12 Le Tour de France
partira peut-être de Belgique

13 La délégation
de la C.E.E.
revient d'Espagne

		MASCULIN SINGULIER	FÉMININ SINGULIER	PLURIEL
À	aller	.... Congo	.... Tunisie	**aux** ....
	habiter	....	....	....
	vivre	.... Afghanistan	....	....
DE	venir	**du**	**de**	**des** ....
	revenir	....	....	....
	arriver	.... Israël	**d'**	....

Règles :   Devant un nom de pays masculin on utilise .... / ....

                   Devant un nom de pays féminin, on utilise .... / ....

                   Devant les noms de pays au singulier commençant par une voyelle, on utilise ... / ....

                   Devant un nom de pays au pluriel, on utilise .... / ....

Le genre des noms de pays

Les noms de pays terminés par – e sont, en général, féminins.

la Belgiqu**e**
la Turqui**e**
la Franc**e**

Exceptions : le Zaïre
le Mexique
le Cambodge
le Mozambique

B *Complétez avec* **au, aux, en.**

1 Je vais .... Maroc.

2 Nous étudions .... Danemark.

3 Il veut aller .... Turquie.

4 Je reste .... Pays-Bas.

5 Mes amis habitent .... Japon.

6 Vous voyagez .... Afghanistan.

7 Il travaille ......*en*......... Arabie Saoudite.

8 Je suis professeur .... États-Unis.

9 Vous vivez .... Brésil.

10 Elle va .... France.

C *Faites des phrases.*

Exemple : Je vais en Corée.

Je vais		Argentine.
Tu habites		États-Unis.
Elle reste	au *mas*	Mexique.
Il veut aller	en *fém*	Égypte.
Nous aimons aller	aux	Équateur.
Vous êtes		Belgique.
Ils sont nés		Chine.
Elles étudient		Canada.

D'OÙ VENEZ-VOUS ?

D *Utilisez les noms de pays de l'exercice A et faites deux par deux des mini-dialogues sur les modèles suivants.*

1 – Où habitez-vous ? En Thaïlande ?
– Non, j'habite au Japon.

2 – Tu vis au Chili ?
– Non, j'habite en Tunisie.

3 – Vous venez de Pologne ?
– Non, je viens des Pays-Bas.

4 – Vous êtes né(e) au Mexique ?
– Non, je suis né(e) en Chine.

5 – Tes parents vivent en Afrique ?
– Non, ils vivent aux États-Unis.

5 PAYS DU CONTINENT AFRICAIN
L'Algérie, le Cameroun, le Congo, l'Égypte, le Maroc.

5 PAYS DU CONTINENT AMÉRICAIN
L'Argentine, le Brésil, le Canada, les États-Unis, le Mexique.

5 PAYS DU CONTINENT ASIATIQUE
La Chine, la Corée, le Japon, la Thaïlande, le Vietnam.

5 PAYS EUROPÉENS
L'Allemagne, le Danemark, les Pays-Bas, le Luxembourg, la Suisse.

2 ALLER - VENIR - VIVRE

A *Complétez avec* **venir** *ou* **devenir.**

1 – Vous voulez .... avocat ?

– Oui, j'aimerais bien.

2 – Non, je ne veux pas sortir !

– Oh, tu .... sérieux quand tu as un examen !

3 – Ces produits sont étonnants !

– Oui, ils .... d'Afrique.

4 – Mariko est coréenne ?

– Non, elle .... du Japon.

5 – Tes études, ça va ?

– Non, cela .... difficile.

Venir (devenir / revenir)			
je	viens [vjɛ̃]	nous	venons
tu	viens	vous	venez
il/elle	vient	ils/elles	viennent [vjɛn]

Aller	
je	vais
tu	vas
il/elle	va
nous	allons
vous	allez
ils/elles	vont

Vivre	
je	vis
tu	vis
il/elle	vit
nous	vivons
vous	vivez
ils/elles	vivent

B *Complétez avec* **aller** *ou* **vivre.**

1 – Tu .... en Finlande pour tes vacances ?

– Non, je reste ici.

2 – Vous .... toute l'année dans cette ville ?

– Oui, nous aimons la région.

3 – Comment est-ce qu'elle .... ?

– Mal, elle est toujours malade.

4 – À Noël, nous .... aux États-Unis !

– Oh ! je peux venir ?

5 – Ils .... en Égypte ?

– Oui, et ils sont très contents d'habiter là-bas.

6 – Comment .... tu aujourd'hui ?

– Très bien.

3 L'INTERROGATION PARTIELLE

A *Observez et classez les questions dans le tableau. Trouvez ensuite les autres registres (standard, familier, soutenu) pour chaque phrase.*

1 Où habitez-vous ?

2 Pourquoi est-ce que vous aimez votre région ?

3 Comment est-ce que vous passez vos vacances ?

4 Vous partez où ?

5 Vous partez quand ?

	STANDARD	FAMILIER	SOUTENU
où	.... ?	Vous partez où ?	Où habitez-vous ?
comment	.... ?	.... ?	.... ?
pourquoi	.... ?	.... ?	.... ?
quand	.... ?	.... ?	.... ?

Ⓑ *Choisissez la bonne réponse.*

Exemple : Vous allez où ?
  – Demain. ☐
  – En Suède. ☒
  – Parce que j'aime la mer. ☐

1 Pourquoi écoutes-tu la radio ?
  – Nous sommes le 27. ☐
  – Au Mont St-Michel, en Bretagne. ☐
  – Parce qu'il y a une émission intéressante. ☐

2 Comment allez-vous ?
  – Le 20 septembre. ☐
  – Très bien. Et vous ? ☐
  – À Philadelphie. ☐

3 Tu vas en cours quand ?
  – Le matin. ☐
  – 22, rue Colbert. ☐
  – En autobus. ☐

4 Où est-ce que tu arrives ?
  – Gare de Lyon. ☐
  – À 10 h. ☐
  – Avec mes amis. ☐

5 Quand revient-elle ?
  – Du Pérou. ☐
  – Place Rabelais. ☐
  – Le mois prochain. ☐

Ⓒ *Complétez avec* **où / quand / comment / pourquoi.**

1 – .... est-ce que vous travaillez ?
  – Dans une banque.
  – Et .... terminez-vous votre travail ?
  – À 17 h.

2 – .... vas-tu au bureau ?
  – En métro.
  – .... en métro ?
  – Parce que c'est pratique.

3 – .... va Pierre ?
  – Aux États-Unis.

  – .... ?
  – Parce qu'il a des amis à New York.

4 – .... allez-vous à la mer ?
  – En septembre.
  – .... ?
  – Parce que c'est plus calme !

5 – Les Français voyagent beaucoup à l'étranger.
  – .... ?
  – Surtout en Europe.
  – .... ?
  – Parce que c'est près.

Ⓓ *Associez chaque dialogue à un dessin.*

Dialogue n° 1 : ...., Dialogue n° 2 : .... Dialogue n° 3 : A......

A

B

C

4 EXPRIMER LA CAUSE

Ⓐ *Faites correspondre les questions et les réponses.*

Exemple : 1 - c

1 Pourquoi es-tu ici ?
2 Pourquoi allez-vous au cinéma ?
3 Pourquoi es-tu à la fac de langues ?
4 Pourquoi est-ce qu'il y a des touristes ?
5 Pourquoi as-tu dit ça ?

a Parce que je veux apprendre le français.
b Parce que c'est vrai.
c Parce que j'ai rendez-vous avec le directeur.
d Parce qu'il y a un film de Truffaut.
e Parce que c'est une belle région.

Ⓑ *Trouvez la question.*

Exemple : – Pourquoi restes-tu à la maison ?
– Parce que je suis fatigué(e).

1 – .... ?
– Parce que j'adore le rock.

2 – .... ?
– Parce que Paris est une belle ville.

3 – .... ?
– Parce qu'elle a de beaux yeux.

4 – .... ?
– Parce que j'aime un(e) Français(e).

5 – .... ?
– Parce que Bruno arrive en avion.

6 – .... ?
– Parce que les gens sont gentils.

7 – .... ?
– Parce que nous aimons voyager.

Exprimer la cause
Pourquoi habites-tu à Paris ? **Parce que** je travaille au Ministère des Finances.

Savoir-faire

Maintenant, vous savez *vous informer sur un lieu.*

Vous passez quelques jours de vacances dans une ville de votre choix. Par groupes, élaborez une série de questions que vous allez poser à l'office de tourisme.

Exemple : Est-ce qu'il y a un château ?

– Monuments :   châteaux, églises gothiques, pyramides, etc.
– Activités sportives :   tennis, surf, planche à voile, ski, etc.
– Spécialités gastronomiques : confiseries, pâtisseries, alcools, etc.
– Moyens de transport :   bus, bicyclette, train, etc.
– Caractéristiques du lieu : plages, grottes, musées, etc.
– Logement :   hôtels, auberges de jeunesse, gîtes, etc.

Poser des questions
Où est la gare ? Quand y a-t-il une fête ici ? Comment est-ce que je peux aller à la plage ? Pourquoi est-ce que la poste est fermée ?

REPÈRES

Observez la carte touristique de la France et expliquez votre choix de visite.

Exemple : Je désire visiter un château en Touraine, alors je vais à Chenonceaux.

Boire du bon vin. *bon vin Bordeaux . Bourgogne .*
Séjourner dans une ville thermale. *Vittel, Vichy*
Aller à un festival de cinéma. *Cannes*
Voir une corrida. *Nîmes*
Découvrir des techniques *Futuroscope de*
cinématographiques nouvelles. *Poitiers*
Visiter un site religieux. *Lourdes*
M

Photographier divers volcans. *Clermond - Ferrand.*
Nager en Normandie. *Deauville*
Visiter un château. *Carcassonne*
Visiter un site en pleine mer. *Mont Saint - Michel*
Voir un monument d'architecture moderne. *Paris*
Visiter le parlement européen. *Strasbourg*
Faire du ski. *Grenoble*

5 EXPRIMER SES GOÛTS

 Écoutez et cochez ce qu'ils préfèrent.

Exemple : Moi, j'aime bien le cinéma mais je préfère sortir avec mes amis.

	1	2	3	4	5
Lecture		X			
Sport			X		
Télévision					X
Cinéma				X	
Sortir avec des amis	X				

Exprimer ses goûts
J'aime bien Marc.
J'adore les glaces !
Je préfère les petites villes.
Les motos, ça me plaît !
Je n'aime pas le vin.
La pluie, ça ne me plaît pas.
Je déteste le lait.

Maintenant, vous savez *exprimer vos goûts.*

Exprimez vos goûts et comparez vos réponses avec le reste de la classe.

Exemple : Moi, j'adore la cuisine chinoise.
Moi, je préfère la cuisine indienne.
Moi, je déteste les escargots.

– la cuisine chinoise
– les légumes
– la restauration rapide
– le fromage
– les escargots *caracoles*

– le football
– les animaux
– les films d'horreur
– la peinture abstraite
– le rock

– les cigarettes
– les grosses voitures
– les mini-jupes *minifaldas*
– le dimanche

REPÈRES

le Pays FRANCE MINIATURE

VENEZ DÉCOUVRIR LES REPRODUCTIONS DES MONUMENTS FRANÇAIS.

Où ? *donde.*
Situé à Élancourt (Saint-Quentin-en-Yvelines) à moins de 25 kilomètres de Paris et à proximité du Château de Versailles.

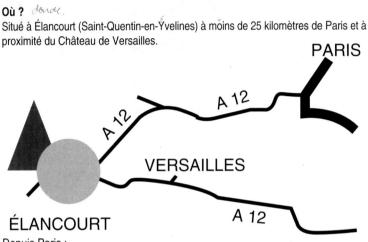

PARIS

A 12

A 12

VERSAILLES

A 12

ÉLANCOURT

Depuis Paris :
En voiture, par l'autoroute A13 puis A12 direction Saint-Quentin-en-Yvelines, sortie Élancourt ou par l'A86, direction Élancourt. Parking gratuit de 1 000 places.
En RER ligne C ou SNCF Paris gare Montparnasse, jusqu'à Saint-Quentin-en-Yvelines, puis navette payante.

Quand ?
Ouvert du 1er avril au 15 novembre tous les jours de 10 h à 19 h.
Juillet et août jusqu'à 20 h, le samedi, nocturne jusqu'à 23 h.
Pour les séminaires ou pour tout autre événement, le Pays France Miniature est ouvert toute l'année. Téléphonez au (1) 30 62 40 79.

Combien ?
Individuels :
Adultes 68 F
Enfants 48 F (de 3 à 13 ans)
Tarifs réduits : nous consulter.
Groupes (à partir de 25 personnes) :
Adultes 58 F
Enfants 42 F (de 3 à 13 ans)
Entrée gratuite pour l'accompagnateur ou le chauffeur de car.
Groupes scolaires et centre de loisirs :
42 F (jusqu'en terminale) - 1 accompagnateur supplémentaire : 58 F

FRANCE MINIATURE, 25 Route du Mesnil - 78990 ELANCOURT
Réservation : Tel : (1) 30 62 40 78 - Fax (1) 30 51 64 87
Information : Tel (1) 30 51 51 51   Administration : Tel (1) 30 62 40 79

 Nom : FRANCE - MINIATURE
Loc : ELANCOURT
Dépt. : 78

Ⓐ *Lisez le dépliant de la « France miniature » et retrouvez les informations demandées.*

Où est situé le parc de loisirs ?

Est situé à Élancourt à moins de 25 Kilomètres de Paris près de Versailles

Quand peut-on visiter ce parc ?

Est ouvert du 1er avril au 15 novembre toutes les jours de 10 h à 19 h

Comment est-ce qu'on peut aller au parc ?

En voiture, par l'autoroute A13 puis A12 direction Saint-Quentin en Yveline, sortie Élancourt ou par l'A86 Et en RER ligne C

Que peut-on découvrir ?

Les reproduction des monuments français

Combien coûte l'entrée ?

Coûte Adulte 68 F Enfants 48 F

le Pays FRANCE MINIATURE

Le château de Chambord

L'hospice de Beaune

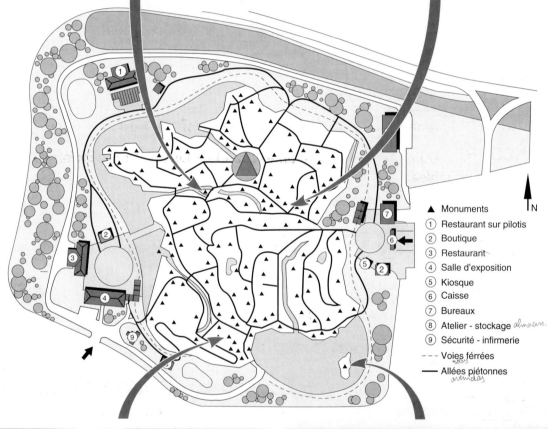

▲ Monuments

① Restaurant sur pilotis
② Boutique
③ Restaurant
④ Salle d'exposition
⑤ Kiosque
⑥ Caisse
⑦ Bureaux
⑧ Atelier - stockage *almacén*
⑨ Sécurité - infirmerie
--- Voies férrées
— Allées piétonnes
avenidas

N

Les remparts de Carcassonne

La citadelle de Calvi

B *Choisissez la bonne réponse.*

	Vrai	Faux	On ne sait pas
1 Le document est un dépliant touristique sur un parc d'attractions. *(folleto)*	—		
2 La visite de « Pays France miniature » permet d'admirer des tableaux.			
3 Il y a des restaurants et des boutiques.	—		
4 Il y a des cinémas.		—	
5 C'est loin de Paris.		—	
6 Un guide accompagne les touristes.			—
7 Les touristes peuvent découvrir 150 monuments français et 20 villages typiques de France.			—

savoir-faire

Maintenant, vous savez *écrire une carte postale.*

Écrivez une carte postale à un(e) ami(e) en suivant les indications du tableau.

Chère Silvana,
Je suis en vacances à Terife en
Malaga.

Cher Clément,
Je suis en vacances à
St Cast, en Bretagne.
Il y a du soleil.
Je nage beaucoup.
Et toi ? Ça va ?
Quand reviens-tu ?
Je t'embrasse
à bientôt
Marianne

M. Clément Petit
18 rue des Trois frères
75018 Paris

Écrire une carte postale

Cher, Chère…
- *Lieu :* Je suis en vacances à, …………, en (au, aux, à l') ……………………………
- *Activités :* Je visite les musées, je marche beaucoup, je rencontre des gens.
- *Demande de nouvelles :* Et toi, comment vas-tu ? Où es-tu ?
- *Formules d'affection :* Je t'embrasse. *(abrazo)* Affectueusement. Gros bisous. *(muchos besos)* Amitiés. Amicalement.
- *Signature.*

6 L'ALPHABET PHONÉTIQUE INTERNATIONAL

A *Prononcez ces mots à l'aide de l'alphabet phonétique international, puis contrôlez avec l'enregistrement.*

1 étudier [etydie]
2 une bonne photo [ynbɔnfɔtɔ]
3 des animaux [dezanimo]
4 cinq cents [sɛ̃sã]
5 l'avenue [lavny]
6 approcher [aproʃe]
7 la roue [laru]
8 péruvien [peryvjɛ̃]
9 une nation [ynasj�õ]
10 voyager [vwajaʒe]

B *Retrouvez les mots qui correspondent à la transcription phonétique.*

1 [vɛ̃] vin (vino) / vingt (veinte)
2 [sõ] son / sont
3 [mɛr] mère (madre) / maire (alcalde)
4 [tõ] ton (tu) / le thon (atun)
5 [so] sot (tonta) / seau (cubo)
6 [vɛr] verre (copa) / vert (verde) ver gusano
7 [pɛ̃] pin (pino) / pain (pan)
8 [ã] an (año) / en

sot - an - maire - pin - thon - son - vingt - verre - en - sont - vert - seau - mère - vin - ton - pain

C'est la mère du maire qui va à la mer.

C *Lisez ces phrases et transcrivez-les.*

1 [œ̃ grã mersi pur votr lɛtr]
Un grand merci pour votre lettre

2 [ʒə syi kõtã də vu rãkõtre]
Je suis content de vous rencontrer

3 [ty rɛst œ̃ mwa a pari]
Tu restes un mois à Paris

4 [kiɛs ? sɛt yn fam ãglɛz]
Qui est-ce? C'est une femme anglaise

5 [ɛl vø vənir avɛk nu]
Elle veut venir avec nous

ALPHABET PHONÉTIQUE INTERNATIONAL

Voyelles

[i]	il, vie, lyre
[e]	blé, jouer
[ɛ]	lait, jouet, merci
[a]	plat, platte
[ɑ]	bas, pâte
[ɔ]	mort, donner
[o]	mot, dôme, eau, gauche
[u]	genou, roue
[y]	rue, vêtu
[ø]	peu, deux
[œ]	peur, meuble
[ə]	le, premier
[ɛ̃]	matin, plein
[ã]	sans, vent
[õ]	bon, ombre
[œ̃]	lundi, brun

Semi-consonnes

[j]	yeux, paille, pied
[w]	oui, nouer
[ɥ]	huile, lui

Consonnes

[p]	père, soupe
[t]	terre, vite
[k]	cou, qui, sac, képi
[b]	bon, robe
[d]	dans, aide
[g]	gare, bague
[f]	feu, neuf, photo
[s]	sale, celui, ça, tasse, nation
[ʃ]	chat, tache
[v]	vous, rêve
[z]	zéro, maison, rose
[ʒ]	je, gilet, geôle
[l]	lent, sol
[r]	rue, venir
[m]	main, femme
[n]	nous, tonne, animal
[ɲ]	agneau, vigne

LA VILLE

Lille

Biarritz

Ⓐ *Écoutez les messages publicitaires, puis répondez aux questions.*

1 Quel est le sujet de ces deux publicités ? ....

....

2 Où se situe Biarritz ? ....

....

3 Dans le message 1, relevez les mots qui évoquent les vacances. ....

....

4 Dans le message 2, relevez les qualités des Lillois. ....

....

Ⓑ *Regardez l'expression : « Il faut réserver maintenant ».*
Cochez l'(ou les) expressions(s) de même sens :

1 Vous voulez réserver maintenant.   ☐
2 Réservez maintenant !   ☐
3 Vous devez réserver maintenant.   ☐

1 DEVOIR/VOULOIR

• *Choisissez* **vouloir** *ou* **devoir** *et conjuguez le verbe à la forme qui convient.*

À LA MAISON

La mère : Tu .... faire tes exercices, Benoît !

Benoît : Je .... toujours travailler, mais moi je .... jouer avec mes copains !

CHEZ LE COIFFEUR

Mme Ollier : En septembre nous .... partir en vacances en Grande-Bretagne.

La coiffeuse : Alors vous .... prendre un parapluie.

Mme Ollier : Oui, et je .... prendre aussi des gros pulls, mon mari

.... visiter le Nord !

DANS LA RUE

Annie : Tu sais, Marc et moi .... absolument partir en voyage ensemble.

Dominique : Super ! Et vous .... aller où ?

Annie : C'est un problème parce que Marc .... visiter Rome, et moi Berlin.

Dominique : Alors je pense que vous .... aller à Amsterdam !

Devoir	
je	dois
tu	dois
il/elle	doit
nous	devons
vous	devez
ils/elles	doivent

2 L'IMPÉRATIF

A *Observez ces documents ; relevez les verbes. À quel temps sont-ils ?*

ENTREZ !

Découvrez le festival de Cannes

46e FESTIVAL INTERNATIONAL
DU FILM CANNES 1993 • 13 AU 24 MAI

ARRÊTE UN PEU DE PARLER, MANGE!

PASSONS À TABLE.

B *Pour chacun de ces verbes, donnez la forme de l'infinitif.*

Exemple : entrez ⇨ entrer

.... / .... / ....

C *Vous donnez des conseils à des amis... Remplacez l'infinitif entre parenthèses par l'impératif.*

Exemple : Pour aimer la France, (visiter) ses régions !

⟹ Pour aimer la France, visitez ses régions !

1 Pour bien comprendre, (lire) le texte plusieurs fois ! ....

2 Pour être heureux, (vivre) simplement ! ....

3 Pour faire du squash, (être) toniques ! ....

4 Pour venir chez nous, (prendre) l'autobus n° 6 ! ....

5 Pour partir au pays basque, (réserver) vite vos places ! ....

D *Même exercice, mais maintenant vous donnez des conseils à un ami.*

Exemple : Si tu es fatigué, (aller) à la campagne !

⟹ Si tu es fatigué, va à la campagne !

1 Tu veux être en forme, (faire) du sport !

....

2 Pour bien parler français, (étudier) et (être) patient !

....

3 Tu cherches un bon médecin ? (aller) chez M. Pinet !

....

4 Tu veux réussir ? Alors (écouter) mes conseils !

....

5 C'est ton anniversaire, alors (chanter), (danser) et (faire la fête) !

....

L'impératif
Il se forme à partir du présent de l'indicatif.

Présent		Impératif
tu	viens	**viens !**
nous	venons	**venons !**
vous	venez	**venez !**

ATTENTION :

verbes en **er** Tu mang**es** ⟹ **Mange !**

avoir ⟹ **Aie, ayons, ayez !**

être ⟹ **Sois, soyons, soyez !**

aller ⟹ **Va, allons, allez !**

3 DONNER UN CONSEIL/UN ORDRE

A *À l'aide du tableau, donnez des conseils aux personnes suivantes. Aidez-vous des verbes proposés, ou trouvez d'autres idées.*

visiter	chercher	être prudent
marcher lentement	regarder	faire attention
accepter	faire des photos	rester au lit

Exemple : Un étudiant a un examen le lendemain.

⟹ *Étudie* et *dors* bien !

Donner un ordre ou un conseil

• **Verbe à l'impératif**
Visitez Lille !

• **Il faut + verbe à l'infinitif**
Il faut découvrir le pays basque.

• **Devoir + verbe à l'infinitif**
Tu dois travailler !

1 Des amis partent en vacances aux îles Baléares. ....

2 Votre sœur est malade. ....

3 L'entreprise Stocks de France propose un travail à votre ami.

....

4 Une amie veut acheter une maison. ....

5 Un enfant veut traverser la rue. ....

B *Retrouvez ces instructions très utilisées en France et dites où on peut lire ces phrases.*

Exemple : (observer) le tableau et (compléter) les phrases suivantes.

⇨ **Observez** le tableau et **complétez** les phrases suivantes (*en classe*).

1 Péage ! (Préparer) 18 francs.
2 (Faire attention) à la marche !
3 (Sonner) et (entrer) !
4 (Attacher) vos ceintures !
5 (Taper) 3615 code ILF.
6 Pour les réservations TGV, (aller) aux guichets 5 et 6.
7 (Laisser) cet endroit aussi propre que vous désirez
   le trouver en entrant.
8 (Payer) aux caisses n° 1 et 2.

entrer (rentrer) ≠		sortir	
j'	entre	je	sors
tu	entres	tu	sors
il/elle	entre	il/elle	sort
nous	entrons	nous	sortons
vous	entrez	vous	sortez
ils/elles	entrent	ils/elles	sortent

Entrez sans fumer

le tabac, c'est plus ça

RESPECTONS LA LOI DU 9 JUILLET 1976
comité français d'éducation pour la santé, 22, rue lecourbe 75015 paris

Savoir-faire

Maintenant, vous savez *donner des conseils.*

• *Un ami français va visiter votre ville et il vous a écrit pour vous demander quelques informations. Vous répondez. Dans votre lettre, dites :*

– où on peut ⎰ manger
            ⎱ dormir
              danser

– ce qu'il faut ⎰ photographier
              ⎱ visiter

– ce qu'il doit emporter… etc.

4 Article défini ou partitif ?

A *Observez et trouvez la règle.*

J'adore le sable fin.

Vous voulez du vin ?

Les légumes verts, c'est bon !

Vive le calme !

Du soleil toute l'année.

Avez-vous de l'argent ?

Moi, je n'aime pas la pluie, je préfère le soleil !

Il y a du sable fin et de l'air chaud.

J'aime bien l'eau.

La bière, je déteste !

Il déteste le vent.

Il fait du tennis.

Elle préfère acheter de la bière !

Je mange des légumes.

Pierre boit de l'eau.

B *Complétez ce tableau.*

Pour exprimer une notion générale	Pour exprimer une notion imprécise
J'aime le vent.	Ici, il y a .... vent.
J'adore .... bière.	Je veux boire .... bière.
Je déteste .... légumes.	Je mange .... légumes.
.... eau, c'est bon !	J'achète .... eau.
.... argent, c'est nécessaire !	Je voudrais .... argent.

De l'eau...

du malt...

du houblon...

de la levure...

et 4 générations de brasseurs.

DUYCK

JENLAIN
Bière de garde

Faire	
je	fais
tu	fais
il/elle	fait
nous	faisons [fəzɔ̃]
vous	faites [fɛt]
ils/elles	font [fɔ̃]

Très souvent avec le verbe faire :
Il fait **du** sport.
Elle fait **de la** gymnastique.
Vous faites **des** études.
Pierre fait **de** l'accordéon.

C *Complétez avec le déterminant qui convient.*

D *Complétez avec le, la, les, du, de la, de l', des.*

1 – Le matin, je prends .... *du* .... thé ou .... *du* .... café au lait avec .... *de* .... pain ou .... *de* ....
petits gâteaux.

 – Moi, j'aime .... *le* .... lait chaud, Le matin, je prépare aussi .... *des* .... œufs et je bois .... *du* ....
jus d'oranges ou d'ananas.

2 – Pour ce travail, il faut .... *de l'* .... énergie et .... *de la* .... force.

 – Je crois aussi qu'on doit avoir .... *de la* .... patience et bien sûr .... *du* .... courage.

3 – Pour mes vacances, je choisis .... *la* .... montagne et toi ?

 – Moi, je veux .... *du* .... soleil et .... *de la* .... chaleur, alors je préfère .... *la* .... mer, mais je
ne veux pas aller en Bretagne parce qu'il y a toujours .... *du* .... vent !

atteindre – alcanzar
attendre – esperar

5 L'HEURE

Ⓐ *Une journée en ville... Observez !*

LE MATIN

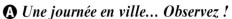

5 h – cinq heures
Les éboueurs travaillent déjà…

basureras

7 h 20 – sept heures vingt
Les gens attendent le bus.

espera

8 h 15 – huit heures et quart
Les enfants arrivent à l'école.

8 h 30 – huit heures et demie
La classe commence.

12 h 10 – Midi dix
Les gens arrivent au restaurant.

L'APRÈS-MIDI

16 h 25 – quatre heures vingt-cinq
Les mamans attendent leurs enfants.

19 h – sept heures
Les magasins ferment.

LE SOIR

19 h 50 – huit heures moins dix
Les gens mangent.

20 h 45 – neuf heures moins le quart
Ils regardent la télévision.

00 h – minuit
Les enfants dorment.

B *Quelle heure est-il ?*

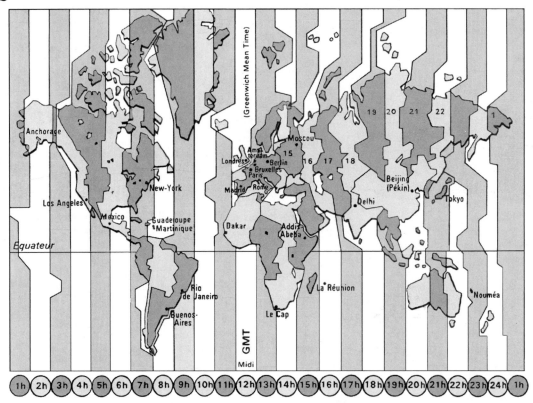

1h 2h 3h 4h 5h 6h 7h 8h 9h 10h 11h 12h 13h 14h 15h 16h 17h 18h 19h 20h 21h 22h 23h 24h 1h

Exemple : À Nouméa, il est vingt-trois heures cinq.

À New York, il est .... *sept heures* ....   À Londres, ... *onze heure et demie* ....

À Moscou, ... *quinze heures* ... *3 heures de l'après-midi*   À Rio de Janeiro, ... *neuve heure du matin* ....

À Tokyo, ... *vingt et un* ....   À Dakar, ... *onze heures* ....

À Paris, ... *midi et demie* ....   À Madrid, ... *midi et demie* ....

C *Lisez les heures indiquées sur ces pendules.*

Exemple : (le matin) Il est cinq heures moins vingt.
(le soir) Il est seize heures quarante.

LE MATIN ✓

Il est .... *cinq heure précises.*   *six heures moins le quart*   *sept heure moins vingt cinq*   *onze heure moins dix*   *midi*

LE SOIR

Il est .... *quatre heures et demie*   *deux heure et vingt cinq*   *onze heure et dix*   *huit heure moins dix*   *minuit*

Demander/indiquer l'heure

1 **Quelle heure est-il ?**
Il est quelle heure ?
Quelle heure avez-vous ?

Il est cinq heures.
Sept heures moins le quart.

2 **À quelle heure** vas-tu à l'école ?
Je vais à l'école **à** neuf heures.

Ⓓ *Écoutez et complétez :*

– France Programmes, il est _sept heures_. Le journal : Jean-Luc Amar.

– Bonjour ! Les grands titres de la journée :

• Grave accident ce matin à _cinq heure quinze_ sur l'autoroute A10 à Poitiers, deux morts et trois blessés graves.

• Le Président de la République poursuit son voyage en Afrique. Son arrivée au Cameroun est prévue ce soir à _dix neuf heure dix_ Il doit dîner à Yaoundé à _vingt heure trente_ en compagnie du chef de l'État.

• Aujourd'hui 21 juin, fête de la musique. Grand concert de Renaud à _dix neuf heure quarant cinq_ place de la Concorde. Francis Cabrel, Françoise Hardy et de nombreux artistes à _vingt et un trente_, place de la Bastille [...]

Ce soir à la télévision : Françoise Loiseau.

– Bonjour ! Ce soir à la télévision : *Sueurs froides*, grand film d'Alfred Hitchcock à _vingt heure trente cinq_ Puis à _vingt heure cinquante « _Les amis du Rock » sur TF1.

Sur France 2 vous pourrez voir l'émission « Bonne soirée » avec Johnny Hallyday à _vingt heure cinquante_ suivie du journal de _vingt et deux heure_ présenté par Paul Berry.

Maintenant, vous savez **comprendre des conseils à la radio.**

Écoutez les informations de « Bison Futé » concernant la circulation routière et complétez le tableau.

MOMENT	VERT (peu de circulation)	ORANGE (beaucoup de circulation)	ROUGE (circulation très dense)
vendredi 11 heures			X
vendredi 16 heures			X
vendredi 19 heures		X	
samedi 10 heures	X		X
samedi 14 heures	X		
dimanche 12 heures	X		X
dimanche 18 heures			X

Bonjour,
Bonjour, madame Lundi
Comment ça va, madame Mardi
Très bien, madame Mercredi,
Dites à madame Jeudi
De venir Vendredi
Danser Samedi
Dans la salle de Dimanche.

REPÈRES

❶ Lisez ce texte sur les rythmes d'une ville de province, puis répondez aux questions.

La ville vit. À 5 ou 6 heures, elle s'éveille lentement. Vers 7 h 30, les premières voitures arrivent ; les gens vont travailler. À midi, les restaurants, les brasseries et les cafés sont pleins. Puis à 14 heures, les gens repartent au travail.

À 17 heures, il y a beaucoup de circulation et du monde dans les supermarchés. Le mercredi, il y a des enfants partout et le samedi, les habitants des villes vont dans les magasins, les cafés, les cinémas. Mais la nuit, la ville vit encore…

1 À quelle heure est-ce que la ville s'éveille ? *La ville s'éveille à 5 ou 6 heures*

2 Pourquoi est-ce que les voitures arrivent vers 7 heures 30 ? *Pse que los gens vont travller*

3 Où est-ce que les gens mangent à midi ? *Le gens mangent dan les restaurant, les brassiers et les gens*

4 Quand est-ce que les écoles sont fermées ?

5 Où vont les gens le samedi ?

6 Est-ce que la ville dort la nuit ?

❷ La nuit la ville ne dort pas. Il y a les spectacles, les restaurants, les boîtes de nuit… et des gens qui travaillent… Observez bien le dessin et dites si oui ou non ces gens travaillent la nuit.

	Oui	Non			Oui	Non
1 Les instituteurs	☐	☐	6 Les éboueurs		☐	☐
2 Les boulangers	☐	☐	7 Les dentistes		☐	☐
3 Les infirmières	☐	☐	8 Les serveurs		☐	☐
4 Les journalistes	☐	☐	9 Les chauffeurs de bus		☐	☐
5 Les épiciers	☐	☐	10 Les chauffeurs de taxi		☐	☐

REPÈRES

• **Savez-vous reconnaître les éléments de la ville ? Associez une photo à une réplique.**

Exemple : A4.

A : « Je voudrais *le Monde* et *Télérama*, s'il vous plaît. »

B : « C'est pour qui cette lettre ? »

C : « C'est vrai, je fume beaucoup. »

D : « Vite, il est 6 heures moins cinq, la messe est à 6 heures. »

E : « Eh, doucement ! Tu roules trop vite ! »

F : « En métro, il faut dix minutes. »

G : « Encore cinq minutes et le bus arrive. »

H : « Je te rappelle demain. »

I : « Je tousse, je voudrais du sirop. »

6 JEU DE RÔLES

• *Par groupes de deux, construisez des dialogues, puis jouez les scènes.*

Vous faites des études dans une ville nouvelle pour vous. Vous téléphonez à votre mère / votre père.
Vous saluez.
Elle (il) vous demande comment ça va.
Vous répondez. Vous décrivez la ville où vous vivez et vous exprimez vos goûts sur cette ville.
Elle (il) pose quelques questions.
Vous répondez.
Vous racontez vos activités (à quelle heure vous allez à l'école, au restaurant, au café…).
Elle (il) pose quelques questions.
Vous répondez.
Votre mère (père) réagit à sa façon. Elle (il) vous donne des conseils/des ordres, elle (il) est content(e) / pas content(e)…
Vous répondez et vous saluez.
Elle (il) salue.

7 [ə] [e]

 Ⓐ *Écoutez et complétez le tableau.*

blé, regarde, des, télévision, me, les, allée, relire, demande, pied, vérité, le, fatigué, de, tu es, vous parlez, il est, aimer, et, fumer.

[ə]	[e]
regarde	blé

Ⓑ *Écoutez et complétez avec « é » ou « e ».*

1 libert....
2 l... caf...
3 t...l...phone
4 r...tour

5 habit...
6 d...part
7 r...v...nir
8 qualit...

9 elle m... parle
10 cin...ma
11 l... p...tit ...l...phant
12 d...bout

Ⓒ *Écoutez et complétez avec le ou les. Ajoutez un « s » à la fin du nom, si cela est nécessaire.*

Exemple : **les** ami**s**

1 .... livre
2 .... chat
3 .... prénom
4 .... nom

5 .... père
6 .... quartier
7 .... été
8 .... chanteur

9 .... salon
10 .... Canadien
11 .... poids
12 .... fille

[ə]	[e]
le	les
ce	ces
de	des

LA RUE

Ⓐ *Écoutez bien les indications et, à l'aide du plan, essayez d'arriver au but.*

Ⓑ *Répondez aux questions.*

1. Quel est le but du jeu ?
2. Où est le départ du jeu ?
3. Où se trouve l'église ?
4. Comment s'appelle la rue très commerçante ?
5. Qui arrive le (la) premier(ière) et gagne le jeu vidéo ? *Cristine*
6. Où est la rue de l'église ? *C'est après le Bar q'A apelle "Chez Roger"*
7. Est-ce que le (la) gagnant(e) boit de l'eau ?

Le Marché aux Puce - Mercado de los pulgos

Mercados Centrales

1 POUVOIR/VOULOIR

Ⓐ *Observez :*

Vous pouvez gagner un jeu vidéo.
Pouvez-vous dire où nous sommes ?

Ⓑ *Ici, le verbe* pouvoir *exprime.*

un ordre ☐
une possibilité ☐
un conseil ☐
une volonté ☐

Pouvoir *Poder*			
je	peux	nous	pouvons
tu	peux	vous	pouvez
il/elle	peut	ils/elles	peuvent

Ⓒ *Regardez la conjugaison et complétez avec* vouloir *ou* pouvoir.

1   Les explications sont très compliquées,
vous .... répéter, s'il vous plaît ?

2   Nous .... faire un cadeau à Michelle,
mais quoi acheter ?

3   – Je .... vous offrir un verre ?
– Bien sûr, vous ...., je vais prendre
un diabolo menthe !

4   Elles sont espagnoles ; elles ne .... pas
comprendre le français.

5   Quand tu ...., tu ....!

2 LES ARTICLES CONTRACTÉS

Ⓐ *Observez les phrases et le document puis complétez le tableau.*

Il va **au** cinéma.
Je travaille **à la** bibliothèque.
Rendez-vous **à l'**hôtel de ville.
Les enfants sont **à l'**école.
Les Jones vivent **aux** États-Unis.
La bibliothèque est près **du** musée.
Elle est à côté **de la** boulangerie.
Je viens **de l'**université.
Je sors **de l'**immeuble.
C'est en face **des** halles.

LES ARTICLES CONTRACTÉS			
à		**de**	
(à + le) = **au** ⇨ au cinéma (m)		(de + le) = **du** ⇨ du musée (m)	
(à + la) = ... ⇨		(de + la) = ... ⇨	
(à + l') = ... ⇨ à l'hôtel de ville (m)		(de + l') = ... ⇨ .... (m)	
(à + l') = ... ⇨ .... (f)		(de + l') = ... ⇨ de l'université (f)	
(à + les) = ... ⇨		(de + les) = ... ⇨ des halles (f)	

3 LA LOCALISATION

Ⓐ *Lisez ces phrases en regardant le plan, puis répondez aux questions ci-dessous.*

L'école est **en face de** la poste.
La mairie est **entre** la poste et l'hôpital.
Le restaurant est **à côté de** l'hôtel.
La cabine téléphonique est **au coin de** la rue Pasteur.
L'hôpital est **au bout de** la rue de la Mairie.
La station de taxis est **devant** les Halles.

1 Où est le parking ?
2 Où est le bar du commerce ?
3 Qu'y a t-il entre l'école et le commissariat ?
4 Où est le bureau de tabac ?
5 Qu'est-ce qui est en face de l'école ?

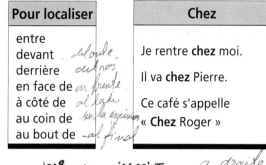

Pour localiser	Chez
entre devant *de loule.* derrière *derras* en face de *en frente.* à côté de *al lado* au coin de *en la esquina* au bout de *al final*	Je rentre **chez** moi. Il va **chez** Pierre. Ce café s'appelle « **Chez** Roger »

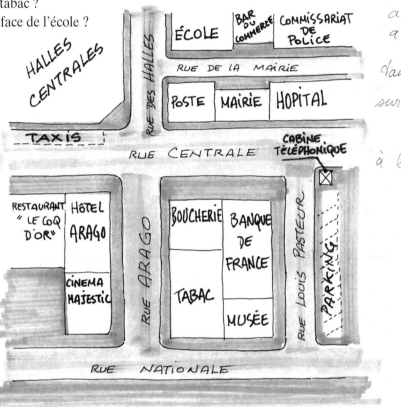

a droite (direch
a gauche (izgue

tant droit
sur votre droite
(sobre su direction)

à l'angle - al rincon

Ⓑ *Regardez le plan page 73. Vous êtes devant le bar « Chez Roger » et vous répondez aux questions.*

– Excusez-moi, il y a une charcuterie près d'ici ?
– Pardon monsieur, je cherche la cathédrale, c'est loin ?
– Excusez-moi, où est l'hôtel de ville s'il vous plaît ?
– S'il vous plaît, est-ce qu'il y a un bon restaurant dans le quartier ?
– Pardon, où est ce que je peux trouver un téléphone, s'il vous plaît ?
– La rue du Cygne, s'il vous plaît, c'est loin ?
– Bonjour, je cherche la rue des oiseaux…

Demander son chemin	Indiquer une direction
Pardon, pour aller...	Allez à gauche.
Excusez-moi, je cherche...	Vous continuez tout droit.
Le cinéma, c'est loin ?	Tournez à droite.
Où est la gare, s'il vous plaît ?	Vous suivez la rue.
	Vous prenez la 2e rue.

Savoir-faire

Maintenant, vous savez *indiquer une direction.*

Vous êtes en vacances à Carnac. À l'aide du plan, dialoguez par groupes de deux. Un étudiant demande son chemin, l'autre indique la direction.

Exemple : Vous êtes à l'office du tourisme et vous cherchez la grande plage.

Pardon monsieur, la grande plage s'il vous plaît ?

Prenez la rue ...., puis tournez ....

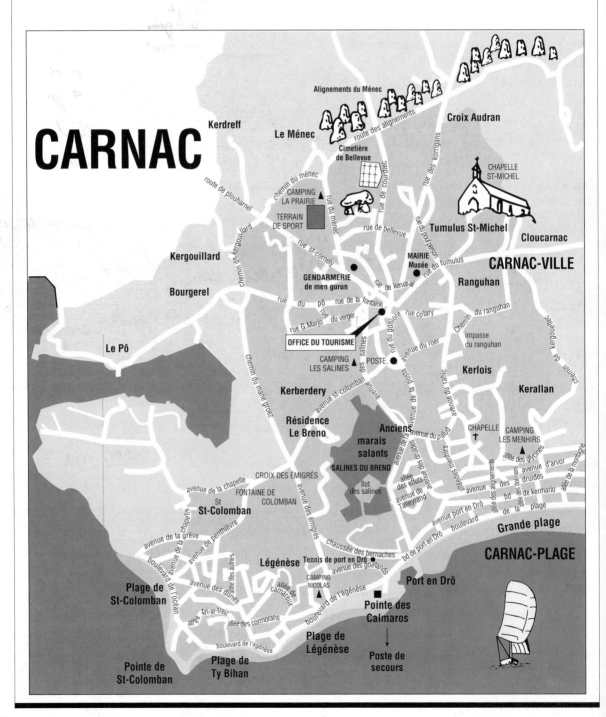

4 LA CAUSE/LE BUT

A Dites où vous allez pour...

Exemple : Pour acheter des cigarettes,
je vais au bureau de tabac.

acheter une tarte aux pommes
dormir
changer de l'argent
acheter des stylos et un cahier
acheter de la viande
boire une limonade
envoyer une lettre
manger
voir un film

Exprimer un but
Pour + infinitif
Je vais à Paris **pour** visiter le Louvre.
Pour bien connaître une ville, il faut lire un guide.
Pour bien comprendre le français, regardez la télévision !

B Regardez le tableau et imaginez une réponse à chacune de ces questions.

Exemple :
– J'apprends le français.
– Pourquoi ?
– *Pour être professeur.*
ou
– *Parce que c'est une belle langue.*

1 – Il faut téléphoner à tes parents.
– Pourquoi ?

2 – Achète des œufs !
– Pourquoi ?

3 – Demain, je pars à Londres.
– Pourquoi ?

4 – Tu dois étudier !
– Pourquoi ?

5 – Je vais à la banque.
– Pourquoi ?

6 – Je téléphone au médecin.
– Pourquoi ?

La cause / le but
– Je vais à Barcelone.
– Pourquoi ?
– **Parce que** j'ai envie de visiter cette ville.
– **Pour** voir mes amis espagnols.
• **parce que** explique.
• **pour + infinitif** exprime une intention.

C *Ce texte est dans le désordre ; à vous de le remettre dans l'ordre !*

1 Mais comment contenter tout le monde ? Cela est justement le problème des grandes villes…

2 Toutes ces personnes ont donc besoin d'un moyen de transport.

3 Vivre en ville, c'est circuler. Les gens sortent pour travailler, pour manger, pour faire les courses, pour aller à l'école. Il est intéressant d'observer le trafic en ville.

4 Les moyens de transport.

5 Les adultes prennent le bus ou l'auto tous les jours pour aller au travail ; les enfants vont à l'école à pied ; d'autres personnes se promènent et regardent le spectacle de la rue…

D *Regardez le tableau ci-dessous et dites comment vous circulez dans votre ville (village). Pourquoi ? Discutez en classe.*

Exemple : Moi, je circule en cyclomoteur pour aller plus vite.

	vélo	cyclomoteur	auto	bus – métro
à Paris	2 %	2 %	40 %	56 %
à Lyon	5 %	5 %	72 %	18 %
à Toulouse	6 %	9 %	64 %	21 %

E *Lisez ce texte, puis à votre tour, écrivez ce que vous aimez en respectant le même schéma.*

Je veux travailler *pour* faire ce que j'aime *et parce que* l'argent est nécessaire pour vivre ; *alors, je dois* chercher un emploi, *mais il faut* être patient…

Je veux .... pour .... et parce que .... ;

alors, je dois ...., mais il faut ....

Savoir-faire

Maintenant, vous savez *justifier vos choix*.

• *Regardez l'exercice E. À votre tour parlez de votre mode de vie et justifiez vos choix (profession, ville, campagne, loisirs...). Dialoguez par groupes de deux.*

Exemple : Tu veux être médecin ; pourquoi ?
   Pour soigner les gens et *aussi parce* que je m'intéresse à la recherche scientifique...

REPÈRES

Vous visitez Paris et vous emportez tous ces objets. Regardez ces photos ; donnez le nom de ces objets et dites à quoi ils servent.

Exemple : Je prends une télécarte pour téléphoner à des amis. (2Ac)

1

2

A Une télécarte	**a** pour voyager en métro
B Des tickets de métro	**b** pour noter les bonnes adresses
C Le plan de la ville	
D Les horaires de bus	**c** pour téléphoner à des amis
E Votre passeport	
F Un carnet et un stylo	**d** pour trouver une adresse
G De l'argent	
H Un appareil-photo	**e** pour montrer aux amis les merveilles de Paris
	f pour acheter un guide touristique
	g pour visiter Paris en bus
	h pour le montrer à la police

3

5

4

6

7

8

5 LES PROFESSIONS

Ⓐ *Par groupes de deux, trouvez le féminin de ces noms de métiers en vous aidant du dictionnaire.*

un charcutier   une ....

un journaliste   ....

un coiffeur   ....

un libraire   ....

un boulanger   ....

un boucher   ....

un musicien   ....

un photographe   ....

un acteur   ....

un commerçant   ....

un instituteur   ....

un pâtissier   ....

un opticien   ....

un serveur   ....

Ⓑ *Complétez le tableau.*

Le féminin des noms de professions	
	Exemples :
• **masculin + e**	un commerçant / une commerçante
• **masculin = féminin**	....
• **eur / euse**	....
• **eur / rice**	....
• **er / ère**	....
• **ien / ienne**	....

Ⓒ *Écoutez et dites qui peut prononcer ces phrases et où on peut les entendre.*

Exemple : Alors un carnet de timbres, voilà Madame !

Qui ?	Où ?
Exemple : Un postier	*Exemple :* À la poste
1	....
2	....
3	....
4	....
5	....
6	....
7	....
8	....

JACQUES Moisant PARIS/TOKYO
coiffeur

93.rue de seine, 75006 - Tél (1) 46 33 51 21 - Fax (1) 43 25 67 72
tokyo aoyama - 03 408 9863, yokohama aogo 045 465 2374, omiya aogo 0486 45 7024

STUDIO
MP
PHOTOGRAPHES
15, rue Jules-Favre - TOURS
Tél. 47 64 83 02 - Fax 47 64 83 07

D *Cherchez les seize métiers cachés dans cette grille.*

LES MÉTIERS

V	E	T	E	R	I	N	A	I	R	E	Z	U	B
M	A	Ç	O	N	N	E	R	I	E	S	T	A	O
L	E	D	E	N	T	I	S	T	E	U	B	O	U
M	I	I	M	A	M	A	S	S	I	S	O	I	L
P	I	C	O	M	E	D	I	E	N	R	U	T	A
P	R	O	F	E	S	S	E	U	R	S	C	U	N
I	J	I	K	O	H	A	M	C	H	A	H	C	G
L	O	F	C	O	M	P	T	A	B	L	E	H	E
O	U	F	T	I	U	R	E	S	M	U	R	A	R
T	M	E	D	E	C	I	N	S	I	O	U	N	E
E	Y	U	S	K	O	L	M	E	N	U	T	T	S
P	U	R	A	V	O	C	A	T	E	H	A	E	L
J	A	R	D	I	N	I	E	R	U	M	A	U	A
E	C	U	I	S	I	N	I	E	R	E	J	R	T

AVOCAT
BOUCHER
BOULANGER
CHANTEUR
COIFFEUR
COMÉDIEN
COMPTABLE
CUISINIER
DENTISTE
JARDINIER
MAÇON
MÉDECIN
MINEUR
PILOTE
PROFESSEUR
VÉTÉRINAIRE

Jeux à gogo Les Métiers © Chantecler

6 LES ADJECTIFS DÉMONSTRATIFS

A *Observez :*

Suivez **cette** rue.
Il y a une rue entre **ce** café et la bibliothèque.

Les adjectifs démonstratifs		
	Masculin	Féminin
singulier	**ce, cet** ce garçon, cet homme	**cette** cette femme
pluriel	**ces** ces enfants	

Devant un nom masculin qui commence par une voyelle
ou un « h » muet, il faut utiliser **cet** : cet amour.

B *Complétez.*

1 J'aime bien .... film.

2 Qu'il est beau, ... enfant !

3 .... rue est très étroite.

4 Qui est .... homme ?

5 .... vêtements sont jolis.

6 Je voudrais .... photos.

7 Prenez .... rue et allez tout droit.

8 .... livre est intéressant, non ?

9 .... hôtel a des chambres confortables.

10 .... voix est douce et très agréable.

C *Construisez des phrases comme dans l'exemple.*

Exemple : Il est beau.
           Il est beau, ce chien !

Il est beau.	gâteau au chocolat
Elle a des bijoux magnifiques.	étudiants étrangers
Elles sont puissantes.	appartement
Il est beau et sympathique.	chien
Il est délicieux.	femme
Ils parlent bien français.	voitures
Il est confortable.	homme
Il est cher.	Américaine
Elle vient de Seattle.	ordinateur

7 [i] [y] [u]

 A *Écoutez et indiquez le son entendu.*

Exemple : 1 – Pérou

	1	2	3	4	5	6	7	8	9	10
[i]										
[y]										
[u]	✕									

B *Écoutez puis complétez le tableau.*

1 Tu as vu ?
2 Vous êtes fou !
3 Tout est là.
4 Il lit vite.
5 C'est plus dur.
6 Je dis merci à Marie.
7 Quel mystère !
8 J'habite à Annecy.

[i] [y] [u]
[i] s'écrit ....
[y] s'écrit ....
[u] s'écrit ....

C *Écoutez et complétez.*

1 Bonj......r M......r......am, je te tr......ve très jol......e auj......rd'hui.
2 T...... as ......ne m......ne s......perbe.
3 V......s avez pr......s le tax...... ?
4 T......t le monde a l'hab......t......de de c......r......r aut......r d...... lac le d......manche.
5 Sal......t, comment vas-t...... ?
6 ......l f...... me ......ne c......garette br......ne.
7 C'est s......r, c'est d......ff......c......le !

SÉQUENCE 4
DOSSIER 2

DES GENS ET DES LIEUX

Yves Montand

Écoutez le dialogue entre le serveur d'un restaurant et un client et choisissez la bonne réponse.

Boire

je	bois
tu	bois
il/elle	boit
nous	buvons
vous	buvez
ils/elles	boivent

Payer

je paie	ou	je paye
tu paies	ou	tu payes
il/elle paie	ou	il/elle paye
nous payons		
vous payez		
ils/elles paient	ou	ils/elles payent

1 La dame désire :
   – du poisson ☐
   – un poulet à l'américaine ☐
   – une salade ☐

2 Le monsieur veut :
   – un rôti de porc ☐
   – du poisson ☐
   – un cassoulet ☐

3 Une sauce américaine, c'est :
   – des tomates, des oignons,
     du vin, du sel ☐
   – des tomates, du cognac,
     du vin blanc, du poivre ☐
   – des champignons,
     des tomates, du poivre ☐

4 Les clients boivent :
   – de l'eau ☐
   – du vin ☐
   – de l'eau et du vin ☐

5 Le monsieur et la dame sont :
   – mari et femme ☐
   – amis ☐
   – frère et sœur ☐

6 Le client :
   – paie 432 F ☐
   – ne paie pas 432 F ☐

7 L'addition :
   – est juste ☐
   – est fausse ☐

83

1 L'INTERROGATION AVEC *QUE* ET *COMBIEN* ?

A Observez.

Que... ?	Combien... ?
Que prenez-vous ? **Qu'est-ce que** vous prenez ? Vous prenez **quoi** ? *Remarque :* Au début des phrases interrogatives, **quoi** devient **que**.	**Combien** de cafés voulez-vous ? **Combien** de cafés est-ce que vous voulez ? Vous voulez **combien** de cafés ? **Combien** est-ce ? C'est **combien** ?

CATHY !... QU'EST-CE-QUE TU FAIS LÀ ?

B Lisez ces questions et indiquez qui les pose : un serveur ou un client ?

Exemple : Un serveur : Qu'est-ce que vous voulez comme entrée ?
Un client : Vous avez une carte ?

C'est combien ?

Qu'est-ce que vous prenez ?

Et comme boisson ?

Quel est le plat du jour ?

Vous avez une carte ?

Combien de cafés faut-il ?

Vous avez de la bière ?

Vous ne voulez pas de dessert ?

Je peux avoir l'addition, s'il vous plaît ?

Qu'est-ce que vous voulez comme entrée ?

Vous préférez votre steak saignant ou bien cuit ?

Vous désirez autre chose ?

La quiche, qu'est-ce que c'est ?

C Complétez avec **est-ce que** *ou* **qu'est-ce que**.

Exemple : **Qu'est-ce que** tu veux ?

1 .... tu veux du vin ?

2 .... vous mangez des escargots ?

3 .... tu fais ce soir ?

4 Et vous, ... vous pouvez venir avec nous ?

5 .... les magasins sont ouverts le dimanche ?

6 .... il y a du monde ?

7 .... ils regardent ?

8 .... vous voulez faire ce soir ?

D *Trouvez des questions possibles à ces réponses en utilisant* **combien** *ou* **que.**

Exemple : J'ai trois frères
    – Combien de frères as-tu ?
    – Combien de frères est-ce que tu as ?
    – Tu as combien de frères ?

1 .... ?
    – Quatre.

2 .... ?
    – Je vais au cinéma avec Michel.

3 .... ?
    – Trois cafés, s'il vous plaît !

4 .... ?
    – Un sucre, merci.

5 .... ?
    – Nous avons vingt heures de cours.

6 .... ?
    – Je voudrais « Le Monde ».

7 .... ?
    – J'ai seulement une valise.

8 .... ?
    – Il a 3 000 francs.

9 .... ?
    – Mon appartement a trois pièces.

10 .... ?
    – J'apprends ma leçon.

2 LA NÉGATION

A *Observez ces documents et repérez les formes affirmatives et négatives.*

Le débat sur le développement rural à l'Assemblée nationale
Le gouvernement prépare un projet de loi.
1

Un entretien avec George Goven
« Il n'y a pas de problème »,
déclare l'entraîneur de l'équipe de France.
2

Le président n'est pas d'accord
avec le 1er ministre.
3

Un accident sur l'autoroute
provoque la mort
de dix-sept personnes.
6

Pour un montant de 2,1 milliards de francs
British Aerospace vend
ses avions d'affaires à Raytheon
4

Le cinéma n'a plus de spectateurs :
le ministère de la culture
décide d'aider le **7e** art.
5

FORMES AFFIRMATIVES	FORMES NÉGATIVES
....	....
....	....
....	....
....	....
....	....
....	....

Ⓑ *Donnez des réponses négatives.*

Exemple : Vous avez des frères (sœur).
Non, je n'ai pas de frères, j'ai une sœur.

1 – Vous travaillez à l'hôpital ? (à la banque)

– Non, ...

2 – Vous prenez le métro ? (l'autobus)

– Non, ...

3 – Vous parlez finnois ? (suédois)

– Non, ...

4 – Vous commencez votre travail à 9 heures ? (8 h 30)

– Non, ...

5 – Tu veux un dessert ? (un café)

– Non, ...

6 – Elle est irlandaise ? (américaine)

– Non, ...

7 – Tu aimes lire ? (regarder la télévision)

– Non, ...

8 – Vous buvez du vin ? (de l'eau)

– Non, ...

La négation
ne ... pas   ne ... plus
Je **ne** veux **pas**.
Il **n'**est **pas** parisien.
Vous **n'**avez **plus** votre voiture.
Attention :
un
une
du
de la   pas de / d'   – Tu veux **un** café ,
de l'   – Je **ne** veux pas **de** café.
des
Exception : c'est / ce sont
C'est une actrice ? Non ce **n'**est **pas** une actrice.
Ce sont des étudiants ? Non ce **ne** sont **pas** des étudiants.
Remarque :
À l'oral, on peut omettre la première partie de la négation.
Je vais **pas** avec Marie.
Il est **plus** là.

Ⓒ *Remettez les phrases dans l'ordre.*

Exemple : ne / pas / elle / chante.
Elle ne chante pas.

1 nous / parlons / ne / chinois / pas

....

2 vous / pas / ne / voulez / de / vin

....

3 je / le / n' / pas / aime / poisson

....

4 il / d' / revient / pas / Italie / ne

....

5 les / ne / cinéma / Français / plus / au / vont

....

6   la / n' / pas / à / du / est / pharmacie / côté / théâtre

....

7   rendez-vous / midi / n' / à / le / est / plus

....

8   je / partir / aimerais / en / pas / n' / Provence

....

9   mes / à / trouvent / d' / amis / ne / hôtel / Paris / plus

....

10   n' / achètent / le / ils / pas / journal

....

 ⓓ *Écoutez et indiquez le dessin correspondant à chaque dialogue.*

A

B

Dialogue 1 : ....

Dialogue 2 : ....

Dialogue 3 : ....

Dialogue 4 : ....

C

D

REPÈRES

Observez cette addition de restaurant et répondez aux questions.

LA FALAISE
Spécialités de Fruits de Mer

25, rue de Seine - 75006 Paris - Tél. : (1) 45 64 80 92
Accueil de 11 h à 3 h 00 du matin

TVA-FR 30 382 224 335

Table 90 couverts 3 R.12 POU LONG

1	PLATEAU FRUITS DE MER	410,00
1	HUITRES À DISCRÉTION	120,00
1	MOULES	45,00
3	MUSCADET	294,00
1	FROMAGE BLANC	38,00
1	FRUIT	49,00
1	DESSERT 1 JOUR	36,00
3	KIR À LA MURE	39,00
1	1/2 SAN PELLEGRINO	19,00
2	CAFÉ	18,00
1	DÉCAFÉINÉ	9,00

TVA 18,6   168,91

TOTAL   1077,00

16/04/93   21 :54   CAISSE 1 12L NOTE 53

JAZZ CLUB SOUS-SOL
DÎNER JAZZ AU SOUS-SOL

Service compris (15 % sur le H.T.)
Cette addition ne doit comporter aucune rectification manuelle

1   Quel est le nom du restaurant ?

2   Dans quelle ville se trouve ce restaurant ?
Quelle est son adresse ?

3   Quelle est la spécialité du restaurant ?

4   Quand est-il ouvert ?

5   Combien de personnes ont mangé ?

6   Qu'est-ce qu'elles ont mangé comme plat ?
Comme dessert ?

7   Qu'est-ce qu'elles ont pris comme
boisson ?

Manger	
je	mange
tu	manges
il/elle	mange
nous	mangeons
vous	mangez
ils/elles	mangent

Notes :
Muscadet : vin blanc.
Kir : apéritif à base de vin blanc et de crème de cassis.
San Pellegrino : eau minérale.

3 QUE DIT-ON AU RESTAURANT ?

A *Pour chaque situation, trouvez l'énoncé qui correspond.*

Exemple : Le serveur propose un café.
- – Vous désirez un café ? ☒
- – Un thé, voilà ! ☐
- – Je n'ai plus de thé. ☐

1 Le serveur propose du fromage.
- – Vous désirez un dessert, un café ? ☐
- – Un fromage, Monsieur ? ☐
- – Et comme légumes ? ☐

2 Le client veut une table près de la fenêtre.
- – Avez-vous une table au fond de la salle ? ☐
- – Je voudrais une table avec vue sur la mer. ☐
- – Où est la sortie ? ☐

3 Le client accepte la proposition du serveur.
- – Je suis désolé, je préfère la viande rouge. ☐
- – Merci beaucoup, mais je n'aime pas le lapin. ☐
- – Merci, avec plaisir ! ☐

4 Le client refuse de prendre le dessert.
- – Je n'aime pas les légumes. ☐
- – Non, pas de dessert, je n'ai plus faim ! ☐
- – Oh, je veux bien ! ☐

Dire ce qu'on veut

Je voudrais un café.

Donnez-moi un dessert.

Je peux avoir le sel, s'il vous plaît ?

Vous avez du fromage ?

Proposer

Vous voulez du poisson ?

Vous prenez des frites ?

Vous désirez autre chose ?

Du pain ? (formule un peu familière)

Accepter

Merci, avec plaisir !

Volontiers !

Oui, j'aimerais bien des légumes.

Du sucre, je veux bien.

Refuser

Non, merci.

Pas de lait, merci !

Non, je ne prends pas de bière.

B *Que dites-vous dans ces situations ?*

Exemple : Pour demander le menu.
      ⮑ Je voudrais le menu, s'il vous plaît !

1 Pour demander du sel et du poivre.

....

2 Pour refuser les escargots que vous propose le
serveur.

....

3 Pour accepter une tarte Tatin.

....

4 Pour demander le même plat que vos voisins de
table.

....

5 Pour demander l'addition.

....

C *Écoutez et dites ce que ces personnes expriment.*

Exemple : Combien ça coûte ces salades ?

	1	2	3	4	5	6	7	8	9	10
dire ce qu'on veut										
proposer										
accepter										
refuser										
demander le prix	✕									
exprimer son accord										
protester										
s'excuser										

Demander le prix	**Exprimer son accord**	**Protester**	**S'excuser**
C'est combien ? Ça fait combien ? Combien ça coûte ? Quel est le prix ?	Ça va. C'est bon. Je suis d'accord avec toi. C'est d'accord.	Oh non, c'est trop cher ! Il y a une erreur ! Je ne suis pas d'accord !	Pardon, Madame ! Excusez-moi ! Je suis désolé(e).

Maintenant, vous savez *obtenir ce que vous voulez au restaurant.*

Jouez le dialogue suivant :

Les clients commandent un apéritif.

Le serveur demande aux clients ce qu'ils veulent manger.

Les clients hésitent.

Le serveur propose des huîtres et un plateau de fruits de mer.

Les clients acceptent.

Le serveur propose du vin de Bordeaux.

Les clients refusent. Ils prennent du vin blanc.

Le serveur demande ce qu'ils veulent comme dessert.

Les clients veulent du fromage blanc, des fruits, une tarte.

Le serveur remercie et leur souhaite un bon appétit.

REPÈRES

Ⓐ *Lisez cet article de journal puis complétez le tableau.*

CASSE-CROÛTE CONTRE RESTAURATION RAPIDE

D'un côté, le succès du fast-food avec ses hamburgers, de l'autre, le traditionnel bistrot avec ses bons vieux sandwiches jambon-beurre.

Ambiance : avantage bistrot, pour l'atmosphère amicale.

Rapidité : avantage fast-food. Il faut du temps pour ouvrir une bouteille de vin, couper du pain et le beurrer.

Goût : en général, avantage bistrot. Mais attention aux produits pas toujours frais…

Propreté : avantage fast-food. Pas de cheveux dans le Big Mac grâce aux petits chapeaux des serveurs. Toilettes parfaites.

D'après M. Fitoussi et P. Trétiack
Elle, n° 2417, avril 1992.

Avantages des bistrots	Avantages des fast-food
....	....
....	....
....	....
....	....
....	....
....	....
....	....

Ⓑ *Qu'en pensez-vous ?*
Donnez votre opinion et comparez votre réponse à celle des autres étudiants.

5 QUE MANGE-T-ON ?

A *À partir des tickets de caisse de trois clients de supermarché, retrouvez leur menu.*

Exemple : Comme entrée, le premier client mange des tomates en salade.

L'AS RABELAIS	
*********************	
A BIENTOT	
10-03-94	0007
COTES.RHONE.	9.70
CAFE.MOULU..	8.50
SCE.SPAGHETT	5.60
LIMONADE.1L5	2.40
JAMBON	6.90
GRUYERE	19.20
SUCRE..........	15.90
4.COMPT.P.P.	8.10
TOMATES LOT3	5.50
CAROTTES	5.60
BOEUF HACHE	15.21
S/TOTA	102.61
C.BANC	102.61
11ARTI	
0314	003CL17:35T
***** MERCI ET À BIENTÔT *****	

1

SUPER MARCHE GAGNANT	
VOUS REMERCIE	
EAU MINERALE.	18.80
BOUCHERIE	50.55
LAIT ENT X6	29.70
CAMEMBERT	8.60
BURGER.X6...	8.50
GLACES....	23.00
4.COMPOT.P.P.	8.10
CHAMP. GRECQU	10.20
POIS.CAROTTE	3.75
POIS.CAROTTE	3.75
S/TOTA	164.95
CHEQUE	164.95
10ARTI	
0081	003CL15:05TM

2

E C O ****L'ORANGERIE ****	
POISSONS	114,30
SALADE MELEE	14,50
20CL CREME FRAICHE	7,05
FRUITS/LEG 5,5 %	16,35
1L5 COCA COLA	6,95
1L BADOIT	4,35
CITRON FIL. 500GR	9,95
125 PISTACHE SALEE	13,20
BRIE 60% 3K2 MARCI	6,50
3X11,80 FRAISE BARQ.500GR	35,40
MIMOLET.1/4JEUN.BO	6,80
CHARC.TRAIT.FROMAG	14,90
*OLIVES FARC.POIVR	9,35
**** TOT	259,60
ESPECES	300,00
A RENDRE	40,40
3/06/93 16:24 4680 03 0433 432	
****** MERCI DE VOTRE VISITE ******	
********* A BIENTOT *********	

3

	Menu 1	Menu 2	Menu 3
entrée	....	....	....
plat principal	....	....	....
légumes	....	....	....
fromage	....	....	....
boisson	vin, limonade	....	....
dessert	....	....	....

B *Composez des menus à l'aide du vocabulaire indiqué et comparez-les aux menus des autres groupes.*

Exemple : Pour un menu végétarien, j'achète des salades, des haricots, des épinards, du riz, des poires.

FÉDÉRATION FRANÇAISE DE CARDIOLOGIE

CENTRE DE RECHERCHE ET D'INFORMATION NUTRITIONNELLES

LE MINI GUIDE DU BON MANGEUR

Légumes : la carotte, le poireau, les haricots, la salade, les oignons, les artichauts, les poivrons, les pommes de terre, l'avocat, le radis.

Viandes et volailles : le porc, l'agneau, le veau, le lapin, le poulet, la dinde.

Charcuterie : le jambon, le saucisson, le pâté, le foie gras.

Poissons et fruits de mer : le merlan, la sole, les huîtres, le crabe, les crevettes, les moules.

Produits laitiers : le fromage, le fromage blanc, le yaourt, le beurre.

Fruits : la pomme, la poire, la cerise, l'orange, la fraise, la banane, l'ananas, le kiwi.

Desserts : la glace à la vanille, le sorbet, le flan, la tarte aux pommes, le gâteau, la mousse au chocolat, les crêpes.

1 Pour un menu végétarien : ....

....

....

2 Pour un menu exotique : ....

....

....

3 Pour un repas typiquement français : ....

....

....

4 Pour un pique-nique : ....

....

....

C *Écrivez trois textes en utilisant ces mots.*

Exemple : a. bar   Jean entre dans un **bar** et commande un thé.

b. serveur   Le **serveur** apporte deux **cafés** : c'est une **erreur**.

c. cafés   Jean refuse ces **cafés**, puis sort sans **payer**.

d. erreur

e. payer

1   a. arriver
    b. demander (plats)
    c. boire (boissons)
    d. manger (spécialités)
    e. rencontrer (amis)
    f. sortir (rues)

2   a. restaurant
    b. carte
    c. plats du jour
    d. desserts
    e. addition
    f. billets de 50 F

3   a. supermarché
    b. gâteau
    c. huile
    d. viande
    e. payer
    f. caisse

Maintenant, vous savez *quoi dire dans un magasin.*

Que dites-vous dans ces situations ?

1 Vous êtes dans une pharmacie, vous demandez de l'aspirine : ....

2 Vous êtes dans une boulangerie, vous demandez du pain et des gâteaux : ....

3 Le boucher vous sert des saucisses, vous demandez le prix : ....

4 Vous voyez une belle veste, vous demandez le prix : ......

5 Au garage, le garagiste lave votre voiture, vous êtes satisfait : ....

6 Au supermarché, la caissière tape deux fois une bouteille de champagne. Vous n'êtes pas d'accord : ....

7 Dans un magasin, vous passez devant quelqu'un. Vous vous excusez : ....

DEUX CENT TRENTE SEPT FRANCS ET CINQUANTE CINQ CENTIMES...

SPI

0237:55

QUOI?!

Margerin, *Radio Lucien* © Humanos

6 LE PLURIEL DES NOMS

Ⓐ Complétez le tableau avec d'autres exemples.

On ajoute « s »	On ajoute « x »	On transforme « al » ⇨ « aux »
un étudiant ⇨ des étudiant**s**	un bureau ⇨ des bureau**x**	un cheval ⇨ des chev**aux**

Ⓑ Mettez tous les éléments de la phrase au pluriel.

Exemple : C'est un château magnifique.
⇨ Ce sont des châteaux magnifiques.

1 Ce nouveau magasin est intéressant.

....

2 Tu aimes ce gâteau ?

....

3 Il y a un oiseau devant la fenêtre

....

4 Va acheter le journal !

....

5 Elle aime ce tableau ?

....

6 C'est un vin très doux.

....

7 Le général gagne la guerre.

....

8 Voilà un bocal de cerises !

....

9 Ce cheval me fait peur !

....

10 J'adore recevoir un cadeau !

....

7 LE SON [o]

 A *Écoutez, lisez et complétez le tableau.* **B** *Complétez les mots avec une graphie du son* **[o].**

pot, beau, dos, ôte, nos, hôtel, eau, numéro, diplôme, dossier, haut, nouveau.

[o]	
[o] peut s'écrire	– o : pot
	– ....
	– ....
	– ....

1 Il y a un bur...... et des tabl...... de Picasso.

2 Tu te lèves t...... t puis tu achètes des journ...... et tu pars ...... bur...... en vél......

3 J'aime les gât...... ...... chocolat.

4 La vie des gens d'...... jourd'hui n'est pas toujours dr...... le.

5 All...... ! C'est P...... lette !

8 CHANSON

Écoutez et complétez le texte de la chanson.

La Tour d'Ivoire

Donnez-moi .... bagages

je vous les fais monter

c'est au .... étage

par ici ....

.... au fond du couloir

nous vous .... gardé

.... « ivoire ».

Monsieur .... être sans doute

fatigué par la route   } *bis*

le .... est si mauvais.

Ah ! ...., quelle saison !

Nous .... complets

et .... réservations

.... jusqu'à la fin mai.

On a dû ....

.... de Grandvison

et .... Lechéquier

.... parfaite   }

avec doubles-fenêtres   } *bis*

toute capitonnée   }

.... dans l'armoire

.... autres oreillers

tous les journaux ....

.... à votre chevet

si vous me permettez

pour l'air conditionné

tout .... rester fermé

.... est très bruyante

dès .... du matin   } *bis*

d'ici on n'entend rien.

Je vous laisse à présent

tenez, ...

.... des croissants ?

au petit déjeuner ?

.... et à demain

.... dormez bien

faut-il vous réveiller ?

Oh ! en cas de besoin

vous n'avez qu'à sonner.   } *bis*

.... le gardien   }

Gilbert Lafaille, © Budde Music France, 1978.

DOSSIER 3

Vivre...

- au jour le jour
- une vie de princesse
- au fil des années
- au XXe siècle

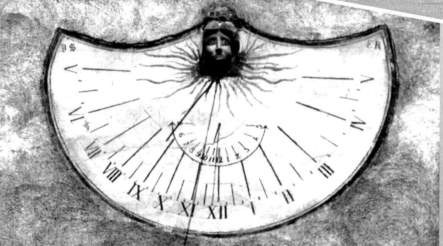

AU JOUR LE JOUR

Ⓐ *Avant d'écouter la chanson, amusez-vous par groupes de deux, à compléter son texte, puis comparez votre production avec celle des autres groupes.*

Exemple : Le temps de l'**amour** :
          Nous prendrons le temps de **parler**…

📼 *Le temps de...*

Nous prendrons le temps de ....

D'être libres, mon ....

Sans projet et sans ....

Nous pourrons ....

Viens, ..., je n'attends que toi.

Tout est ...., tout est permis !

Viens, écoute ces mots qui vibrent
Sur les murs du mois de mai ;
Ils nous disent la certitude
Que tout peut ....

Viens, ..., je n'attends que toi.

Tout est ...., tout est permis !

Nous prendrons le temps de ....

....

....

Le Temps de vivre, Georges Moustaki © Ste Manège droits transférés à Warner Chappell Music France.

Ⓑ *Regardez le texte original p. 197 et écoutez la chanson. Répondez aux questions.*

1 Qu'évoque pour vous cette chanson ? Pourquoi ? (voix, rythme…)

2 Pensez-vous que cette chanson évoque des faits passés, présents, futurs ?
Pourquoi ? Relevez ce qui vous l'indique.

3 Qui parle ? À qui ?

4 Est-ce une chanson optimiste, pessimiste ?

5 Que veut faire l'auteur de la chanson ?
demander quelque chose ☐
proposer quelque chose à quelqu'un ☐
donner une opinion ☐
donner une information ☐

Ⓒ *Retrouvez ces mots dans le texte de la chanson et choisissez dans la colonne de droite les mots de même sens.*

libre   possible
projet   évidence
permis   intention
vibrer   indépendant
certitude   trembler

Ⓓ *Donnez les contraires de*

vivre   ⇨ ....

sans   ⇨ ....

tout   ⇨ ....

possible ⇨ ....

1 LES MOIS ET LES SAISONS

Dans « Le temps de vivre », G. Moustaki parle du mois de mai. Regardez le tableau et dites à quel moment (mois ou saison) vous faites les actions suivantes.

Exemple : Je fête mon anniversaire en septembre.

– Fêter votre anniversaire
– Acheter un manteau
– Partir en vacances
– Manger des chocolats
– Aller au bord de la mer
– Faire du vélo
– Faire du ski
etc.

Les mois et les saisons

LES MOIS DE L'ANNÉE

janvier	mai	septembre
février	juin	octobre
mars	juillet	novembre
avril	août	décembre

ou **en** janvier, février...
au mois de janvier, février...

Je fais du ski **en** mars à Chamonix.
Je fais du ski **au mois de** mars à Chamonix.

LES SAISONS

le printemps	⇨	**au** printemps
l'été	⇨	**en** été
l'automne	⇨	**en** automne
l'hiver	⇨	**en** hiver

NB : les noms de mois et de saisons sont toujours masculins.

JANVIER ☉ 7 h 46 à 16 h 03

1	L	JOUR de l'AN
2	M	S. Basile
3	M	Se Geneviève
4	J	S. Odilon ☽
5	V	S. Edouard
6	S	S. Mélaine
7	D	Epiphanie
8	L	S. Lucien
9	M	Se Alix
10	M	S. Guillaume
11	J	S. Paulin ☾
12	V	Se Tatiana
13	S	Se Yvette
14	D	Se Nina
15	L	S. Remi
16	M	S. Marcel
17	M	Se Roseline
18	J	Se Prisca ☾
19	V	S. Marius
20	S	S. Sébastien
21	D	Se Agnès
22	L	S. Vincent
23	M	S. Barnard
24	M	S. Fr. de Sales
25	J	Conv. S.Paul
26	V	Se Paule ●
27	S	Se Angèle
28	D	S. Th.d'Aquin
29	L	S. Gildas
30	M	Se Martine
31	M	Se Marcelle

FÉVRIER ☉ 7 h 23 à 16 h 46

1	J	Se Ella
2	V	Présentation ☽
3	S	S. Blaise
4	D	Se Véronique
5	L	Se Agathe
6	M	S. Gaston
7	M	Se Eugénie
8	J	Se Jacqueline
9	V	Se Apolline ◐
10	S	S. Arnaud
11	D	N.-D. Lourdes
12	L	S. Félix
13	M	Se Béatrice
14	M	S. Valentin
15	J	S. Claude
16	V	Se Julienne
17	S	S. Alexis ☾
18	D	Se Bernadette
19	L	S. Gabin
20	M	Se Aimée
21	M	S. P. Damien
22	J	Se Isabelle
23	V	S. Lazare
24	S	S. Modeste
25	D	S. Roméo ●
26	L	S. Nestor
27	M	Mardi gras
28	M	Cendres
		Epacte 3 / Lettre dominicale G
		Cycle solaire 11 / Nbre d'or 15
		Indiction romaine 13

MARS ☉ 6 h 35 à 17 h 32

1	J	S. Aubin
2	V	S. Charles le B.
3	S	S. Guénolé
4	D	Carême ☽
5	L	S. Olive
6	M	Se Colette
7	M	Se Félicité
8	J	S. Jean de D.
9	V	Se Françoise
10	S	S. Vivien
11	D	Se Rosine ◐
12	L	Se Justine
13	M	S. Rodrigue
14	M	Se Mathilde
15	J	Se Louise de M.
16	V	Se Bénédicte
17	S	S. Patrice
18	D	Se Cyrille
19	L	S. Joseph ☾
20	M	PRINTEMPS
21	M	Se Clémence
22	J	Se Léa
23	V	S. Victorien
24	S	Se Cath. de Su.
25	D	Annonciation
26	L	Se Larissa
27	M	S. Habib
28	M	S. Gontran
29	J	Se Gwladys
30	V	Se Amédée
31	S	S. Benjamin

AVRIL ☉ 5 h 31 à 18 h 20

1	D	S. Hugues
2	L	Se Sandrine ☽
3	M	S. Richard
4	M	S. Isidore
5	J	Se Irène
6	V	S. Marcellin
7	S	S. J.-B. de la S.
8	D	Rameaux
9	L	S. Gautier
10	M	S. Fulbert ◐
11	M	S. Stanislas
12	J	S. Jules
13	V	Se Ida
14	S	S. Maxime
15	D	PAQUES
16	L	S. Benoît-J.
17	M	S. Anicet
18	M	S. Parfait
19	J	Se Emma
20	V	Se Odette
21	S	S. Anselme
22	D	S. Alexandre
23	L	S. Georges
24	M	S. Fidèle
25	M	S. Marc ●
26	J	Se Alida
27	V	Se Zita
28	S	Se Valérie
29	D	Jour du Souvenir
30	L	S. Robert

MAI ☉ 4 h 32 à 19 h 04

1	M	FÊTE du TRAV. ☽
2	M	S. Boris
3	J	SS. Phil., Jacq.
4	V	S. Sylvain
5	S	Se Judith
6	D	Se Prudence
7	L	Se Gisèle
8	M	VICTOIRE 1945
9	M	S. Pacôme ◐
10	J	Se Solange
11	V	Se Estelle
12	S	S. Achille
13	D	Fête J.-d'Arc
14	L	S. Matthias
15	M	Se Denise
16	M	S. Honoré
17	J	S. Pascal ☾
18	V	S. Eric
19	S	S. Yves
20	D	S. Bernardin
21	L	S. Constantin
22	M	S. Emile
23	M	S. Didier
24	J	ASCENSION ●
25	V	Se Sophie
26	S	S. Bérenger
27	D	Fête des Mères
28	L	S. Germain
29	M	S. Aymard
30	M	S. Ferdinand
31	J	Visitation ☽

JUIN ☉ 3 h 54 à 19 h 44

1	V	S. Justin
2	S	Se Blandine
3	D	PENTECÔTE
4	L	Se Clotilde
5	M	S. Igor
6	M	S. Norbert
7	J	S. Gilbert
8	V	S. Médard ◐
9	S	Se Diane
10	D	S. Landry
11	L	S. Barnabé
12	M	S. Guy
13	M	S. Antoine de P.
14	J	S. Elisée
15	V	Se Germaine
16	S	S. J.F. Régis ☾
17	D	Fête-Dieu
18	L	S. Léonce
19	M	S. Romuald
20	M	S. Silvère
21	J	ÉTÉ
22	V	S. Alban ●
23	S	Se Audrey
24	D	S. Jean-Bapt.
25	L	S. Prosper
26	M	S. Anthelme
27	M	S. Fernand
28	J	S. Irénée
29	V	SS.Pierre,Paul ☽
30	S	S. Martial

JUILLET ☉ 3 h 53 à 19 h 56

1	D	S. Thierry
2	L	S. Martinien
3	M	S. Thomas
4	M	S. Florent
5	J	S. Antoine
6	V	Se Mariette
7	S	S. Raoul
8	D	S. Thibaut ◐
9	L	Se Amandine
10	M	S. Ulrich
11	M	S. Benoît
12	J	S. Olivier
13	V	SS.Henri,Joël ☾
14	S	FÊTE NATIONALE
15	D	S. Donald ☾
16	L	N.D.Mt-Carmel
17	M	Se Charlotte
18	M	S. Frédéric
19	J	S. Arsène
20	V	Se Marina
21	S	S. Victor
22	D	Se Marie-Mad.●
23	L	Se Brigitte
24	M	Se Christine
25	M	S. Jacques
26	J	SS. Anne, Joa.
27	V	Se Nathalie
28	S	S. Samson
29	D	Se Marthe ☽
30	L	Se Juliette
31	M	S. Ignace de L.

AOUT ☉ 4 h 25 à 19 h 28

1	M	S. Alphonse
2	J	S. Julien-Ey.
3	V	Se Lydie
4	S	S. J.M.Vianney
5	D	S. Abel
6	L	Transfigur. ◐
7	M	S. Gaëtan
8	M	S. Dominique
9	J	S. Amour
10	V	S. Laurent
11	S	Se Claire
12	D	Se Clarisse
13	L	S. Hippolyte ☾
14	M	S. Evrard
15	M	ASSOMPTION
16	J	S. Armel
17	V	S. Hyacinthe
18	S	Se Hélène
19	D	S. Jean Eudes
20	L	S. Bernard ●
21	M	S. Christophe
22	M	S. Fabrice
23	J	Se Rose de L.
24	V	S. Barthélemy
25	S	S. Louis
26	D	Se Natacha
27	L	Se Monique
28	M	S. Augustin ☽
29	M	Se Sabine
30	J	S. Fiacre
31	V	S. Aristide

SEPTEMBRE ☉ 5 h 08 à 18 h 32

1	S	S. Gilles
2	D	Se Ingrid
3	L	S. Grégoire
4	M	Se Rosalie
5	M	Se Raïssa ◐
6	J	S. Bertrand
7	V	Se Reine
8	S	Nativité N.D.
9	D	S. Alain
10	L	Se Inès
11	M	S. Adelphe ☾
12	M	S. Apollinaire
13	J	S. Aimé
14	V	La Se Croix
15	S	S. Roland
16	D	Se Edith
17	L	S. Renaud
18	M	Se Nadège
19	M	Se Emilie
20	J	S. Davy
21	V	S. Matthieu
22	S	S. Maurice
23	D	AUTOMNE
24	L	Se Thècle
25	M	S. Hermann
26	M	SS.Côme,Dam.
27	J	S. Vinc.de P. ☽
28	V	S. Venceslas
29	S	S. Michel
30	D	S. Jérôme

OCTOBRE ☉ 5 h 51 à 17 h 29

1	L	Se Th. de l'E.J.
2	M	S. Léger
3	M	S. Gérard
4	J	S. Fr. d'Ass. ◐
5	V	Se Fleur
6	S	S. Bruno
7	D	S. Serge
8	L	Se Pélagie
9	M	S. Denis
10	M	S. Ghislain
11	J	S. Firmin ☾
12	V	S. Wilfried
13	S	S. Géraud
14	D	S. Juste
15	L	Se Th. d'Avila
16	M	Se Edwige
17	M	S. Baudouin
18	J	S. Luc
19	V	S. René ●
20	S	Se Adeline
21	D	Se Céline
22	L	Se Elodie
23	M	S. Jean de C.
24	M	S. Florentin
25	J	S. Crépin ☽
26	V	S. Dimitri
27	S	Se Emeline
28	D	SS. Sim., Jude
29	L	S. Narcisse
30	M	S. Bienvenue
31	M	S. Quentin

NOVEMBRE ☉ 6 h 38 à 16 h 29

1	J	TOUSSAINT
2	V	Défunts ◐
3	S	S. Hubert
4	D	S. Charles
5	L	Se Sylvie
6	M	Se Bertille
7	M	Se Carine
8	J	S. Geoffroy
9	V	Se Théodore ☾
10	S	S. Léon
11	D	ARMISTICE 1918
12	L	S. Christian
13	M	S. Brice
14	M	S. Sidoine
15	J	S. Albert
16	V	Se Marguerite
17	S	Se Elisabeth ●
18	D	Se Aude
19	L	S. Tanguy
20	M	S. Edmond
21	M	Prés. de Marie
22	J	Se Cécile
23	V	S. Clément
24	S	Se Flora
25	D	Se Cath. L. ☽
26	L	Se Delphine
27	M	S. Séverin
28	M	S. Jacq.d.l.M.
29	J	S. Saturnin
30	V	S. André

DÉCEMBRE ☉ 7 h 24 à 15 h 55

1	S	Se Florence
2	D	Avent ◐
3	L	S. Xavier
4	M	Se Barbara
5	M	S. Gérald
6	J	S. Nicolas
7	V	S. Ambroise
8	S	Imm.Concept.
9	D	S. P. Fourier ☾
10	L	S. Romaric
11	M	S. Daniel
12	M	Se Jeanne - F.C.
13	J	Se Lucie
14	V	Se Odile
15	S	Se Ninon
16	D	Se Alice
17	L	S. Gaël ●
18	M	S. Gatien
19	M	S. Urbain
20	J	S. Abraham
21	V	S. Pierre C.
22	S	HIVER
23	D	S. Armand
24	L	Se Adèle
25	M	NOËL ☽
26	M	S. Etienne
27	J	S. Jean
28	V	SS. Innocents
29	S	S. David
30	D	S. Roger
31	L	S. Sylvestre

REPÈRES

Ⓐ *Associez une date à chacune de ces fêtes françaises.*

Exemple : 1 e

1. 1ᵉʳ janvier
2. en mars ou en avril
3. 14 juillet
4. 25 décembre
5. 1ᵉʳ novembre
6. en février ou en mars
7. 1ᵉʳ mai

a. La fête nationale
b. Toussaint
c. Noël
d. Mardi gras
e. Le Nouvel An
f. La fête du travail
g. Pâques

Envoyer	
j'	envoie
tu	envoies
il/elle/on	envoie
nous	envoyons
vous	envoyez
ils/elles	envoient

Ⓑ *Retrouvez la tradition liée à chacune de ces fêtes et faites une phrase.*

Exemple : e C. Le 1ᵉʳ janvier, les Français envoient des cartes de vœux à leur famille et à leurs amis. Ils disent : « Bonne année ! » ou « Meilleurs vœux ! »

A

B

C

D

E

F

G

2 EXPRIMER UNE RESTRICTION

A Observez.

Viens, je suis là, je n'attends que toi.

Que signifie cette phrase ?
J'attends les autres mais pas toi. ☐
C'est seulement toi que j'attends. ☐

B Transformez les phrases suivantes :

Exemple : Il y a seulement des frites.
⟹ Il n'y a que des frites.

1 Je n'ai pas beaucoup d'argent ; j'ai seulement 12 francs.

2 Il a seulement un enfant.

3 Denis et Danielle ont seulement une petite valise.

4 Nous prenons seulement une salade et un croque-monsieur.

5 Je voudrais bien te parler, mais j'ai seulement 5 minutes avant le départ de mon train.

6 Pour Noël, vous aurez seulement un petit cadeau.

7 Bois seulement un verre de vin, ça suffit.

C Écoutez et notez les numéros correspondant aux phrases qui expriment une restriction.

n° ....

Exprimer une restriction
J'ai **seulement** 20 francs dans mon porte-monnaie.
Je **n'**ai **que** 20 francs dans mon porte-monnaie.
NB : on utilise plus fréquemment la 2ᵉ structure.

Il n'y a que des **produits naturels** dans le fromage

3 LE FUTUR SIMPLE

A Observez ces phrases et le texte de cette chanson de Mouloudji.

Nous prendrons le temps de vivre.
Nous pourrons rêver notre vie.

UN JOUR ON SE RENCONTRERA

Un jour tu verras
on se rencontrera [...]
puis je t'inviterai
ta taille je prendrai
nous danserons tranquilles
loin des gens de la ville
nous danserons l'amour, les yeux au fond des yeux
vers une fin du monde
vers une nuit profonde.

© Mouloudji

B Relevez tous les verbes au futur et donnez leur infinitif.

nous prendrons ⟹ prendre

nous pourrons ⟹ ....

.... ⟹ ....

.... ⟹ ....

.... ⟹ ....

.... ⟹ ....

.... ⟹ ....

C Pouvez-vous trouver une règle de formation du futur ?

....

....

....

....

ⅅ *Regardez le tableau ci-contre (formation régulière) puis complétez le tableau ci-dessous (verbes irréguliers).*

Boule et Bill globe-trotters © Dargaud Benelux

Le futur simple : formation régulière

On forme le futur à partir de l'infinitif du verbe. formation régulière. Exemple : FINIR

je	finir**ai**
tu	finir**as**
il / elle / on	finir**a**
nous	finir**ons**
vous	finir**ez**
ils / elles	finir**ont**

NB : Les verbes en **re** perdent le e final au futur

prendre ⇨ je prend**rai**
mettre ⇨ tu met**tras**

Le futur simple : quelques verbes irréguliers

être :	je serai	nous serons	ils seront
avoir :	j'......................	tu auras	vous......................
aller :	j'......................	il ira	nous irons
venir :	je......................	nous viendrons	vous......................
faire :	je ferai	tu......................	elle......................
voir :	je	elle......................	ils verront
pouvoir :	je......................	tu pourras	vous......................
devoir :	je devrai	tu......................	nous......................
vouloir :	je......................	tu voudras	on......................
falloir :	il faudra		

ⅇ *Complétez avec les verbes au futur.*

Projets de vacances

La femme : – J'espère qu'on (aller) .... au Portugal cette année… et que maman
(venir) .... avec nous.

Le mari : – Le Portugal, c'est une bonne idée, et puis on peut avoir la certitude qu'il (faire) .... beau.
Mais je pense qu' (il y a) .... un monde fou au mois d'août.

La femme : – Je crois qu'il y a des touristes partout en été ; mais au Portugal, on (faire) ....
certainement plein de choses intéressantes.

Le mari : – C'est vrai, nous (pouvoir) .... enfin visiter Lisbonne, nous (visiter) .... Porto
pour déguster du bon vin et j'espère aussi que je (prendre) .... beaucoup de photos.

La femme : – Alors, c'est vrai, toute la famille (partir) .... au Portugal cette année ?

Le mari : – Euh, toi et moi seulement… Je crois que le temps (être) .... trop chaud pour
ta mère et qu'elle (préférer) .... rester à Paris.

avoir-faire

Maintenant, vous savez *comprendre un bulletin météorologique.*

Écoutez ce bulletin météorologique puis corrigez les affirmations comme dans l'exemple.

Exemple :

C'est le week-end du 15 août.

▷ Non, c'est le week-end du 14 juillet.

1. Le temps sera frais ce week-end.

   ▷ ....

2. Samedi, il y aura du soleil dans tout le pays.

   ▷ ....

3. Samedi, il pleuvra en Alsace.

   ▷ ....

4. Il fera 19° à Paris.

   ▷ ....

5. Dimanche, il n'y aura pas de soleil.

   ▷ ....

6. Dans quelques jours, il y aura des nuages.

   ▷ ....

Quel temps fait-il ?	
Il fait (il fera)	beau / mauvais chaud / froid doux / frais
Il y a (il y aura)	du soleil des nuages du vent
Le temps est (sera)	beau / mauvais frais / doux
Le vent souffle (soufflera)	fort
pleuvoir	**neiger**
il pleut	il neige
il pleuvra	il neigera

4 PARLER DE L'AVENIR

A *Dans ces vignettes, les verbes sont au futur proche. Observez-les et dites comment on forme le futur proche.*

verbe .... au présent + verbe ....

Saprísti! il va déraciner cet arbre!...

2

Tintin au Congo
© Hergé, Casterman

Et moi, je vais prendre un bon bain!...

3

Qu'allez-vous faire, maintenant ?

Chercher un taxi !

Marion Duval
Un crocodile dans la Loire
de Yvan Pommaux
© Bayard Éd./Astrapi, 1988.

❸ *Posez des questions à votre voisin.*

Exemple : Ce soir tu vas travailler ?

⇨ Oui bien sûr, je vais faire mes exercices.

⇨ Non, je ne vais pas travailler, je vais au concert de Patrick Bruel !

❸ *Écoutez, regardez puis choisissez la bonne réponse pour chacune des affirmations ci-dessous.*

« Chez Madame Irma »

1 Mme Binet sait que son mari
a. l'aime beaucoup.
b. n'est pas fidèle.
c. aime une autre femme.

2 Mme Irma imagine que la femme brune
a. est médecin.
b. n'est pas fidèle.
c. est secrétaire.

3 M. Binet
a. dînera bientôt avec la femme brune.
b. connaît bien la femme brune.
c. ne verra plus la femme brune.

4 Mme Binet
a. accepte de payer plus.
b. n'est pas d'accord avec le prix.
c. refuse de payer plus.

5 Mme Irma
a. sait où M. Binet verra la femme brune.
b. sait quand il verra la femme brune.
c. ne peut plus rien voir dans sa boule de cristal.

6 Mme Binet est :
a. heureuse.
b. riche.
c. en colère.

AU JOUR LE JOUR

D *Complétez ce texte avec les verbes proposés à la forme et au temps qui conviennent.*

savoir	
je	sais
tu	sais
il / elle / on	sait
nous	savons
vous	savez
ils / elles	savent
futur : je saurai...	

1 voir - 2 savoir - 3 être - 4 imaginer - 5 travailler - 6 connaître - 7 vouloir
8 demander - 9 aller - 10 dîner - 11 pouvoir - 12 rencontrer - 13 devoir - 14 payer

Mme Binet va ....1.......... Mme Irma. Mme Binet ....2.......... que son mari n' ....3.......... pas fidèle.

Mme Irma ....1.......... une autre femme dans sa boule de cristal. Elle ....4.......... que cette

femme ....5.......... dans un hôpital et qu'elle ....3.......... médecin ou infirmière.

..........6..........-il bien cette femme ? Mme Irma répond qu'elle ne ....1.......... plus très bien

et dit qu'elle ....7.......... encore 100 francs.

Mme Binet ....8.......... si son mari ....9.......... bientôt chez la femme brune ou s'il ....10..........

avec elle. Mme Irma ....11.......... dire qu'il ....1.......... bientôt cette femme encore plus.

Enfin, Mme Binet ....7.......... ....2.......... où et quand il ....12.......... encore la femme.

Mais pour avoir ces informations, elle ....13.......... encore ....14..........

E *Ces personnes vont bientôt changer leurs habitudes. Que vont-elles faire ? Utilisez le futur proche et faites des phrases avec les éléments proposés.*

Exemple : Demain - commencer à travailler - je
⟹ Demain, je vais commencer à travailler.

1 Bientôt - Paul et Marie - vivre en Colombie.

. . . .

2 Cet été - je - ne pas prendre de vacances.

. . . .

3 Nous - déménager - dans un mois.

. . . .

4 Tu - écrire à tes amis - ce soir ?

. . . .

5 Demain - François - aller voir un spectacle de danse.

. . . .

6 La semaine prochaine - vous - faire du sport ?

. . . .

5 JEUX DE RÔLES

Ⓐ *Dans l'exercice 4C, Mme Irma voit l'avenir dans sa boule de cristal. Avant de jouer les situations proposées, discutez par groupes de deux ou trois.*

Connaissez-vous d'autres formes de voyance ? Croyez-vous à la voyance ?

Ⓑ *Maintenant, jouez les scènes !*

1 Depuis plusieurs mois, M. et Mme Bernard veulent avoir un bébé. Mais le bébé n'arrive pas… Ils décident alors de consulter une voyante.

2 Dans le train Paris-Lille, un jeune homme très timide a rencontré une belle jeune fille. Il ne peut pas l'oublier et voudrait la revoir. Il va voir une voyante.

3 Un étudiant va bientôt passer des examens. Mais il n'étudie pas et il est donc un peu inquiet. Il va chez une voyante.

4 Marie a 18 ans. Elle voudrait devenir actrice. Elle va demander à une voyante de lire son avenir.

Maintenant, vous savez *parler de l'avenir.*

Observez le tableau puis parlez de l'avenir avec votre voisin.
(Votre travail, vos études, vos finances, vos amis, vos amours, vos vacances, vos loisirs, vos désirs, vos opinions sur l'actualité…).

Exemples :

L'avenir proche :
– Qu'est-ce que tu fais ce soir ?
– Je vais manger chez ma copine.

L'avenir lointain :
– Tu voyageras l'année prochaine ?
– Oui, je pense que j'irai en Californie !

L'avenir du monde :
– Tu crois que les guerres cesseront bientôt ?
– Non, moi je pense qu'il y aura toujours des guerres dans le monde.

Parler de l'avenir
Demain, **je prends** le train à 9 heures. (présent)
Cette année **ils vont partir** en Italie. (futur proche = verbe aller au présent + verbe à l'infinitif)
Bientôt **il sera** médecin. (futur simple)

REPÈRES

Lisez cet article extrait du magazine **Réponse à tout** *et choisissez les bonnes réponses.*

L'AVENIR en chiffres

Au XXIe siècle, notre bonne vieille planète comptera plus de 10 milliards d'habitants.

12 MILLIARDS DE TERRIENS

Aujourd'hui, plus de 5 milliards d'individus peuplent la Terre. D'ici l'an 2050, la population va plus que doubler : 10 à 12 milliards d'hommes devront vivre ensemble.

Maintenant, 10 000 bébés naissent toutes les heures.

En Chine, 500 millions de Chinois sont prévus d'ici la fin de ce siècle. Il est probable qu'en 2050 la Chine comptera 1,5 à 2 milliards d'habitants.

60 % SERONT DES CITADINS

Ce « boum » démographique se traduira par un développement fantastique des villes. En effet, entre 2020 et 2025, 95,5 millions de personnes iront grossir les rangs des habitants des villes et des mégapoles.

En 2020, 25 mégapoles devront compter entre 7 et 25 millions d'habitants : Mexico, Rio de Janeiro, Tokyo, Los Angeles, etc.

En 2100, 75 à 80 % de la population mondiale vivra dans les villes.

60 MILLIONS DE FRANÇAIS

En France, la population n'aura qu'une très faible croissance. En 2025, la France comptera 60,4 millions d'habitants. En 1990, 56,1 millions d'habitants ont été comptabilisés.

Au XXIe siècle, les jeunes vont se faire rares et les générations âgées de 40 à 65 ans seront beaucoup plus importantes que celles des moins de 40 ans. En 2050, sur 100 habitants, on ne comptera que 23,1 jeunes de moins de 20 ans.

D'après un article de Marie-Christine FRINGAND
© Réponse à tout ! juillet-août 1992.

---

1 Maintenant, la population mondiale est de :
   – 5 milliards de personnes ☐
   – 10 milliards de personnes ☐
   – 12 milliards de personnes ☐

2 En l'an 2000, on pense qu'il y aura :
   – 500 millions de Chinois ☐
   – 1,5 milliard de Chinois ☐
   – 2 milliards de Chinois ☐

3 Les villes vont
   – se développer ☐
   – se dépeupler ☐

4 60 % vivront dans les villes
   – en l'an 2000 ☐
   – vers 2020 ☐
   – vers 2100 ☐

5 En France au siècle prochain, la population la plus importante aura :
   – moins de 20 ans ☐
   – de 30 à 40 ans ☐
   – de 40 à 65 ans ☐

6 **SE SITUER DANS LE TEMPS**

A *Observez ce tableau puis trouvez la réponse qui convient pour chacune des questions.*

Se situer dans le temps		
PASSÉ	**PRÉSENT**	**FUTUR**
Hier (soir)	Aujourd'hui	Demain
Avant-hier	Ce matin	Après-demain
La semaine dernière	Cet après-midi	La semaine prochaine
Le mois dernier	Ce soir	Le mois prochain
L'année dernière		L'année prochaine
Quand est-ce qu'il arrivera ?		
Il arrivera **dans** dix minutes (action future)		

1. Tu es allé chez le coiffeur ?
2. Quand passes-tu tes examens ?
3. C'est ton anniversaire aujourd'hui ?
4. On va au cinéma cette semaine ?
5. Quand partez-vous en vacances ?
6. Ton frère est arrivé ?
7. Tu vas voir Christian ce week-end ?
8. Quand sont-ils partis ?

a. Non, c'est après-demain, le 27 février.
b. Dans une semaine.
c. Oui, demain soir si tu veux.
d. Nous partons demain pour la Grèce.
e. Oui, la semaine dernière.
f. Non, son train arrive dans 15 minutes.
g. Hier.
h. Oui, nous avons rendez-vous samedi après-midi.

B *Utilisez les éléments proposés pour rédiger trois petites histoires.*

Exemple :   L'année prochaine   partir
             aujourd'hui   faire
             bientôt   rester

⇨ *Aujourd'hui*, Paul *fait* ses valises parce qu'il va *bientôt partir* en voyage en Afrique.
 Mais l'*année prochaine*, il *restera* à Paris pour étudier…

1 Ce matin   visiter
  Cet après-midi   découvrir
  Demain   rentrer

2 Aujourd'hui   sortir
  Ce soir   dîner
  Dans une semaine voir
  L'année prochaine vouloir

3 Bientôt   être
  Dans un an   aller
  Un jour peut-être savoir

7 [ɛ] [ɛ̃]

 Ⓐ *Écoutez ces phrases et cochez le son que vous entendez.*

Exemple : **1** Il y a du l**ait** ?

          2 Julien, tu v**ien**s ?

	[ɛ]	[ɛ̃]
1	✕	
2		✕
3		
4		
5		
6		
7		
8		
9		
10		

Ⓑ *Écoutez et soulignez tous les sons [ɛ̃].*

Exemple : C'est la <u>fin</u> de la semaine.

1 C'est un indien américain.

2 C'est un village cubain.

3 C'est un ingénieur incompétent.

4 En Provence, il y a du thym et du romarin.

5 J'adore les livres sur l'art romain !

6 Il va à Amiens demain matin.

Ⓒ *Regardez les phrases de l'exercice B et complétez le tableau.*

[ɛ̃]	
[ɛ̃] peut s'écrire	– in : fin
	– im : ....
	– ain : ....
	– ein : ....
	– un : ....
	– i + en : ....

109

SÉQUENCE 2

DOSSIER 3

UNE VIE DE PRINCESSE

À 9 ANS, STÉPHANIE QUITTE MONACO POUR PARIS. EN BONNE MÈRE, LA PRINCESSE GRACE L'ACCOMPAGNE CHAQUE MATIN À L'ÉCOLE.

> Maman, pourquoi elle fait la tête Caroline ?

a

STÉPHANIE ET DANIEL À LOS ANGELÈS : LE DÉBUT D'UN GRAND AMOUR.

b

> C'est bien toi ma petite « reine »...

c

> Ras le bol de cette vie, je pars aux States...

d

LE ROMAN-PHOTO DE STÉPHANIE

Personnages

S.A.S. Rainier III .... Le prince
Grace Grimaldi (née Kelly) .... La princesse
Caroline Grimaldi .... La sœur ainée
Albert Grimaldi .... Le frère ainé
Stéphanie Grimaldi .... L'héroïne
Daniel .... Le papa

D'après un roman-photo paru dans VSD n° 796.
Dialogues de D. Vallée et F. Julien.

JEUDI 26 NOVEMBRE 1992, P'TIT LOUIS POUSSE SON PREMIER CRI...

e

L'HIVER À LA NEIGE, L'ÉTÉ À LA MER, LE BONHEUR A DÉSORMAIS UN NOM : GRIMALDI.

g

AUX U.S.A., EN FRANCE, ELLE CHANTE

Comme un ouragan, na na-na na-na !

f

AU BALCON DU PALAIS, LA PETITE PRINCESSE EST PRÉSENTÉE AU PEUPLE MONÉGASQUE.

h

Ⓐ *Observez le roman-photo de Stéphanie de Monaco et classez les photos selon un ordre chronologique.*

1 : h   5 : ....

2 : ....   6 : ....

3 : ....   7 : ....

4 : ....   8 : ....

Ⓑ *Écoutez ces résumés de la vie de Stéphanie de Monaco et dites lequel correspond à la réalité.*

1. ☐ ; 2. ☐ ; 3. ☐

1 LE PASSÉ COMPOSÉ

Ⓐ *Dans le texte suivant, relevez les verbes au passé composé puis trouvez les infinitifs de ces verbes.*

Exemple : La princesse de Monaco *est née* ⇨ naître

« La princesse de Monaco est née en 1965. Elle a vécu une enfance heureuse avec son frère et sa sœur. Elle a habité et a fait ses études à Paris. Puis elle a décidé de partir aux États-Unis. Elle a commencé une carrière de chanteuse. Enfin, elle est tombée amoureuse et elle a eu un petit garçon, Louis. »

1 .... 5 ....

2 .... 6 ....

3 .... 7 ....

4 ....

Ⓑ *Choisissez la (les) bonne(s) réponse(s).*

1. Le passé composé se forme :   – avec l'auxiliaire *être* plus le participe passé ☐
– seulement avec l'auxiliaire *a oir* ☐
– avec l'auxiliaire *a oir* plus le participe passé ☐
– seulement avec le participe passé ☐

2. Au passé composé, les verbes :   *entrer, sortir*
aller, enir
arri er, partir
naître, mourir
monter, descendre
passer, tomber, rester, retourner :

– se conjuguent, en général, avec l'auxiliaire *être* ☐
– se conjuguent, en général, avec l'auxiliaire *a oir* ☐

3. Le participe passé, utilisé :   – avec l'auxiliaire *a oir*, s'accorde avec le sujet ☐
– avec l'auxiliaire *être*, s'accorde avec le sujet ☐

Ⓒ *Associez les participes passés à leur infinitif et écrivez le passé composé de ces verbes.*

Exemple : être/été ⇨ j'ai été

1 être : .... je	11 répondre : .... tu ....
2 avoir : .... tu	12 regarder : .... vous ....
3 aller : .... nous	13 venir : .... elles ....
4 faire : .... vous	14 sortir : .... on ....
5 parler : .... ils	15 prendre : .... tu ....
6 habiter : .... on	16 écrire : .... Paul ....
7 travailler : .... elle	17 devoir : .... ils ....
8 acheter : .... je	18 vouloir : ...... les employés ....
9 trouver : .... vous	19 pouvoir : .... ton père ....
10 lire : .... il	20 vivre : .... ces gens ....

Participes passés	
travaillé	écrit
habité	sorti
regardé	pris
parlé	eu
acheté	venu
trouvé	pu
allé	vécu
été	dû
lu	voulu
répondu	fait

D *Mettez ces phrases au passé composé et faites l'accord du participe passé si nécessaire.*

Exemple :   – Je dis la vérité !

            – Mais non, tu mens !

    ➪ – J'*ai dit* la vérité !

            – Mais non, tu *as menti* !

1 – Nous apprenons le chinois !

  – Pourquoi ?

  – Parce que nous vivons à Pékin !

2 – Qu'est ce qu'il y a ?

  – Martine tombe dans l'escalier !

3 – Paul est malade.

  – Oh, heureusement Marie et Henri restent avec lui !

4 – Qu'est ce que tu fais ?

  – J'étudie et je sors avec mes copains.

5 – Ils commandent des crêpes !

  – Oui, et après ils choisissent un dessert !

6 – Vous aimez ce film ?

  – Un peu mais je déteste l'acteur principal !

E *Soulignez la phrase que vous entendez.*

Exemple :

1 <u>Je fais mon exercice.</u>   J'ai fait mon exercice.

2 Je dis bonjour.   J'ai dit bonjour.

3 J'aime le Brésil.   J'ai aimé le Brésil.

4 Je finis de manger.   J'ai fini de manger.

5 Je conduis ma moto.   J'ai conduit ma moto.

6 J'écris une carte.   J'ai écrit une carte.

7 Je choisis un bon film.   J'ai choisi un bon film.

Ils ont choisi American Express...

Michel Serrault. Membre depuis 1983.

...Et vous ?

© American Express

Christian Lacroix. Membre depuis 1982.

Le passé composé
Il se forme avec :   Le présent de l'auxiliaire **avoir** + le participe passé du verbe.   *Ils ont dit.*   Le présent de l'auxiliaire **être** + le participe passé du verbe.   *Elle est arrivée.*

L'accord du participe passé
Avec l'auxiliaire **avoir**, le participe passé ne s'accorde pas avec le sujet.   *Ils ont aimé*   Avec l'auxiliaire **être**, le participe passé s'accorde avec le sujet.   *Nous sommes partis.*

F *Observez les dessins puis complétez le texte avec les verbes indiqués au passé composé.*

UNE RENCONTRE

© C. Charillon, Paris.

1 rencontrer – **2** raconter / avoir – **3** aller / travailler / répondre / écrire – **4** rentrer / parler – **5** aller – **6** lire – **7** y avoir / écouter – **8** souffler / voler

M. Pasdechance .... M. Maigre. Il ....
sa journée à son ami.

Le matin, il .... un accident puis il .... au bureau.

Il .... Il .... au téléphone, il .... des lettres.

Vers 13 h, il .... chez lui. Sa femme .... avec lui de l'attitude de leurs enfants.

L'après-midi, il .... chez son dentiste. Le soir, il .... les gros titres des journaux.

Quelles catastrophes ! Il .... une hausse des prix, des attentats, des grèves !

L'ami de M. Pasdechance .... toutes ces histoires sans rien dire. Puis le vent ....,
le chapeau de M Pasdechance .... dans la rue.

Décidément, quelle mauvaise journée !

G *Dites ce que vous avez fait hier en utilisant ces indications ou d'autres.*

Exemple : Hier, en classe, j'ai lu un texte de Prévert puis j'ai écrit une lettre.

– en classe
– dans la rue
– au bar avec des amis

– à la maison
– au cinéma
– au travail

– à la banque ou à la poste
– dans un magasin de vêtements
– au supermarché

❶ *Écoutez ces récits biographiques inspirés du film « Mon Oncle d'Amérique » en prenant des notes sur la vie des trois personnages puis racontez oralement la vie de Jean, de Janine et de René.*

1. Jean : ....
....
....
....

2. René : ....
....
....
....

3. Janine : ....
....
....
....

Savoir-faire

Maintenant, vous savez *raconter votre vie.*

En vous aidant de ce tableau, racontez votre vie.

âge	Je suis né(e) en ...., à ....
lieu de naissance	....
lieu de résidence	....
situation de famille	....
profession des parents	....
études	....
diplômes	....
carrière	....
goûts personnels	....

2 EXPRIMER UN FAIT HABITUEL OU UN FAIT PONCTUEL

Ⓐ *Observez.*

1 D'habitude je déjeune au restaurant, mais hier je n'ai pas déjeuné au restaurant, j'ai mangé chez moi.

2 Tous les matins, je vais travailler mais hier je n'ai pas travaillé, je suis resté au lit.

3 Le soir, je sors mais hier je ne suis pas sorti, j'ai préparé mon examen.

4 Le matin, j'aime boire du thé, mais aujourd'hui, je n'ai pas bu de thé, j'ai pris du café.

Ⓑ *Relevez tous les verbes des phrases précédentes et classez-les dans le tableau.*

VERBES À LA FORME AFFIRMATIVE		VERBES À LA FORME NÉGATIVE
présent	passé composé	
....	....	....
....	....	....
....	....	....
....	....	....

Exprimer un fait habituel ou un fait ponctuel

Le **présent** permet d'évoquer une habitude.
Le **passé composé** permet d'évoquer un événement ponctuel.

D'habitude je *sors* à 9 h...
... mais, hier, je *suis sorti* à 11 h.

Ⓒ *Ils n'ont pas fait comme d'habitude !*
Répondez en utilisant le passé composé, d'abord à la forme négative, puis à la forme affirmative.

Exemple :
– Tu déjeunes toujours au restaurant à midi ?
➪ En général oui, mais ce matin je n'ai pas déjeuné au restaurant.
J'ai mangé chez Catherine.

Forme négative du passé composé

Je n'ai **pas** écouté.
Il n'a **plus** voyagé.
Elles n'ont **pas** traversé la rue.

Je ne suis **plus** retourné(e) chez elle.
Il n'est **pas** resté chez nous.
Ils ne sont **plus** entrés.

1 – Vous allez toujours au cinéma « Le Rex » ?
– En général oui, mais hier je .... Je ....

2 – Tu sors toujours à cinq heures ?
– En général oui, mais aujourd'hui, je .... Je ....

3 – Vous revenez à Paris tous les samedis ?
– En général oui, mais la semaine dernière, nous .... Nous ....

4 – Vous partez toujours au mois de juillet ?
– D'habitude oui, mais l'année passée, je .... Je ....

5 – Hélène prend le train tous les matins ?
– D'habitude oui, mais hier, elle .... Elle ....

6 – Henri écrit à ses parents tous les mois ?
– En général oui, mais le mois dernier, il .... Il ....

3 EXPRIMER LA FRÉQUENCE D'UNE ACTION

Ⓐ Observez ces deux documents.

© Éd. Albert René, Goscinny et Uderzo.

À 9 ANS, STÉPHANIE QUITTE MONACO POUR PARIS. EN BONNE MÈRE, LA PRINCESSE GRACE L'ACCOMPAGNE CHAQUE MATIN À L'ÉCOLE.

Ⓑ Entourez les neuf expressions relatives à la fréquence d'une action.

chaque matin   demain   ici   rarement

Souvent   chaque semaine

tous les jours   partout

quelquefois   ce soir

hier

parfois   là-bas   toujours   jamais

Ⓒ Imaginez ce qu'ils ne font jamais.

Exemple :   l'avare
⟹ Il ne dépense jamais d'argent.

1 Le timide : ....

2 Le calme : ....

3 Le pauvre : ....

4 Le chômeur : ....

5 La travailleuse : ....

6 Le milliardaire : ....

7 La peureuse : ....

Ⓓ Imaginez ce qui arrive quelquefois.

Exemple :
À l'école ⟹ Le professeur est quelquefois absent.

1 À la banque : ....

2 Au supermarché : ....

3 À la plage : ....

4 Dans la rue : ....

5 Dans le métro : ....

6 À l'hôpital : ....

Exprimer la fréquence d'une action

Jamais < rarement < quelquefois < parfois < souvent < toujours

Je ne sors **jamais** le soir ; je regarde **rarement** la télévision ;
quelquefois, j'écoute la radio ; je lis **souvent** le journal et je travaille **toujours**.

Attention ! *Jamais* est négatif, n'oubliez pas *ne*.
Il **ne** mange **jamais** de gâteau.   Il **n'**a **jamais** mangé de glaces.

❸ *Imaginez ce qu'ils font souvent.*

Exemple :
Les Italiens ⇨ Ils mangent souvent des pâtes.

1   Les Français : ....
2   Les Allemands : ....
3   Les Mexicains : ....

4   Les Chinois : ....
5   Les Espagnols : ....
6   Les Américains : ....

Savoir-faire

Maintenant, vous savez *parler de vos habitudes.*

*Dites ce que vous avez fait, ce que vous faites, ce que vous ferez,
puis comparez avec les réponses des autres étudiants.*

Exemples :   Je n'ai **jamais** joué au rugby.
Je vais **rarement** à la poste.
Quelquefois je dîne au restaurant chinois.
Je travaillerai **toujours** à Paris.
Je fais **souvent** de la gymnastique.

4 LES PRONOMS PERSONNELS TONIQUES

❹ *Observez le document et le tableau.*

MOI,
tous les jours,
je vis, je bouge
je sors avec des amis…
J'ai un secret :

Club ACTUEL
1er Club Multi-Loisirs en France

Les pronoms personnels toniques

singulier	moi	toi	lui, elle
pluriel	nous	vous	eux, elles

Ces pronoms sont employés :
• **pour renforcer les pronoms sujets**
Moi, j'aime le jazz. Pas **vous** ?

• **après des prépositions**
(avec, à, chez, pour, sans…)
– Vous partez avec **eux** ?
– Oui, mais sans **elle** !

B *Transformez selon le modèle.*

Exemple :   Je travaille. Et Marc ?
    ⇨ Lui, il ne travaille pas.

1 – Tu aimes cette chanteuse. Et Hélène ?

....

2 – Nous connaissons ce docteur. Et tes frères ?

....

3 – J'accepte ton invitation. Et les filles ?

....

4 – On prend le bus. Et vous ?

....

5 – Vous avez peur de la crise. Et les jeunes ?

....

6 – L'an passé, j'ai visité Venise. Et ton amie ?

....

7 – Je partirai demain. Et vous ?

....

C *Associez questions et réponses.*

Exemple : a.8

a. – Vous voulez du sucre ?
b. – À qui est-ce ?
c. – Qui a cassé la tasse ?
d. – Qu'est ce que tu aimes comme films ?
e. – Moi, je sors ! Et toi ?
f. – Elles sont françaises ?
g. – C'est lui qui a décidé ?
h. – Et vous ? Que faites-vous ?

1. – Ah non, c'est nous qui avons choisi !
2. – Moi, j'adore les films d'horreur.
3. – Elles, mais non, elles sont espagnoles !
4. – Moi, je vais rester ici, je suis fatiguée.
5. – C'est lui !
6. – Oh moi, je suis chômeur !
7. – C'est à moi, je voudrais une baguette !
8. – Non, moi, je prends mon café sans sucre !

D *Complétez les phrases avec un pronom tonique.*

Exemple :   – Sylvie fait toujours du russe ?
     – Oui, mais maintenant, son mari suit
        les cours avec **elle** !

1 – Tu veux sortir ? Je vais faire un tour au centre !

   – Oui, je viens avec ....

2 – N'oubliez pas de poster ma lettre !

   – Comptez sur .... !

3 – Bertrand et Pierre vont au cinéma !

   – Je peux aller avec .... ?

4 – Annie et Danièle nous invitent demain !

   – Super, chez ...., on s'amuse toujours !

5 – Allez ! Joue !

   – Mais non ! c'est à .... !

   – À qui ?

   – Mais à Marie, voyons !

6 – Il habite loin de chez sa copine ?

   – Non, il habite près de chez .... !

E *Observez ce document et choisissez la (les) bonne(s) réponse(s).*

1 Le document est :

un dépliant touristique. ☐

une publicité. ☐

une offre d'emploi. ☐

un article de journal. ☐

2 Burger King est :

une chaîne de restaurants. ☐

une chaîne de supermarchés. ☐

une chaîne de magasins de vêtements. ☐

3 La personne recherchée doit :

être jeune. ☐

avoir un diplôme universitaire. ☐

avoir déjà travaillé. ☐

avoir seulement le baccalauréat. ☐

4 Le travail proposé est :

aux États-Unis. ☐

en France. ☐

dans la région parisienne. ☐

sur la Côte d'Azur. ☐

Observez les photos du document et interprétez-les.
Retrouvez les qualités demandées pour ce travail.

dynamique – sportif – souriant – équilibré – aventurier – curieux – rapide – décontracté – élégant – sérieux

a La photo avec la fille indique qu'il faut être ....

b Les photos d'identité indiquent qu'il faut être ....

c La photo de la voiture indique qu'il faut être ....

d La photo en montagne indique qu'il faut être ....

REPÈRES

Simone Veil

Marguerite Yourcenar

Ⓐ Retrouvez la profession de ces personnalités féminines.

1. Isabelle Adjani
2. Florence Arthaud
3. Marie Curie
4. Patricia Kaas
5. Christine Ockrent
6. Ariane Mnouchkine
7. Marie-Josée Pérec
8. Agnès Varda
9. Simone Veil
10. Marguerite Yourcenar

a. chimiste
b. journaliste
c. cinéaste
d. chanteuse
e. actrice
f. navigatrice
g. femme politique
h. metteur en scène de théâtre
i. écrivain
j. athlète

Marie-Josée Pérec

Florence Arthaud

Patricia Kaas

Ⓑ Lisez ces documents et répondez aux questions.

Les Françaises représentent environ 40 % de la population active. À travail égal, elles ont rarement le même salaire que les hommes.

Elles représentent 53 % du corps électoral mais moins de 6 % sont députées ou maires.

Les femmes ont acquis des droits variés : contraception, congés parentaux, protection de l'emploi.

En 1986, une circulaire a légalisé l'emploi au féminin pour les noms de métiers : docteure, auteure, écrivaine…

Même si personne n'utilise ces noms !

LE PARTAGE DES TÂCHES MÉNAGÈRES EN FRANCE

Temps moyen par jour

	HOMMES	FEMMES
Cuisine, vaisselle	24 mn	1 h 29
Ménage	7 mn	41 mn
Linge	1 mn	27 mn
Achats	17 mn	26 mn
Soins matériels aux enfants	6 mn	42 mn

1 Est-ce qu'il y a beaucoup de femmes qui travaillent en France ?

2 Les femmes françaises ont-elles le même salaire que les hommes ?

3 Combien de femmes votent en France ?

4 Pouvez-vous citer des droits acquis par les femmes ?

5 Comment peut-on appeler une femme docteur, écrivain ?

6 Qui travaille le plus à la maison ? Les hommes ou les femmes ?

7 [a] [ã]

Ⓐ *Écoutez ces phrases et cochez le son que vous entendez.*

Exemple : **1** – Elle a quel **â**ge ?

	[a]	[ã]
1	✕	
2		
3		
4		
5		
6		
7		
8		
9		
10		

Ⓑ *Écoutez, soulignez tous les sons [ã] puis lisez ces phrases.*

Exemple : Je déteste le c<u>am</u>ping.

1 J'ai mal aux jambes !

2 Liliane mange souvent au restaurant avec ses enfants.

3 Jean part demain à Caen pour un an.

4 Le temps semble long quand on attend…

5 Pour les vacances, Jeanne et Bertrand campent à Royan.

6 Ils dansent ensemble.

Ⓒ *Regardez les phrases de l'exercice B et complétez le tableau.*

[ã]
[ã] peut s'écrire   – .... : m**an**ge – **am** (+ b, p) : j**am**be – .... : att**en**d – **em** (+ b, p) : .... À la troisième personne du pluriel des verbes au présent, « ent » ne se prononcent pas. Ils parl**ent** [parl]

AU FIL DES ANNÉES

Margerin, *Radio Lucien* © Humanos

Ⓐ *Lisez cette bande dessinée (B.D.) et répondez aux questions suivantes.*

1 Regardez la vignette n° 10 et choisissez le bon registre de langue.

	langue soutenue	langue familière
a. Ah les vaches, ils ont osé !	☐	☐
b. C'est trop gentil à vous, ce superbe livre de cuisine !	☐	☐

2 Quels registres sont utilisés par F. Margerin tout au long de la B.D. ?

langue soutenue ☐ (exemple : ....)

langue courante ☐ (exemple : ....)

langue familière ☐ (exemple : ....)

3 Trouvez les formes contractées propres au registre familier et indiquez la forme complète.
Exemple : t'as pas fini ⇨ tu n'as pas fini

....

....

....

....

4 Dans la B.D., regardez ces mots et expressions de la langue familière et trouvez, dans la colonne de gauche, un équivalent de la langue courante.

Exemple : s'faire une bouffe = manger ensemble

1. j'en ai assez
2. je suis content
3. et bien
4. oui
5. comme c'est dur !
6. s'amuser
7. quelle bonne surprise !

a. et ben
b. ouais
c. y en a marre
d. chouette !
e. s'éclater
f. oh chic !
g. quelle galère !

5 Choisissez un titre pour cette histoire :

Bonne fête
Bonne année
Vive les vacances
Joyeuses Pâques
Joyeux Noël
Un dimanche en famille

❸ *Discutez par groupes de deux ou trois.*

Croyez-vous que le père et la mère sont contents de leurs cadeaux ? Que disent-ils ? Que pensent-ils ? Pourquoi ?

1 LES REGISTRES DE LANGUE

❹ *Transformez comme dans l'exemple.*

Exemple : Faut pas partir (langue orale, familière) ⇨ Il ne faut pas partir (langue écrite, standard)

1 Vous offrez jamais de cadeaux ? ....

2 T'es pas malade ? ....

3 Ça va pas très bien aujourd'hui. ....

4 T'as pas vu l' prof ? ....

5 Non merci, j'ai plus faim ! ....

6 Y a du monde dans cette ville. ....

7 Faut pas fumer au ciné. ....

8 Tu viens pas avec nous ? ....

9 J'sais pas. ....

❸ *L'auteur de cette BD emprunte certains mots au vocabulaire familier.*

Exemple : une bouffe ⇨ un repas
ouais ⇨ oui

Observez le tableau et essayez de trouver à quel mot correspond chacun des termes de la colonne de gauche.

VOCABULAIRE FAMILIER	VOCABULAIRE STANDARD
un mec	un garçon, un homme
une nana	une fille
le bahut	le lycée

une bagnole
dingue
un flic
le boulot
le fric
bouffer

un policier
l'argent
manger
fou
une voiture
le travail

2 ON

Ⓐ Observez.

On dépose ça et on repart.
Allez, on ouvre les cadeaux.
On va s'éclater.

**Regardez le tableau et dites ce que signifie
« on » dans ces phrases.**

On
On = « nous » **On** ouvre les cadeaux
On = « les gens » (en général) Au Québec, **on** parle français
On = « quelqu'un » **On** sonne à la porte.
NB : Après *on*, le verbe est toujours à la 3e personne du singulier : On a parlé. On dansera. On ne sort pas.

Ⓑ Complétez les dialogues et retrouvez le sens de « on » dans chaque situation.

1 – On (sortir) .... ce soir ?

– D'accord, qu'est ce qu'on (faire) .... ?

– On (pouvoir) .... aller au restaurant, si tu
veux.

– D'accord, on (se retrouver) ....
vers 20 heures chez moi !

2 – Hier soir, on (voler) ....
la voiture de mes parents devant chez eux...

– Ah, bon, est-ce qu'on (arrêter) .... les voleurs ?

– Non, et on (ne pas retrouver) .... la voiture !

3 – On (dire) .... que les chercheurs ont peut-être
trouvé un traitement efficace contre le Sida ?

– C'est vrai, mais on (savoir) .... aussi qu'on (devoir)
.... attendre des années avant de pouvoir l'utiliser.

3 INTERDIRE/DONNER UN CONSEIL

Ⓐ *Dans la BD p. 123, observez la vignette n° 3.*

« N'oublie pas d'acheter un beau sapin… »

À quel temps est le verbe oublier ?
À quelle forme ?

Ⓑ *Dans quel document on veut…*

donner un conseil ⟹ ....

interdire ⟹ ....

Ⓒ *Écoutez ces mini-dialogues et dites ce que les personnes expriment.*

a. exprimer un souhait ⟹ n° ....

b. protester ⟹ n° ....

c. interdire ⟹ n° ....

d. proposer ⟹ n° ....

e. donner un conseil ⟹ n° ....

f. exprimer ses goûts ⟹ n° ....

Ⓓ *Qui peut prononcer les phrases de l'exercice C ? Dans quelles situations ?*

1 ....

2 ....

3 ....

4 ....

5 ....

6 ....

7 ....

Interdire / donner un conseil
Verbe à l'impératif négatif **ne + verbe + pas** ⟹ Ne fumez pas.
Il ne faut pas + verbe à l'infinitif ⟹ Il ne faut pas fumer.

REPÈRES

A *Dans sa BD, F. Margerin raconte un Noël en famille. Savez-vous ce que font traditionnellement les Français le 25 décembre ?*

B *Choisissez parmi ces plats les cinq spécialités qu'on mange en général pour Noël.*

des huîtres	☐	du lapin	☐
du poulet	☐	des marrons	☐
des frites	☐	de la bûche	☐
de la dinde	☐	du baba au rhum	☐
des cuisses de grenouilles	☐	du foie gras	☐

F. margerin présente

JOYEUX NOËL

NOËL EST ARRIVÉ, ENFIN, C'EST PAS TROP TÔT ! ON VA POUVOIR S'FAIRE UNE BOUFFE ET SE FAIRE DES CADEAUX

© Margerin, *Radio Lucien*, © Humanos

C *En France, où mange-t-on ces spécialités gastronomiques ? Indiquez la composition et la région d'origine de ces plats.*

1	Le cassoulet	tarte salée au jambon	Savoie
2	Les tripes	soupe de poissons et crustacés	Auvergne
3	Les crêpes	fromages fondus	Bretagne
4	La potée	choux fermentés et saucisses	Alsace
5	La quiche	galette sucrée ou salée	Normandie
6	La choucroute	ragoût de viande et de haricots blancs	Lorraine
7	La bouillabaisse	intestins d'animaux en sauce	Midi-Pyrénées
8	La fondue	viande de porc et légumes bouillis	Provence

---

4 **OFFRIR/RECEVOIR UN CADEAU**

A *Le plus souvent, on fête Noël en famille et la nuit du 24 au 25 décembre, on offre et on reçoit beaucoup de cadeaux.*

Que dit-on quand on reçoit un cadeau ?

Dans la B.D. « Joyeux Noël », relevez ce que dit chaque personne quand elle reçoit son cadeau.

....

....

....

....

....

Offrir		Recevoir	
j'	offre	je	reçois
tu	offres	tu	reçois
il / elle / on	offre	il / elle / on	reçoit
nous	offrons	nous	recevons
vous	offrez	vous	recevez
ils / elles	offrent	ils / elles	reçoivent
Futur :		**Futur :**	
j'offrirai		je recevrai	
Passé composé :		**Passé composé :**	
j'ai offert		j'ai reçu	

B *Observez le tableau.*

Offrir et recevoir un cadeau	
La personne qui offre :	**La personne qui reçoit :**
– Tiens, j'ai un (petit) cadeau pour toi.	– Oh merci, c'est trop gentil !
– J'ai une surprise pour vous.	– Quelle bonne surprise !
– J'ai quelque chose pour vous.	– Un livre, c'est une bonne idée ! Merci !
	– Oh non, fallait pas !

 **C** *Écoutez ces personnes et cochez la bonne réponse dans le tableau.*

Exemple : **1.** Oh merci Philippe, c'est vraiment gentil !

	il / elle offre un cadeau	il / elle reçoit un cadeau
1		✕
2		
3		
4		
5		
6		
7		
8		

savoir-faire

Maintenant, vous savez *offrir et recevoir un cadeau.*

Construisez par groupes de deux de courts dialogues entre les personnes suivantes ; jouez les scènes.

1 Christophe, 8 ans, offre à sa mère un collier fait avec des pâtes alimentaires.

2 Un étudiant offre un joli stylo en or à son professeur.

3 Un jeune homme offre un gros bouquet de roses rouges à sa fiancée.

4 Clémence, 10 ans offre une mini-jupe verte à sa grand-mère.

Imaginez d'autres situations !

5 EXPRIMER DES VŒUX

Ⓐ *Observez le tableau et faites correspondre chacune des formules à une situation.*

Exprimer des vœux
Pour le 1er de l'an : Meilleurs vœux ! Je vous souhaite une bonne et heureuse année.
Pour Noël : Joyeux Noël ! Bon Noël !
Pour Pâques : Joyeuses Pâques !
Pour la fête : Bonne fête ! Je te souhaite une bonne fête !
Pour l'anniversaire : Joyeux Anniversaire ! Je te souhaite un bon anniversaire.

Que dites-vous ?

1. pour un mariage
2. pour une naissance
3. pour le 1er janvier
4. à quelqu'un qui est malade
5. avant de boire l'apéritif
6. à quelqu'un qui éternue
7. à quelqu'un qui part en vacances
8. à quelqu'un qui va passer un examen
9. à table avant de manger
10. à quelqu'un le jour de ses 20 ans
11. à quelqu'un qui va dîner au restaurant
12. à quelqu'un qui part en voyage en voiture

a. Meilleure santé !
b. À votre santé !
c. Bonne route !
d. À vos souhaits !
e. Tous mes vœux de bonheur !
f. Félicitations !
g. Bonne année !
h. Bonnes vacances !
i. Bon anniversaire !
j. Bonne soirée !
k. Bon appétit !
l. Bonne chance !

Ⓑ *En groupes, choisissez une de ces situations et mimez-la devant la classe.*
Les autres personnes essaient de trouver la situation et proposent une formule de vœux.

FAIRE-PART ET INVITATIONS

Trouvez dans ces documents :

– *un faire-part de mariage* ⇨ n° ....

– *un faire-part de naissance* ⇨ n° ....

– *deux faire-part de décès* ⇨ n° .... et n° ....

– *une invitation* ⇨ n° ....

Mme Pascale GARAUT, son épouse ;
Mme Nicole MOREAU, sa belle-mère ;
M. et Mme Pierre GARAUT, M. et
Mme Jean MARTINET, ses enfants ;
ses petits-enfants, son arrière petite-
fille ; ses frères, sœurs, beaux-frères,
belles-sœurs et toute la famille ont la
douleur de vous faire part du décès de

Monsieur André GARAUT

survenu dans sa 81ᵉ année.
Ses obsèques seront célébrées le
samedi 22 janvier 1994 à 14 h 30,
en l'église de Nouzilly, suivies de
l'inhumation au cimetière de Monnaie,
selon sa volonté.
La famille remercie les personnes qui
s'associeront à sa peine.

1

M. René Nicolas
M. et Mme Bernard Darchis

Mme Huguette Fortin
Mme Ginette Vazeli

sont heureux de vous faire part du mariage
de leurs petits-enfants et enfants.

Nadine et Bruno

qui aura lieu le 15 mai 1993, à 15 h 20,
à la mairie de Rennes dans la plus stricte intimité.

4, impasse du Cygne
22000 St-Brieuc

8, square de Galicie
35200 Rennes

2

ANTOINE S'EST MONTRÉ AU GRAND JOUR LE 8 SEPTEMBRE 1989

RÉGINE ET JEAN-FRANÇOIS S'EMPRESSENT DE VOUS FAIRE PARTAGER LEUR JOIE

HOP !

RÉGINE PARIEUX — JEAN-FRANÇOIS CROS
2 RUE GEORGES ROUAULT · 37170 CHAMBRAY LES TO

3

CHINON
RICHELIEU
BRIVE

Mme Michel LAMBERT, son
épouse ; M. Éric LAMBERT,
M. et Mme Bernard LAMBERT,
M. et Mme Gérard RIEU, M. et
Mme Bernard LAMBERT, ses
enfants ; ses petits-enfants, toute
la famille et ses amis ont la douleur
de vous faire part du décès de

Monsieur Michel LAMBERT
ANCIEN COMMERÇANT

survenu le 12 juin 1994 dans sa
90ᵉ année.
Les obsèques religieuses auront
lieu le mardi 14 juin 1994 à 9 h
30, en l'église Saint-Sernin de
Brive, suivies de l'inhumation
au cimetière de la Fournade.
Cet avis tient lieu de faire-part.

4

Le Président de l'Assemblée Nationale

Le Ministre de la Culture, et de la Communication,

vous prient de leur faire l'honneur d'assister
à la soirée d'inauguration de la Fureur de Lire
et à la visite de l'exposition réalisée à l'Hôtel de Lassay,
le vendredi 14 octobre 1994.

R.S.V.P. pour le dîner-buffet
avant le 8 octobre 1994
40.63.59.16

19 h 30 précises
128, rue de l'Université
75007 Paris

Cette invitation et une pièce d'identité seront demandées à l'entrée

5

6 LES VERBES PRONOMINAUX

A *Dans le faire-part n° 3 (p. 131), observez.*

1 Antoine s'est montré...
2 Régine et Jean-François s'empressent...

B *Répondez.*

1 Quel est l'infinitif de chacun de ces verbes ? ....
....

2 À quels temps sont-ils ? ....
....

3 Connaissez-vous d'autres verbes qui suivent la même formation ? Faites une liste. ....
....

4 Pouvez-vous mettre la phrase n° 2 à la forme négative ? ....
....

C *Complétez le tableau.*

Les verbes pronominaux	
Je **me** prépare	Je ne **me** lave pas.
Tu **te** prépares	Tu ....
Il, elle, on **se** prépare	Il ....
Nous **nous** préparons	....
Vous **vous** préparez	....
Ils, elles **se** préparent	....

Attention : À l'impératif, **te** devient **toi** à la forme affirmative.

Lève-**toi** !	Ne **te** lève pas !
Levons-**nous** !	Ne **nous** levons pas !
Levez-**vous** !	Ne **vous** levez pas !

D *Choisissez les verbes et mettez-les à la forme qui convient.*

connaître - s'habiller - se lever - se raser
travailler - s'amuser - vouloir - prendre - aller
se dépêcher - parler - se préparer - être - s'appeler

1 Je .... tous les matins à huit heures,
je .... puis je .... le bus
pour aller au bureau.

2 – Salut François, oh tu piques ! tu ne ....
plus ?
– Non, je .... être un homme, un vrai !

3 Ce soir nous .... chez Pierre et Pascale,
nous .... ravis car nous ....
toujours beaucoup ensemble.

4 Dis, tu .... cette fille ? Oui elle ....
Sarah, elle .... à la banque avec moi.
Je trouve qu'elle .... très bien !

5 Martin s'il te plaît, ne .... pas
toujours en même temps que moi !

6 Vite, ... ! Il est déjà 7 h 30 !

7 PROPOSER UNE SORTIE

Écoutez ces messages téléphoniques et complétez le tableau.

	Événement	Personne qui invite	À quoi	Lieu	Date
1					
2					
3					
4					

Proposer une sortie

On sort ce soir ?

Tu veux sortir ?

On peut aller au restaurant.

On se retrouve à 18 heures devant le cinéma.

Voulez-vous venir au concert avec nous ?

J'espère que tu viendras prendre l'apéritif.

Maintenant, vous savez *proposer une sortie.*

Comme Philippe, vous écrivez un message à un(e) ami(e) pour lui proposer une sortie. Aidez-vous du tableau ci-dessous.

	Quand ?	Quoi ?	Où ?
1	Demain 21 heures	Match de basket-ball : Limoges/Orthez	Palais des Sports.
2	Ce soir 20 h 30	Macbeth (Shakespeare)	Théâtre de l'Odéon.
3	Demain après-midi 15 heures	Tennis avec Bertrand et Catherine.	Stade du Breuil.
4	Jeudi 19 heures	Apéritif pour l'anniversaire de Colette.	Chez Colette
5	Samedi 12 heures	Restaurant chinois avec des amis.	Au Dragon céleste rue du Marché.

17 heures

Roxane,

On sort ce soir ? Il y a un super film au Capitole :
"le dernier Empereur".
On peut se retrouver à 20 heures. le film commence à 20 h 30...
Je t'appelle tout à l'heure.
Bises Philippe

8 [o] [õ]

Ⓐ *Écoutez ces phrases et cochez le son que vous entendez.*

Exemple : 1. C'est notre bateau.

	[o]	[õ]
1	✕	
2		
3		
4		
5		
6		
7		
8		
9		
10		

Ⓑ *Écoutez et soulignez les sons [õ]*

Exemple : Nous mange<u>ons</u> des b<u>on</u>b<u>ons</u>.

1 Nous av<u>ons</u> lu des annonces.

2 C'est un b<u>on</u> patr<u>on</u>.

3 <u>On</u> annonce de la pluie.

4 C'est l<u>ong</u> et lent.

5 T<u>on</u> ami est à la mais<u>on</u>.

6 M<u>on</u>ique et moi, nous cour<u>ons</u> tous les soirs.

7 Pard<u>on</u>, je me suis trompé dans l'additi<u>on</u>.

Ⓒ *Regardez les phrases de l'exercice B et complétez le tableau.*

[õ]	
[õ] peut s'écrire	.... : avons
	om : ....

AU XXᵉ SIÈCLE

Expositions

Design, miroir du siècle au Grand-Palais.
Les objets qui ont marqué notre siècle.

Quel rapport entre un train, un stylo et une carte bancaire ? Ce sont tous des produits de la société industrielle. Nous les voyons tous les jours depuis des années, mais nous ne les regardons plus. Du 15 mai au 25 juillet, le Grand-Palais vous propose une exposition originale : « Design, miroir du siècle ». Vous retrouverez les objets de votre enfance, de votre adolescence, de votre temps ! Quelle bonne idée de nous replonger ainsi dans une époque pas si lointaine !…

Ⓐ *Répondez aux questions.*

1 De quoi parle cet article ?
2 À quelle date se déroule l'événement évoqué ?
3 Où va se passer cet événement ?
4 Pourquoi cette manifestation est-elle originale ?
5 Pouvez-vous citer des objets qui vous évoquent votre enfance ?

Ⓑ *Regardez ces photos d'objets typiquement français et retrouvez le nom de l'objet représenté.*

a. 1948 : La 2CV Citroën [5]
b. 1933 : La chemise Lacoste. [ ]
c. 1965 : Le bas Dim. [ ]
d. 1899 : L'aspirine
　Usines du Rhône. [ ]
e. 1953 : La cocotte Seb. [ ]
f. 1886 : le petit-beurre Lu. [ ]
g. 1930 : La Pléiade. [ ]

C *Faites correspondre un commentaire à un objet.*

Exemple : Une voiture bon marché : la 2CV Citroën.

1 Plus de fièvre, plus de douleur, plus de maux de tête : ....

2 Le maximum de culture en un minimum d'espace : ....

3 Gagner du temps dans sa cuisine : ....

4 Une voiture bon marché : ....

5 Vive la mini-jupe : ....

6 La marque des sportifs : ....

7 Le goûter des petits et des grands : ....

1 LES PRONOMS PERSONNELS C.O.D.

A *Observez ces documents et dites ce que remplacent les pronoms personnels.*

Depardieu et Deneuve :

On les verra bientôt ensemble dans un nouveau film.

1.

2.

Le Bi-Bop, téléphone portable :

Vous l'utilisez quand vous voulez, où vous voulez !

Arrivée de la reine d'Angleterre

3.

Le Président la recevra demain à l'Élysée

1 On **les** verra : ....

2 Vous **l'**utilisez : ....

3 Le président **la** recevra : ....

B *Replacez tous ces éléments dans le tableau suivant :*

le garçon, Florence, ses enfants, cette étudiante, M et Mme Brun, ta photo, le jardin, le film, ces livres

Les pronoms personnels C.O.D.
Il regarde le garçon.
.... } Il **le** regarde.
....
....
.... } Il **la** regarde.
....
....
.... } Il **les** regarde.
....

Remarques :
• Les pronoms **la**, **le** deviennent **l'** devant un verbe commençant par une voyelle.
   Marie, je **la** connais et je **l'**estime beaucoup.
   Philippe, je **le** rencontre et je **l'**invite.
• À la forme négative, le pronom reste devant le verbe.
   Il ne voit pas souvent son ami ⟹ Il ne **le** voit pas souvent.

❸ Remplacez le, la, l', les par des noms.

Exemple : Je *le* lis tous les matins ⇨ le journal

1 Je *le* boirai à ton mariage.
2 Je *la* paie au restaurant.
3 Je *l'*ai invité pour le connaître.
4 Je *l'*écoute avec plaisir.
5 Je *l'*aime parce qu'elle est en coton.

6 Je *le* prends sans sucre.
7 Je *le* regarderai demain.
8 Je *les* photographie souvent.
9 Je *les* achète à la boulangerie.
10 Je *l'*apprendrai par cœur.

Connaître	
je	connais
tu	connais
il / elle / on	connaît
nous	connaissons
vous	connaissez
ils / elles	connaissent

Futur :
je connaîtrai

Passé composé :
j'ai connu

❹ Complétez les phrases selon l'exemple.

Exemple : (utiliser) J'ai une moto mais *je ne l'utilise pas.*

1 (dépenser) J'ai dix mille francs mais ....

2 (parler) Ils ont étudié l'espagnol mais ....

3 (comprendre) Tu l'aimes mais ....

4 (trouver) On cherche les clés mais ....

5 (connaître) Je rencontre cette personne tous les jours mais ....

6 (aimer) Il a gagné un cadeau mais ....

7 (payer) Vous avez eu une contravention mais ....

8 (faire) J'ai du travail mais ....

❺ Observez le tableau et complétez ces phrases avec me, te, nous, vous.

1 Mon mari ? Il .... fait des cadeaux à chaque anniversaire.

2 Chérie, je .... adore et je .... attends ce soir.

3 Nous .... prions de patienter quelques instants.

4 Tu .... reverras demain, si tu veux bien !

5 Pour cette fois, je .... excuse mais soyez à l'heure désormais !

6 Madame, je .... aiderai si vous le désirez.

7 Je .... admire de plus en plus, toi et ton père.

8 Papa, je .... attendrai à la gare !

9 Nous .... remercions de choisir FR2.

10 Je .... invite tous les trois.

Les pronoms personnels compléments de la 1ʳᵉ et 2ᵉ personne	
Regarder / aimer quelqu'un ou quelque chose	
Elle **me** regarde	Il **m'**aime
Elle **te** regarde	Il **t'**aime
Elle **nous** regarde	Il **nous** aime
Elle **vous** regarde	Il **vous** aime

2 EXPRIMER LA SATISFACTION OU L'IRRITATION

A *Dites ce qu'expriment les répliques de ces deux dessins.*

QUELLE BONNE IDÉE DE VENIR ME VOIR !

1

J'EN AI RAS LE BOL. ÇA FAIT 20 MINUTES QUE J'ATTENDS

2

	1	2
– l'irritation		
– la satisfaction		
– la surprise		
– la déception		

Exprimer l'irritation

J'en ai assez !
Ce n'est pas possible !
C'est insupportable !
Ça m'énerve !
Ça suffit !
J'en ai marre ! (fam.)
Ras-le-bol ! (fam.)

Exprimer la satisfaction

C'est formidable !
Ça me plaît !
Comme je suis content(e) !
Avec plaisir !
Quelle bonne idée !
Je suis fou (folle) de joie !
Super !
C'est génial !
Youpi !

B *Après écoute, dites si ces personnes sont irritées ou satisfaites. Puis trouvez leur motif d'irritation ou de satisfaction.*

	Irrité(e)	Satisfait(e)
1	✕	
2		
3		
4		
5		
6		

Exemple : Ce n'est pas possible !
C'est insupportable ! Il est toujours en vacances !

Motif :
Le collègue de cette personne n'est jamais présent à son bureau.

Savoir-faire

Maintenant, vous savez *exprimer l'irritation ou la satisfaction.*

À partir des situations suivantes, réagissez en exprimant votre irritation ou votre satisfaction.

Exemple : Dans un magasin, la vendeuse refuse de vous servir.
⟹ « Mais enfin, Madame, c'est insupportable, je suis là, devant vous et vous ne me servez pas ! »

1 Vous êtes en moto. Un automobiliste ne respecte pas le stop. Vous dites ce que vous pensez de son attitude.

....

2 Votre sœur vous propose une promenade en bateau. Vous réagissez.

....

3 Votre voisin a un chien bruyant. Vous allez voir votre voisin.

....

4 Votre fiancé(e) vous offre une montre en or. Vous exprimez vos sentiments.

....

5 Vos parents refusent de recevoir vos amis. Vous discutez avec eux.

....

3 SE SITUER DANS LE TEMPS

Ⓐ *Observez ces phrases puis répondez aux questions.*

Nous les connaissons *depuis* des années.
Tu fais de la gymnastique *depuis* six mois.
On ne l'a pas appelé *depuis* une semaine.

Vous avez vendu votre voiture *il y a* un an.
Ils ont vécu à Bombay *il y a* dix ans.

1 **Depuis** s'emploie avec :
– le présent ☐
– le passé composé à la forme négative ☐
– le futur ☐

2 **Depuis** indique :
– le point de départ d'une action
qui dure encore ☐
– une action terminée ☐

3 **Il y a** s'emploie avec :
– le présent ☐
– le passé composé ☐
– le futur ☐

4 **Il y a** indique :
– un moment précis ☐
– une durée ☐
– une action terminée ☐

B *Complétez avec* **depuis, il y a.**

Exemple :
Depuis deux semaines, je vois Jean-Louis tous les soirs.

1   Je vous ai connu .... cinq ans.

2   Ce magasin a ouvert .... deux mois.

3   On ne l'a pas vu .... trois jours.

4   J'ai été malade .... une semaine.

5   .... sa maladie, elle est triste.

6   J'ai vécu en Afrique .... cinq ans.

7   .... quand savez-vous danser ?

8   Où habites-tu .... deux ans ?

9   .... ton retour, tout va bien.

10 Il a quitté Amiens .... un an.

Finir		Commencer	
je	finis	je	commence
tu	finis	tu	commences
il/elle/on	finit	il/elle/on	commence
nous	finissons	nous	commençons
vous	finissez	vous	commencez
ils/elles	finissent	ils/elles	commencent

Futur :		**Futur :**	
je finirai		je commencerai	
Passé composé :		**Passé composé :**	
j'ai fini		j'ai commencé	

Se situer dans le temps

Quand est-ce qu'il est parti ? Il est parti **il y a** vingt minutes.
Depuis combien de temps est-ce que tu travailles ? Je travaille **depuis** une heure.

Le moment : **il y a**, l'action est terminée.   La durée : **depuis**, l'action continue.
Il a mangé **il y a** un quart d'heure.   Elle habite à Paris **depuis** 20 ans.

C *Après avoir lu les données biographiques de Florence Giot, complétez les phrases. Nous sommes le 11 mars 1995.*

1959 : naissance à Gergovie.
1970 : installation à Paris.
1982 : professeur de français.
1983 : début de carrière théâtrale.
Août 1985 : Voyage en Inde.
1990 : mère de deux enfants.
1993 : directrice de théâtre pour enfants à Paris.

Veut partir en 1997 aux USA pour suivre des cours de théâtre.

Voudrait avoir un troisième enfant avant 1999.

1   Florence est née .... 1959 .... France.

2   Elle vit .... Paris .... 1970.

3   .... deux ans, elle est directrice de théâtre.

4   .... août 1985, elle a voyagé .... Inde.

5   .... 1997, elle partira peut-être .... États-Unis.

6   .... douze ans, elle a commencé sa carrière théâtrale.

7   .... quatre ans, elle aura peut-être un autre enfant.

REPÈRES

Ⓐ Pour chaque siècle, retrouvez un personnage historique et un grand événement.

IXᵉ siècle : Charlemagne - l'école

XVIᵉ siècle : ....

XVIᵉ siècle : ....

XVIIᵉ siècle : ....

XVIIIᵉ siècle : ....

XIXᵉ siècle : ....

XIXᵉ siècle : ....

XXᵉ siècle : ....

XXᵉ siècle : ....

- Le code civil
- Les grands boulevards
- Le classicisme
- L'école
- La fin des guerres entre catholiques et protestants
- La révolution de 1789
- L'indépendance de l'Algérie
- La Renaissance
- L'abolition de la peine de mort

- F. Mitterrand
- Napoléon III
- Charlemagne
- Robespierre
- Louis XIV
- François Iᵉʳ
- C. De Gaulle
- Napoléon Iᵉʳ
- Henri IV

Ⓑ Et dans votre pays ? Quels ont été les grands événements de ce siècle ?

**Ⓒ Savez-vous depuis quand cela existe ?
Associez les dates aux événements suivants :**

a. 1789
b. 1792
c. 1882
d. 1900
e. 1936
f. 1957

1. L'école laïque est obligatoire à six ans.
2. La création de la communauté économique européenne (C.E.E.)
3. La création des congés payés.
4. La déclaration des droits de l'homme et du citoyen.
5. La construction du métro parisien.
6. La législation du divorce.

Les premiers congés payés

4 MARQUER LES ÉTAPES D'UNE ACTION

Ⓐ *En trois phrases répondez aux questions en utilisant les expressions* **d'abord, ensuite, enfin.**

Exemple : Pourquoi est-ce que vous êtes venu en France ?
> ⇨ *D'abord* parce que j'ai un(e) petit(e) ami(e) à Nice, *ensuite* parce que je veux visiter ce pays, *enfin* parce que je veux apprendre le français.

1 Pourquoi est-ce que tu l'aimes ?
2 Pourquoi est-ce que tu travailles ?
3 Pourquoi est-ce que tu ne vas pas à sa fête ?
4 Pourquoi est-ce que vous faites du sport ?
5 Pourquoi est-ce que tu pars en Italie ?
6 Pourquoi est-ce que tu es triste ?
7 Pourquoi est-ce que vous aimez la musique rock ?
8 Pourquoi est-ce que vous voulez devenir milliardaire ?
9 Pourquoi est-ce que tu n'es pas venu(e) au pique-nique ?
10 Pourquoi est-ce que vous allez au travail en métro ?

Étapes d'une action
Pour relier une action à une autre, on peut utiliser : **Pour commencer, d'abord, tout d'abord.** **Ensuite, puis, après, plus tard.** **Enfin.**

Ⓑ *Récrivez chronologiquement la biographie de François Truffaut en marquant les étapes de sa vie.*

François Truffaut

a Il réalise « Les quatre cents coups » en 1959, puis « L'amour à vingt ans », « Baisers volés », « Domicile conjugal ».

b Dans les années 60, il a fait partie de la Nouvelle Vague. Il a observé la vie quotidienne et a étudié les caractères.

c Il est mort en 1984.

d Il a filmé « Jules et Jim » (1961), « L'enfant sauvage » (1970), « La nuit américaine » (1973), « Le dernier métro » (1980), « La femme d'à côté » (1981), « Vivement dimanche » (1983).

e Il a eu une enfance malheureuse.

f Il a commencé sa carrière comme critique de cinéma dans *Les cahiers du cinéma.*

Exemple : Tout d'abord, il a eu une enfance...

1	2	3	4	5	6
e					

5 [ɛ̃] [ɑ̃] [ɔ̃]

Ⓐ *Écoutez puis corrigez les phrases écrites si elles ne correspondent pas à celles que vous avez entendues.*

Exemple : Il pense à sa ~~campagne~~.   ⟹   Il pense à sa compagne.

1 Il pense à sa campagne.
2 Elles vont à Lyon.
3 Il est très lent.
4 Tu t'es trompé.
5 Les enfants se mettent en rond.

6 C'est un temps froid.
7 Ils s'en vont.
8 C'est un droit.
9 Cela dure cinq minutes.
10 J'ai eu cinq cents francs.

Ⓑ *Transcrivez.*

1 C'est .... b.......... p.......... pour dem...........
2 D..........s .... mom...........t, tout ira bi...........
3 ....registre v..........gt pour c..........t de résultats positifs.
4 C'est .... rom.......... très ....téress...........t.
5 .... a fait p..........dre notre mais.......... .... bl..........c !
6 L'..........tiquaire v..........d une l..........pe très marr...........te.
7 Mais si voy..........s ! All..........s jusqu'au p..........t !

Ⓒ *Écoutez et indiquez les sons [ɛ̃] [ɑ̃] [ɔ̃] puis lisez ces comptines.*

Exemple : Pincemoi
        [ɛ̃]

1 Pincemi
et pincemoi
sont dans un bateau.
Pincemi
tombe à l'eau.
Qui est-ce
qui reste
sur le bateau ?
Pince-moi !

2 Il était
une fois
une marchande
de foie
qui vendait
du foie
dans
la ville
de Foix.

3 Un chasseur
sachant
chasser
sait chasser
sans
son
chien.

4 La reine Didon
dîna dit-on,
d'un dodu dindon.

DOSSIER 4

Proposer...

- une sortie
- des lectures
- un film
- des vacances

UNE SORTIE

Judith Henry et Fabrice Luchini dans *La disc...*

Ⓐ *Après avoir écouté le dialogue, dites si ces affirmations sont vraies ou fausses.*

	V	F
1 Antoine ne veut pas sortir avec Catherine.		
2 Ils sont à Paris.		
3 Catherine a envie de se promener seule.		
4 Catherine propose un tour en bateau-mouche.		
5 Antoine trouve qu'elle a une mauvaise idée.		
6 Antoine répond qu'il fait trop chaud.		
7 Catherine est en colère car Antoine n'aime pas ses propositions.		
8 Antoine invite Catherine au restaurant.		
9 Catherine accepte avec enthousiasme.		

Ⓑ *Antoine rapporte sa conversation avec Catherine à un ami. Mais il y a huit erreurs dans son récit. Retrouvez-les et corrigez le texte.*

Exemple : J'invite ~~Sylvie~~ ⇨ Catherine.

« Tu sais quoi ? J'invite Sylvie pour lui proposer de sortir. Elle dit non. Mais comme d'habitude, elle a des idées bizarres. Elle veut aller à un concert, partir à la montagne, faire un tour en taxi. Je refuse. Alors, elle me dit que j'ai toujours de mauvaises excuses : le beau temps, la distance, le monde. Pour lui montrer que ce n'est pas vrai, je lui ai proposé de l'inviter dans un restaurant à la mode. Et là, elle a accepté ! Quel mauvais caractère ! »

1 LE STYLE INDIRECT

A *Observez ce dessin et retrouvez la phrase dite par le médecin.*

« .... »

Dire	
je	dis
tu	dis
il/elle/on	dit
nous	disons
vous	dites
ils/elles	disent

Futur : je dirai
Passé composé : j'ai dit

QU'EST-CE QU'ELLE A ?

LE DOCTEUR DIT QUE SA MALADIE EST ÉTRANGE

Répondre	
je	réponds
tu	réponds
il/elle/on	répond
nous	répondons
vous	répondez
ils/elles	répondent

Futur : je répondrai
Passé composé : j'ai répondu

STYLE DIRECT	STYLE INDIRECT
Catherine dit : « J'aime **ma** ville. »	Elle **dit qu'**elle aime **sa** ville.
Catherine répond : « Je n'ai pas compris. »	Elle **répond qu'**elle n'a pas compris.
Antoine demande : « Est-ce que tu sors ce soir ? » « Qu'est-ce que tu veux faire ? » « Comment vas-tu ? » « Où est-ce que tu habites ? » « Quand rentres-tu ? »	Il demande à Catherine : **si** elle sort ce soir. **ce qu'**elle veut faire. **comment** elle va. **où** elle habite. **quand** elle rentre.

B *Que disent-ils ?*

Exemple : « Je travaille beaucoup. » Que dit-il ?
Il dit qu'il travaille beaucoup.

1 « J'aime nager. » Que dis-tu ?

....

2 « Je dois partir. » Qu'annonce-t-il ?

....

3 « Nous devons faire des efforts. » Qu'affirment-ils ?

....

4 « Je pourrai organiser une fête. » Que dit-elle ?

....

5 « Il faut tourner à gauche. » Qu'expliquent-ils ?

....

6 « Ils sont très gentils. » Que remarquent-elles ?

....

7 « Marc ira à la piscine demain. » Que dit Anne ?

....

8 « Christian, vous êtes toujours ponctuel ! » Que répond Pierre ?

....

❸ *Transposez ces questions au style indirect.*

Exemples :   « Qu'est-ce que tu lis, Philippe ? »
⯈ Elle demande à Philippe ce qu'il lit.

« Est-ce que tu aimes lire, Thérèse ? »
⯈ Elle demande à Thérèse si elle aime lire.

1   « Est-ce que tu pars seul, Antoine ? » Elle ....

2   « Qu'est-ce que tu aimes écouter, Julie ? » Elle ....

3   « Est-ce que tu as acheté des œufs, Christian ? » Elle ....

4   « Qu'est-ce que tu manges, Marilou ? » Elle ....

5   « Tu as vu, Paul ? » Elle ....

6   « Est-ce que tu as compris, Madeleine ? » Elle ....

7   « Est-ce que tu veux du café, Jean-Pierre ? » Elle ....

8   « Qu'est-ce que tu vas emporter, Nicolas ? » Elle ....

❹ *Imaginez qui parle à qui.*

Exemple :   « Henri mon petit, quand est-ce que tu viendras avec ta fiancée ? »
⯈ Sa mère demande à Henri quand il viendra avec sa fiancée.

1   « Madame, combien je dois pour les croissants ? »

....

2   « Marie, où est-ce que tu vas après l'école ? »

....

3   « Monsieur le Directeur, est-ce que je peux m'absenter ? »

....

4   « Pourquoi est-ce que tu pleures, ma petite fille ? Tu es perdue ? »

....

5   « Qu'est-ce que tu fais ? Ma mère nous attend ! »

....

6   « Combien de livres vendez-vous ? »

....

7   « Combien de desserts voulez-vous ? »

....

8   « Qu'est-ce que vous n'avez pas compris ? »

....

9   « Est-ce que tu m'aimes ? »

....

10   « Pourquoi est-ce que vous partez si tôt ? »

....

2 EXPRIMER UNE QUANTITÉ

Ⓐ *Observez et classez les expressions suivantes dans le tableau.*

une pincée de sel -
moins d'enfants -
une bouteille de lait -
un ticket de métro -
deux kilos de tomates -
assez d'activités -
trop de travail -
une boîte d'allumettes -
peu d'exercices -
beaucoup de voyages -
plein de monde -
un sachet de thé.

QUANTITÉ PRÉCISE	QUANTITÉ INDÉTERMINÉE
une pincée de sel	moins d'enfants
....	....
....	....
....	....
....	....
....	....
....	....

Ⓑ *Complétez avec* **beaucoup, assez, peu, trop, combien.**

1 – Tu sors souvent en ce moment ?

– Oui, il y a .... de spectacles en été.

2 – Tu veux de l'argent pour le cinéma ?

– Non merci, j'ai .... d'argent, ça ira !

3 – Vous aimez mon gâteau ?

– Non, il y a .... de sucre !

4 – Tu peux écrire une poésie ?

– Oh non, je n'ai pas .... d'idées !

5 – Tu crois qu'il faut réserver une chambre avant de partir ?

– Oui, il y a très .... d'hôtels, là-bas.

6 – Je suis triste !

– Pourquoi ?

– J'ai .... d'amis et .... de problèmes !

7 – .... d'habitants y-a-t-il ?

– 250 000 environ.

8 – Elle ne me téléphone plus !

– Mais elle n'a pas .... de temps, elle a .... de travail !

Exprimer une quantité

Une quantité précise
Une tasse **de** café
Trois bouteilles **de** lait
Deux heures **d'**attente
Un morceau **de** sucre

Une quantité indéterminée
Beaucoup **de** travail
Peu **d'**eau
Assez **de** vin
Moins **de** temps
Trop **d'**argent
Plein **de** monde
Combien **de** livres
Plus **d'**amour

C *En utilisant des expressions de quantité, trouvez des ingrédients pour ces recettes.*

Exemple : Recette quand on est amoureux.
– Beaucoup d'amour. – Une pincée d'humour.
– Peu de disputes. – Plein de cadeaux.

1 Recette pour passer de bonnes vacances :

....
....
....

2 Recette pour être heureux :

....
....
....

3 Recette pour réussir un examen :

....
....
....

4 Recette pour être en bonne santé :

....
....
....

Pour l'anniversaire de maman : 2 kilos de poutous, une pincée de surprise et tout plein de chocolat MENIER.

Menier. Chocolat de nos amours toujours.

5 Recette pour réussir sa vie :

....
....
....

D *Retrouvez les expressions correctes.*

Exemple : un morceau de confiture.
un **morceau** de sucre.
un pot de **confiture**.

1 une tasse de gâteau
une tasse ....
.... *de gâteau*

2 une goutte de miel
....

3 une cartouche de thé
....

4 une pincée de jambon
....

5 une cuillerée de vin
....

6 une tranche de cigarettes
....

7 un cachet de lait
....

8 une part de sel
....

9 un sachet de pommes
....

10 une bouteille d'aspirine
....

11 un kilo de bière
....

3 LE PRONOM EN

A *Observez ces dialogues et dites ce que remplace le pronom* **en.**

1 – Un café ?
  – Non merci, je n'en bois jamais.
2 – Vous avez des enfants ?
  – Oui, j'en ai deux.
3 – Vous aimez les cerises ? Vous en voulez ?
  – Je veux bien, merci.

1 en = ...

2 en = ...

3 en = ...

> ### Le pronom EN
>
> **En** remplace un nom précédé
> d'une expression de quantité :
> – Vous prenez **du** thé ?
> – Oui, j'**en** prends.
> – Non, je n'**en** prends pas.
>
> – **Combien de** frères as-tu ?
> – J'**en** ai deux.
> – Je n'**en** ai pas.
>
> – Il y a **assez** de pain.
> – Oui, il y **en** a assez.
> – Non, il n'y **en** a pas assez.

B *Choisissez la bonne réponse.*

Exemple : Vous buvez de la bière ?
  ☐ Oui, je la bois.
  ☒ Oui, j'en bois souvent.
  ☐ Non, je bois seul.

1 Vous prenez des vacances ?
  ☐ J'ai une semaine de stage.
  ☐ Oui, j'y vais tous les deux ans.
  ☐ Non, je n'en prends pas cette année.

2 Vous avez beaucoup de travail en ce moment ?
  ☐ C'est un travail intéressant.
  ☐ Non, je n'aime pas le faire.
  ☐ Oui, j'en ai beaucoup.

3 Vous fumez beaucoup de cigarettes ?
  ☐ Oh ! j'adore les blondes !
  ☐ Non, je n'en fume que deux par jour.
  ☐ Oui, il y a beaucoup de fumée.

4 Il y a des cinémas ici ?
  ☐ Non, il n'y en a pas.
  ☐ J'ai acheté le journal pour les programmes.
  ☐ Oui, j'y vais souvent.

5 Il fait trop de fautes ?
  ☐ Oh oui, c'est de sa faute !
  ☐ Mais non, il n'en fait pas trop !
  ☐ Mais oui, il les fait !

ⓒ *Retrouvez les questions des réponses suivantes.*

Exemple : J'*en* ai pris trois tranches.
⟹ Combien de tranches de jambon est-ce que tu as pris ?

1 Il y en a trente.

....

2 Mais non, je n'en veux plus.

....

3 Je n'en prends jamais au petit déjeuner.

....

4 Il n'y en a qu'un pour demain.

....

5 On en a seulement dix ! C'est trop peu pour se reposer !

....

6 Ils en veulent trois ! Ils aiment les grandes familles !

....

7 J'en bois peu parce que je n'aime pas l'alcool !

....

8 Il en faut 500 grammes pour réussir cette tarte.

....

4 PROPOSER, ACCEPTER, REFUSER UN RENDEZ-VOUS

Ⓐ *Observez les tableaux « proposer, accepter un rendez-vous, hésiter, refuser un rendez-vous ».*

Proposer un rendez-vous	Accepter un rendez-vous
Dis, on sort ? Tu es libre demain soir ? Je voudrais vous voir la semaine prochaine.	Volontiers, avec plaisir ! Entendu ! D'accord. Je pense que c'est possible.
Hésiter	**Refuser un rendez vous**
Attendez, je vais réfléchir... Un instant, je vais voir... Je te rappelle...	Désolé(e), je ne suis pas libre. Je regrette, ce n'est pas possible. Dommage mais je ne peux pas.

Ⓑ *Écoutez et indiquez si ces personnes acceptent, refusent ou hésitent quand on leur propose un rendez-vous.*

	Accepte le rendez-vous	Refuse le rendez-vous	Hésite
1			
2			
3			
4			
5			

Ⓒ *Complétez ces dialogues selon les indications.*

Exemple : Julie : Tu viens avec moi au concert ?
[Bernard accepte]
Bernard : Avec plaisir, j'ai envie d'écouter de la musique !

1 *Mme Leclair :* Vous viendrez bien prendre l'apéritif, samedi prochain ? [M. Sutra hésite]
M. Sutra : ....

2 *Henri :* Bertrand et toi, vous viendrez à la fête de Catherine ? [Monique refuse]
Monique : ....

3 *Mlle Laffont :* Vous savez que la réunion est confirmée, demain à 15 h. Vous devez venir !
[Mme Salini refuse]
Mme Salini : ....

4 *Étienne :* Demain, il y a la conférence de Pinget ! Je passe te prendre ? [Benoît accepte]
Benoît : ....

5 *Jean-Christophe :* Je vais courir autour du lac. Ça te dit de venir ? [Marie-Hélène accepte]
Marie-Hélène : ....

6 *Le professeur :* Venez à la réunion des parents d'élèves ! C'est important ! [Une mère hésite]
La mère : ....

5 AU TÉLÉPHONE

A Associez les répliques.

Exemple : 1-h

1. Je suis bien au service des renseignements ?

2. Il n'est pas là ! Il rentre dans huit jours.

3. Pourriez-vous me passer le secrétariat ?

4. Mais non, vous êtes au 47 32 15 28 !

5. Vous voulez laisser un message ?

6. Je voudrais parler à Mlle Bon.

7. Je te dérange ?

8. C'est de la part de qui ?

a. De Pierre

b. Oui, dites-lui que j'ai appelé, merci !

c. Oui, je vais sortir, je dois te quitter !

d. Désolé, il n'y a personne à ce nom !

e. Bon, je rappellerai la semaine prochaine.

f. Oh ! Excusez-moi, c'est une erreur !

g. Non, je regrette ! Nos services sont fermés !

h. Oui Madame ! C'est bien ici ! Que voulez-vous savoir ?

Dupuy et Berberian, *Le Boulot* © Humanos

Au téléphone		
	LA PERSONNE QUI APPELLE	LA PERSONNE QUI RÉPOND
Pour commencer	Allô ? Monsieur Cros ? Allô ? Je suis bien chez madame Pierre ? Allô ? C'est moi.	Allô ? oui (...) c'est moi. Ah non ! C'est une erreur ! Allô, qui est à l'appareil ?
Pour maintenir le contact	Est-ce que Marie est là ? Je voudrais parler à monsieur Tricot. Pourriez-vous me passer la secrétaire ? Est-ce que je peux rappeler plus tard ?	Un instant, s'il vous plaît. Ne quittez pas ! Ne raccrochez pas ! Voulez-vous laisser un message ? Pouvez-vous rappeler demain ?
Pour conclure	Bon, je rappellerai demain. Merci, au revoir Madame.	Excusez-moi, je dois raccrocher. Merci d'avoir appelé. À bientôt.

❸ *Complétez ces dialogues.*

1 – Allô, Henri, tu veux sortir ?

– Non, ...

– Alors demain ?

– Écoute, je ne sais pas ....

– D'accord ! ....

2 – Allô, ici le Crédit Agricole. Je voudrais ....

– C'est moi. ....?

– Mme Bourges. Pourriez-vous ....?

– Aujourd'hui ? Ah non, ...

– Demain alors ?

– Bon, ...?

– Vers 16 heures.

– Un instant .... Très bien, c'est possible !

– À demain !

3 – Allô, je .... à monsieur Bensaia.

– Un ....

– Allô, allô ....?

– Non, ... Restez en ligne ! ....

– Merci.

Maintenant, vous savez *dialoguer par téléphone.*

Par groupes de deux, jouez les situations suivantes.

1 Deux amis A et B au téléphone.
A se présente, salue B et propose une
sortie à B.
B hésite parce qu'il a d'autres choses à faire.
A demande à B de rappeler pour donner
une réponse définitive.

2 A téléphone à un journal pour un emploi.
B est le secrétaire de l'entreprise.
A salue, dit pourquoi il téléphone.
B lui propose un rendez-vous.
A accepte.
B prend note et salue.

3 A veut prendre rendez-vous chez un
médecin.
B est le (la) secrétaire du médecin.
A salue et demande s'il ne s'est pas trompé
de numéro.
B confirme qu'il n'y a pas d'erreur.
A se présente et demande un rendez-vous.
B hésite et a des difficultés à trouver une
possibilité de rendez-vous.
A insiste, dit que c'est urgent.
B propose un rendez-vous.
A accepte, remercie et salue.
B salue.

REPÈRES

Lisez ces documents puis complétez le tableau.

Un Minitel est un petit appareil qui permet d'interroger un ordinateur par téléphone. Voici quelques idées pour bien utiliser le Minitel en famille.

1 **Lundi matin, 8 h :** Plus de chèque ! M. et Mme Bru appellent le service Minitel de leur banque pour commander un nouveau chéquier.

Durée de la consultation : 3 minutes. Ils ont évité de se déplacer à la banque et ils auront leur chéquier plus rapidement.

2 **Mardi matin, 8 h 15 :** il n'y a plus rien à manger à la maison ! Mme Bru prépare la liste des choses qui lui manquent, puis elle allume son Minitel. Elle demande un service de courses à domicile, et tape sa commande.

Durée de la consultation : 10 minutes. La commande sera livrée ce soir, lorsque tout le monde sera rentré à la maison !

3 **Mercredi matin, 9 h 30 :** Le fils, Henri, vient de se réveiller. Il voudrait bien aller jouer au football avec ses copains, mais le temps semble incertain.
Il consulte le service de la Météo nationale sur son Minitel.

Durée de la consultation : 3 minutes. Tout va bien : il ne pleuvra pas aujourd'hui.

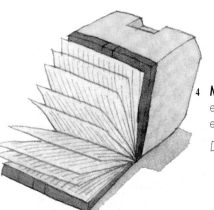

4 **Mercredi après-midi, 17 h 30 :** Catherine, 15 ans, a un problème de maths à rendre pour demain et elle ne comprend rien. Elle appelle un service Minitel d'aide pour les devoirs et pose le problème en direct à un professeur.

Durée de la consultation : 10 minutes. Le professeur de maths lui a tout expliqué.

5 **Mercredi matin, 9 h :** Le petit Marc est malade ce matin. Sa maman recherche sur l'annuaire électronique le numéro de téléphone du pédiatre. Elle consulte un service qui donne des informations sur les maladies des enfants.

Durée de la consultation : 5 minutes. L'annuaire électronique, c'est gratuit. Mme Bru a appris beaucoup de choses sur la rougeole. Mais le médecin dit qu'il a attrapé un simple rhume.

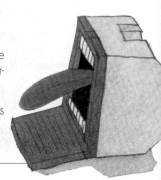

6 **Dimanche soir, 21 h :** dans un mois, c'est les grandes vacances. Les parents ont décidé d'emmener toute la famille aux Antilles. Il faut maintenant réserver cinq places d'avion. Il existe bien sûr un service Minitel pour cela.

Durée de la consultation : 10 minutes. La famille Bru a regardé les horaires des avions et réservé les places qui lui conviennent. Et tout cela sans se déplacer à l'agence de voyages. Elle recevra ses places par la poste.

D'après L'aventure du minitel © Nathan/France Telecom.

	1	2	3	4	5	6
Situations	M. et Mme Bru veulent un chéquier					
Services consultés	Banque					
Résultats	Ils commandent un chéquier					
Avantages	Ils ne se sont pas déplacés à la banque					

6 LES LOISIRS

A *Observez chacun des documents puis indiquez à quel loisir il correspond.*

	Documents
a. Une émission culturelle à la télévision.	n° 4
b. Un concert de rock.	....
c. Un journal d'information à la radio.	....
d. Un sport individuel.	....
e. Des concerts de musique classique.	....
f. La lecture.	....
g. Un sport collectif.	....
h. Une pièce de théâtre.	....

1 **ROLAND GARROS**
Réservations :
47.10.05.15

2 GRANGE DE MESLAY

30èmes
FÊTES MUSICALES
EN TOURAINE
« MUSIQUE JOYEUSE »
18/27 JUIN
1993

3 **On ne badine pas avec l'amour**

Alfred de Musset

Théâtre des Amandiers du 6 au 20 janvier

Que serait
une vie sans histoires ?

folio
Partout, tout le temps

Rien
de meilleur
qu'un bon
**Bouillon
de Culture**
pour nourrir
l'esprit.

2 France

**Vendredi 22h25
Bouillon de culture.**

4

**VOUS N'EN CROIREZ
PAS VOS OREILLES !**

Tous les jours,
de 7 h à 23 h,
des infos,
encore des infos !

6

5

8 **LES BLEUS CONTRE LES VERTS :**

dimanche, finale du championnat de
France de football !

❷ Observez ce document et dites quels types de loisirs il est possible d'avoir à Paris.

Exemple :
À Paris, je pourrai assister à des conférences, voir des expositions…

© Pariscope

Maintenant, vous savez *parler de vos loisirs.*

À l'aide du vocabulaire proposé, faites des phrases pour parler de vos loisirs.

Exemple : Les voyages.

J'adore voyager pour connaître d'autres pays, voir des monuments, manger des plats exotiques, parler une autre langue…

Les voyages	lire		
Le cinéma	écouter		la musique rock
La lecture	découvrir	des plats	l'opéra
Le sport	voir	exotiques	le piano
Les musées	jouer d'un instrument	des activités en	le violon
La musique	connaître	groupe	le tennis
La télévision	peindre	des livres	le travail manuel
La danse	admirer	des films en	la danse
Les promenades	visiter	version originale	des monuments
La chanson	apprendre	des tableaux	
Le bricolage	décorer	la musique	
La peinture	réparer	classique	
	manger		

7 [s] [z]

 Ⓐ *Écoutez et répétez.*

[s]

1 Ce n'est pas si simple !
2 Il est sans défense.
3 Attention ! C'est trop serré !
4 Nous savons attraper les poissons.

[z]

1 Vous avez raison.
2 Ils ont osé !
3 Elles aiment aller en Asie.
4 Nos vieux amis ont douze petits-enfants.

Ⓑ *Écoutez et soulignez les lettres qui se prononcent* **[z]**

Exemple : Il<u>s</u> ont réussi à écrire ces phra<u>s</u>es sans regarder leur livre.

1 Ils aiment les glaces à la framboise.
2 J'ai rencontré Cécile par hasard.
3 Ils ont acheté une douzaine d'œufs.
4 Ils ne savent pas où ils ont laissé leurs affaires.
5 Elles ont choisi de visiter le bazar.
6 Au zoo, il existe des animaux exceptionnels.
7 Elle s'occupe des enfants de sa voisine.

Ⓒ *Soulignez la phrase entendue.*

1 Ils aiment bien.   Ils s'aiment bien.
2 Ils auront le russe.   Ils sauront le russe.
3 Ils offrent le café.   Ils s'offrent le café.
4 Nous avons tout.   Nous savons tout.
5 Ils ont froid.   Ils sont froids.

Ⓓ *Écoutez puis complétez en vous aidant du tableau.*

1 ......es gar......ons ......ont bi......arres.
2 Il ne ......upporte pas les cour......es du mois de dé......embre.
3 Votre propo......i......ion est ex......ellente.
4 Ils ......e ......ont amu......és dans la mai......on de ......a ...... œur.
5 Dans le dé......ert du ......ahara, il n'y a pas de poi......ons !

[s] [z]		
[s] peut s'écrire :	**s** : défense	**c + i + e** : citron, glace
	ss (entre 2 voyelles) : poisson	**t + i** : attention
	ç + a + o + u : ça, garçon, reçu	**sc + i + e** : descendre
[z] peut s'écrire :	**s** (entre 2 voyelles) : hasard	
	z : zoo	

Remarque : [z] marque la liaison entre deux mots : les hommes, deux étudiants.

SÉQUENCE 2

DOSSIER 4

DES LECTURES

Regardez ces couvertures de livres et trouvez pour chacune son texte de présentation.

1

Jacques Pessis

Trenet

L'âme
d'un poète

Plon

Bertrand Visage
**Tous
les
soleils**

roman
TEXTE INTÉGRAL

2

la bonne
cuisine
française

Marie-Claude Bisson

SOLAR

3

GEORGES DUBY - FULVIO ROITER

TERRE D'EUROPE

DELACHAUX ET NIESTLÉ

4

Philippe Ariès

Points

**Essais
sur l'histoire de
la mort en Occident**
du Moyen Age à nos jours

Histoire

5

a. Ce roman est écrit par un auteur français qui a choisi de vivre en Italie du Sud. C'est le récit très exact de la Sicile à travers ses habitants, ses traditions, ses fêtes… C'est beau, c'est magique !

b. Ce livre a été réalisé par un prestigieux historien contemporain et un photographe très célèbre. Il nous amène à aimer et à vouloir conserver les paysages européens. Des textes précis et de splendides harmonies de lumières et de couleurs.

c. Un vibrant hommage à notre idole de l'après-guerre. Ses débuts, ses succès et d'innombrables souvenirs pour tous ses fans.

d. Bientôt vous réaliserez ces recettes succulentes. Elles seront dégustées par toute la famille.

e. L'évolution de l'attitude de l'homme occidental face à la mort a été le fruit des recherches de ce grand historien. Il nous livre ici toutes ses découvertes sur ce sujet. C'est passionnant !

1 C'EST/IL EST

Ⓐ *Observez ces dessins.*

Ⓑ *Quelles différences pouvez-vous remarquer entre* **c'est + adjectif** *et* **il est + adjectif ?**

Ⓒ *Lisez ces phrases puis complétez le tableau.*

1 – Qui est-ce ?

   – Mais, c'est Mme Oliver !

2 – Le cinéma, c'est extraordinaire, j'adore ça !

3 – C'est mon cousin, il est pharmacien.

4 – Lui, c'est Paul. Il est très amusant.

5 – Ça c'est une photo de nos dernières vacances.

6 – Apprendre des langues étrangères ? C'est utile !

C'est / Il est			
• C'est +	Nom propre	⇨	C'est Paul
	Déterminant + nom	⇨	C'est ....
	Adjectif	⇨	C'est ....
• Il est +	Adjectif	⇨	Il est ....
	Nom de profession	⇨	Il est ....

Attention :
« Il est + déterminant + nom » n'existe pas. ⇨ Il est mon ami.

❶ Complétez les phrases avec c'est et il est.

1 – Qui est-ce ?

– .... Markus ; .... allemand.

2 – ....votre ami ? Ah, ... très beau !

– Très beau ? Je ne pense pas, mais ....
vraiment très gentil.

3 – .... frais votre pain ? Bien sûr, ...
le pain du jour.

4 – .... le père de Coralie ; .... chauffeur de taxi.

– Chauffeur de taxi ? Ça, ... fatigant !

C'est ⎫ Il est ⎭ + adjectif

1 **Il est** joli ton appartement.
(**il est**, car il s'agit d'un appartement précis :
TON appartement).

2 **C'est** joli, les appartements anciens.
(**c'est**, car il s'agit des appartements anciens
en général = de tous les appartements
anciens).

Attention :

Dans le cas 2, l'adjectif est toujours au masculin, singulier.

▷ Les fleurs, **c'est** fragile.

2 L'ADJECTIF : TOUT

❶ Observez le document, puis complétez le tableau.

Tout (adjectif)		
	Singulier	Pluriel
Masculin	**tout**	**tous**
Féminin	**toute**	**toutes**

Il a bu .... le lait.

.... la ville est en fête.

J'aime .... les fromages.

J'admire .... vos photos.

Écrire	
j'	écris
tu	écris
il / elle / on	écrit
nous	écrivons
vous	écrivez
ils / elles	écrivent

Futur : j'écrirai

Passé composé : j'ai écrit

STUDIO

2, rue des Ursulines - 37 000 TOURS

à TOURS

Depuis 30 ans, un **cinéma** de **qualité**

■ Tous les mois
■ Toutes les semaines
■ Tous les jours

■ *des Services "maxi"*

■ Accueil
■ Cafétéria
■ Bibliothèque
■ Carnets...

■ *des Tarifs "mini"*

■ **15**F et 30F le **mercredi**
■ **20**F et 35F tous les autres jours

ⓑ *Complétez les phrases avec* **tout** *à la forme qui convient.*

1 Ici, ... les étudiants aiment le français.

2 Il est allé aux États-Unis et il a voyagé dans .... le pays.

3 Tu peux éviter .... ces erreurs.

4 Nous avons ri .... la soirée.

5 J'ai bien appris .... ma leçon et j'ai fini .... mes exercices.

6 .... ces problèmes vont bientôt disparaître.

7 Elle va voir .... les expositions du Grand Palais.

8 .... le gouvernement est d'accord pour prendre cette décision ; .... la France en parle.

9 Elle écrit à son ami .... les soirs.

ⓒ *Dites ce que vous faites habituellement ou ce que vous avez fait occasionnellement en complétant ces phrases à votre guise.*

Exemples :   les jours / je
   ▷ Tous les jours je cours vingt minutes pour être en forme.
   J'ai / la journée.
   ▷ J'ai pleuré toute la journée.

1 .... les étés je ....

2 Hier, j'ai .... la soirée.

3 .... les semaines, je ....

4 Je .... les dimanches.

5 J'ai .... le week-end.

6 Je .... l'année.

3 LA FORME PASSIVE

ⓐ *Dans le document p. 161, observez ces phrases :*

– Ce roman est écrit par un auteur français.
– Ces recettes succulentes seront dégustées par toute la famille.

Ces phrases sont à la forme passive.

ⓑ *Dans le texte page 161, relevez une autre forme passive.*

« .... »

C *Observez les titres de journaux et le tableau.*

ASIE

CAMBODGE : après l'assassinat de trois « bérets bleus » bulgares

Des mesures de sécurité exceptionnelles sont prises pour la visite de M. Boutros-Ghali

1

Les suites de l'affaire du match Valenciennes-Marseille

Le président de la Ligue de football confirme que des sanctions seront prises

2

POLICE

Dans les quartiers parisiens de Barbès et de la Goutte-d'Or

Plusieurs centaines d'étrangers ont été soumis à des contrôles

3

La forme passive

Verbe ÊTRE + PARTICIPE PASSÉ

Attention :
Le verbe *être* doit être conjugué au temps désiré :

1 Un médecin **découvre** un vaccin.
    présent

   ▷ Un vaccin **est** découvert **par** un médecin.
    présent

2 On **a applaudi** les artistes.
    passé composé

   ▷ Les artistes **ont été** applaudis.
    passé composé

3 Dimanche, les Français **choisiront** le Président de la République.   futur

   ▷ Dimanche, le Président de la République **sera** choisi **par** les Français.
    futur

Attention à l'accord du participe passé avec *être* :
Deux voleurs ont été arrêt**és**.

D *Transformez ces titres à la forme passive.*

Exemple : Les Américains ont accepté les propositions européennes.
    ▷ Les propositions européennes ont été acceptées par les Américains.

1 Les Japonais ont élu M. Kabun Muto.

....

2 Sur les routes françaises, on contrôlera des milliers d'automobilistes.

....

3 Le Président reçoit le Pape à Paris.

....

4 On a arrêté des voleurs de voitures.

....

5 Les professeurs jugent l'école française.

....

6 Le Danemark bat la France 2 à 1.

....

165

4 L'INFORMATION

Ⓐ Vous entendez ces informations à la radio ; imaginez quels seront les titres des journaux. Choisissez la bonne rubrique (politique étrangère, société...)

Exemple :

CULTURE
Le dernier film de Bertrand Blier

SPORT

POLITIQUE ÉTRANGERE

SOCIÉTÉ

ÉCONOMIE

FAIT DIVERS

LA PRESSE

une information

un événement

un quotidien

un hebdomadaire

un mensuel

un journal / un magazine

une rubrique

   – l'économie

   – la politique

   – un fait divers

   – l'actualité

   – la culture

   – la météo

   – le sport

Ⓑ Quelle est l'actualité du moment ? Imaginez un titre d'article pour chacune des rubriques proposées.

Exemple :
FAITS DIVERS : Hold-up dans une banque de Nice, un million de francs emportés.

1 Actualité : ....

2 Politique internationale : ....

3 Économie / société : ....

4 Faits divers : ....

5 Sports : ....

6 Météo : ....

7 Culture : ....

C *Par groupes, trouvez un titre pour chacun de ces faits divers.*

Une voleuse de chiens a été arrêtée, hier, par la police municipale. A la suite de nombreuses plaintes des habitants du centre-ville, le quartier s'est trouvé sous surveillance pendant une semaine. D. X avait réussi à voler une dizaine de chiens avant d'être interrompue dans ses activités.

1

Le concert que Johnny Halliday devait donner hier soir au théâtre antique de Vienne (Isère) a été annulé par les organisateurs, sans explication. Les places seront remboursées.
Johnny Halliday a été victime d'un malaise, lundi soir à Avignon.

2

M. Roger Imbert, 60 ans, demeurant à Tours, a été blessé lors d'une collision entre son cyclomoteur et une automobile, hier vers 5 h 20, boulevard Richard-Wagner à Tours. Il a été conduit au C. H. R. Trousseau.

3

La direction de Michelin, numéro un mondial du pneumatique, a annoncé hier que les salaires - de l'ensemble du personnel - ne seraient pas augmentés en 1994, ce qui constitue selon les syndicats, « une première dans l'entreprise ».

4

Pour la première fois depuis le coup d'État de 1970, un journal indépendant en français, vient de voir le jour au Cambodge. L'ambition du « Mékong » - mensuel puis bimensuel - est de devenir le moyen d'information de tous les francophones de la péninsule indochinoise.

5

1. ....
2. ....
3. ....
4. ....
5. ....

Savoir-faire

Maintenant, vous savez *raconter un fait divers.*

Par groupes, rédigez un fait divers de votre choix.
Pour vous aider, suivez le schéma suivant :

quand	où	qui	quoi
hier soir vers 22 h	à Paris	des jeunes	ont volé la Tour Eiffel

Une personne du groupe présente ensuite cette information à la radio.

REPÈRES

*Observez ces couvertures de journaux et de magazines
et complétez le tableau.*

Élections cantonales : résultats complets

**Bienvenue à
LA GACILLY**
Cité de caractère en Bretagne
30 artisans d'art

LE FIGARO
premier quotidien national français

**Bienvenue à
LA GACIL**
Musée Yves Roch
Jardin botanique
450 plantes médicin

DI 28 MARS 1994 N° 1427 ÉDITION DE 5 HEURES PRIX 6,00 FRANCS

FIGARO
nomie + **LA VIE SPORTIVE**

rage des forces politiques

le retour
isation

ur de la jeunesse « dans les prochains jours ».

Les résultats (2e tour)
en France métropolitaine

Inscrits	14 546 626	Exprimés	7 963 383
Votants	8 548 592	Abstentions	41,23 %

le nouvel **Obsen**

**POURQUOI
LE FOOT TUE**
AVEC DIRECT/ANTENNE 2

N° 517 BIMENSUEL DU 1er AU 15 JUIN 1993 / 26 F / 185 FB / FS 4,60 DC

OKAPI
LE VRAI JOURNAL DES 11-15 ANS

DOSSIER :
AU ROYAUME
DE LA FUSÉE
ARIANE

LA FOLLE HISTOIRE DE LA VIE SUR TERRE

FÊTEZ
LA SCIENCE
AVEC
OKAPI !

La Science en fête

26,00 F

GAGNEZ DES VOYAGES À HAWAI, AVEC LA GÉODE ET OKAPI

BAYARD PRESSE JEUNE

ELLE

SPÉCIAL ANNIVERSAIRE

NUMÉRO 2500

ELLE N 2500

M 1648
13,00 F

ÊTRE INTELLIGENT C'EST QUOI ?

À L'ÉCOLE,
À L'UNIVERSITÉ,
DANS SON MÉTIER,
DANS LA VIE...

AVEC UN GRAND
SONDAGE SOFRES/
NOUVEL OBS

BRETÉCHER

M 2228 - 1436 - 20,00 F

	LE FIGARO	OKAPI	ELLE	LE NOUVEL OBSERVATEUR
PÉRIODICITÉ (1)				
Quotidien				
Hebdomadaire				
Mensuel				
Autre (préciser)				
THÈME DOMINANT (1)				
Actualité (1)				
Cinéma				
Vie quotidienne				
Mode				
PUBLIC (1)				
Enfants				
Hommes				
Femmes				
Tout public				

(1) Cochez la case correspondant à la bonne réponse.

5 LE GENRE DES NOMS

Ⓐ Lisez rapidement ces titres extraits de journaux français.

ITALIE : après l'attentat de la via Palestro

Les Milanais entre colère et perplexité

1

La représentation des femmes au Parlement

2 « **Liberté, égalité, parité** »

Un entretien avec le président de la SNCF
Les associations de consommateurs seront consultées
3 *sur les tarifs du TGV Nord, nous déclare Jacques Fournier*

Juppé à Bonn

**Paris réaffirme son attachement
à la relation franco-allemande**

4

5 **Apprentissage**

*Nouveaux projets pour la formation
et la qualification des jeunes*

lors que le mark a atteint son cours maximum

**La Banque de France se déclare
opposée à un flottement du franc**

Pour la deuxième fois en quinze jours
**Une navette spatiale américaine est clouée
au sol juste avant son décollage**

7

❸ En relisant les titres des journaux de l'exercice 5A et en vous aidant du dictionnaire, cherchez le genre des noms suivants et placez-les dans le tableau.

liberté - flottement - décollage - représentation - parité - égalité - formation - attachement - relation - apprentissage - perplexité - association.

Masculin	Féminin
flottement	liberté
....	....
....	....
....	....
....	....
....	....

❸ Que remarquez-vous ?

....

....

....

....

....

....

❹ Complétez le tableau avec d'autres exemples.

Le genre des noms
Malgré quelques exceptions, les terminaisons des noms peuvent indiquer leur genre.

MASCULIN :	FÉMININ :
– ment : flottement, ...	– tion : formation, ...
– age : nuage, ...	– té : quantité, ...
– isme : journalisme, ...	– ie : énergie, ...
– et : bâtonnet, ...	– ette : allumette, ...

REPÈRES

Observez ce document puis répondez aux questions.

MODE D'EMPLOI

CE CRÉDIT DE LECTURE, SIMPLE À UTILISER,
il vaut 20, 50, 100, ou 200 Frs; il est accompagné d'une carte personnalisée et s'achète en librairie.

PRATIQUE,
on l'expédie dans toute la France, par la poste, à un ami.

FUTÉ,
il s'échange contre toutes les catégories de livres, chez un libraire.

OÙ ACHETER DES CHÈQUES-LIRE ?
(et les cartes d'accompagnement)
- de préférence, chez les libraires adhérents, reconnaissables au logo apposé sur leur vitrine.
- sinon à la société le Chèque-Lire.

OÙ ÉCHANGER LES CHÈQUES-LIRE ?
Dans une des librairies du réseau national : librairies généralistes, magasins Fnac, librairies spécialisées (universitaires, de jeunesse, religieuses, etc...)

COMMENT OBTENIR LA LISTE DES LIBRAIRES ADHÉRENTS ?
- dans une librairie adhérente.
- en consultant le minitel : **3615 CHEQUELIRE**
- en téléphonant ou en écrivant à la société le Chèque-Lire.

QUE FAIRE POUR PLUS D'INFORMATION ?
Particuliers, comités d'entreprise, collectivités etc..., n'hésitez pas à contacter, par courrier ou par téléphone, l'équipe du Chèque-Lire qui est toujours à votre disposition.

C'est donner l'envie de lire toujours plus

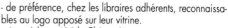

1 À qui peut-on offrir un chèque-lire ?

2 Quel est son prix ?

3 Où peut-on l'acheter ?

4 Où peut-on l'expédier ?

5 Que doit faire la personne qui veut offrir un chèque lire ?

6 Que doit faire la personne qui reçoit un chèque lire ?

7 Quelle envie est-ce que ce type de cadeau peut provoquer chez les lecteurs ?

Lire	
je	lis
tu	lis
il / elle / on	lit
nous	lisons
vous	lisez
ils / elles	lisent
Futur : je lirai	
Passé composé : j'ai lu	

6 [ʃ] [ʒ]

 Ⓐ *Écoutez et répétez.*

1 Imagine une île déserte...
2 Je cherche un gîte.
3 Don Juan, j'adore !

4 Il fait trop chaud aujourd'hui.
5 J'ai acheté du shampoing chez le coiffeur.
6 Nous mangeons du pigeon le dimanche.

Ⓑ *Complétez les tableaux.*

[ʃ]
[ʃ] peut s'écrire   ch : cherche
...... : ....

[ʒ]
[ʒ] peut s'écrire   j   : je
ge + a, o, u : mangeons
.... + ... : ....

 Ⓒ *Écoutez et répétez.*

garer - grand - guitare - garçon - figue

Pourquoi n'entendons-nous pas le son [ʒ] ?

 Ⓓ *Écoutez et complétez, puis répétez ces phrases.*

1 ....'ai man..........é des ....oux rou..........es.
2 Elle a a..........eté le ....ournal ....eudi.
3 Il ....oisit un ....oli ....emisier bei..........e.
4 ....acques ....er..........e tou..........ours le dan..........er.
5 ....aque ....our des milliers de ....ens prennent le T..........V.

UN FILM

Comédie dramatique

** « Tout le monde n'a pas eu la chance d'avoir des parents communistes », de Jean-Jacques Zilbermann.

Irène est communiste, son mari pas. Il l'admire pourtant beaucoup.

(OLYMPIA)

**** « Un monde parfait », de Clint Eastwood.

Un homme condamné à quarante ans de prison s'évade et prend en otage un gamin. Un policier tente de le rattraper. La rencontre au sommet de deux grands acteurs : Clint Eastwood et Kevin Kostner.

(REX et PATHÉ-CAMÉO)

** « Little Buddha », de Bernado Bertolucci.

Un vieux lama croit avoir trouvé à Seattle la réincarnation d'un éminent chef bouddhiste disparu en la personne d'un petit Américain. Ce dernier fera le voyage au Népal pour le « test décisif ».

(STUDIO en V.O. REX et PATHÉ-CAMÉO)

*** « Trois couleurs : Bleu », de K. Kieslowski.

Bleu comme la liberté : ce premier de trois films annoncés (suivront le « Blanc » et le « Rouge ») met en scène Julie (Juliette Binoche). Elle vit seule et sera protégée de sa solitude par la musique. Juliette Binoche est plus belle que jamais.

(STUDIO)

**** « Smoking » et « No Smoking », d'Alain Resnais.

Deux films d'un coup : Resnais fait fort ! Pierre Arditi et Sabine Azema interprètent les neuf personnages de cette réflexion sur le temps qui passe.

(STUDIO)

**** « Meurtre mystérieux à Manhattan », de Woody Allen.

Le voisin de Carol et Larry a-t-il tué sa femme ? Carol en est persuadée et se transforme en détective, alors que son mari fait tout pour la décourager. Drôle et intelligent.

(STUDIO)

La grande aventure

** « Jurassic Park », de Steven Spielberg.

Dinosaures en entrée, au début, au milieu, à la fin : il faut aimer.

(OLYMPIA)

Comédie

** « Les Visiteurs », de Jean-Marie Poiré.

Des chevaliers de l'an 1122 sont propulsés à notre époque. Quand le comique naît de l'anachronique. Très amusant.

(OLYMPIA et STUDIO)

*** « Jambon-Jambon », de Bigas Luna.

L'amour en Espagne. On flirte sans vulgarité. Excellent. On adore !

(STUDIO)

Musique

** « Pink Floyd the Wall », d'Alan Parker.

Film culte. Moins amusant qu'en 1980. Un peu ennuyeux.

(STUDIO)

Enfants

*** « Aladdin », de John Musker.

Le fameux conte des Mille et Une Nuits. Formidable.

(REX et PATHÉ-CAMÉO)

* « Beethoven 2 », de Rod Amiel.

Le saint-bernard de la famille Newton rencontre Missy : leur « amour » donnera quatre adorables chiots... Lent.

(REX et PATHÉ-CAMÉO)

* « Allo, maman, c'est Noël », de Tom Ropolewski.

Un chauffeur de taxi au chômage trouve un emploi de pilote. Les enfants voient de moins en moins souvent leur père... Pas très bon.

(OLYMPIA)

```
**** EXCELLENT
 *** BON
  ** MOYEN
   * MÉDIOCRE
```

D'après la Nouvelle République
29 décembre 1993

A *Vous voulez aller au cinéma ? Lisez ces bandes annonces et choisissez votre film.*

Vous voulez voir un film musical,   vous choisissez :   Pink Floyd the Wall

         un film de science-fiction ....

         un dessin animé ....

         un film pour enfants ....

         une comédie française ....

         un film policier ....

         un film d'amour ....

         un film espagnol ....

         un film new-yorkais ....

         un film d'un grand réalisateur français ....

         un film avec Juliette Binoche ....

Ⓑ *Quels sont les deux films les plus appréciés par ce journal ?*

....

....

Ⓒ *Quels sont les deux films les moins appréciés?*

....

....

Ⓓ *Quel genre de film aimez-vous ? Discutez avec votre voisin(e).*

un film musical	un film d'horreur	un film de guerre
une comédie	un film d'aventure	un dessin animé
un western	un film d'espionnage	un film publicitaire
un film d'amour	un film de science-fiction	un documentaire

1 LE FÉMININ DES ADJECTIFS

Ⓐ *En vous aidant des transcriptions phonétiques, trouvez les adjectifs féminins manquants.*

	MASCULIN		FÉMININ	
même prononciation	difficile	[difisil]	....	[difisil]
	égal	[egal]	égale	[egal]
	actuel	[aktɥɛl]	actuelle	[aktɥɛl]
	noir	[nwaʀ]	....	[nwaʀ]
	cher	[ʃɛʀ]	chère	[ʃɛʀ]
	fatigué	[fatige]	....	[fatige]
prononciation différente	gris	[gʀi]	....	[gʀiz]
	grand	[gʀɑ̃]	....	[gʀɑ̃d]
	prêt	[pʀɛ]	....	[pʀɛt]
	américain	[ameʀikɛ̃]	....	[ameʀikɛn]
	italien	[italjɛ̃]	....	[italjɛn]
	bon	[bɔ̃]	bonne	[bɔn]
	fameux	[famø]	....	[famøz]
	premier	[pʀəmje]	....	[pʀəmjɛʀ]
	sportif	[spɔʀtif]	....	[spɔʀtiv]
	beau	[bo]	belle	[bɛl]
	nouveau	[nuvo]	....	[nuvɛl]
	vieux	[vjø]	vieille	[vjɛj]

B *Construisez des phrases en reliant les éléments des deux colonnes et accordez les adjectifs.*

Exemple : ces photos / beau
　　　　⇨　Ces photos sont belles.

1	ces Suédoises	(grand)
2	cette revue	(cher)
3	ces filles	(paresseux)
4	cette décision	(définitif)
5	cette spécialité	(bon)

6	ces tartes	(délicieux)
7	cette enfant	(vif)
8	cette étudiante	(péruvien)
9	cette actrice	(connu)
10	ces voitures	(rapide)

 C *Écoutez et complétez ces phrases.*

1　Tu manges des pommes ....

2　C'est une préoccupation bien ....

3　Ce sont des touristes ....

4　Mon amie est ....

5　Elle est très ....

6　Il y a une très .... nouvelle.

7　C'est le .... film de Tavernier.

8　Il y a un .... monsieur et une .... dame.

9　C'est une voiture un peu ....

10　Voilà une étudiante ....

11　Elle est vraiment ....

12　C'est tout ....

13　Tu es ....

14　Je suis ....

15　Il y a une femme ....

16　Il habite au .... étage.

2　LA PLACE DES ADJECTIFS

A *Observez les documents et le tableau.*

MUSÉE DES BEAUX-ARTS

CONFÉRENCES

LES LUNDI, MERCREDI ET SAMEDI
à 15 h

*Histoire générale de la peinture européenne
d'après les collections du Musée*

**Peinture Allemande et
Autrichienne du XVIIIe siècle**

10, 12, 15, 17, 19, 22 mai

1

2

La place des adjectifs

- Les adjectifs sont généralement après le substantif.
  C'est un garçon **extraordinaire**.
  Voilà une jupe **rouge**.

- Certains adjectifs sont le plus souvent placés
  avant le nom :

beau	gros	mauvais
bon	jeune	petit
dernier	prochain	premier
grand	joli	vieux

  Tu as une **belle** veste.
  Le **dernier** métro est parti.

Attention :
le mois *dernier*, la semaine *dernière*,
le mois *prochain*, la semaine *prochaine*,

3

B *Écrivez des phrases en mettant l'adjectif à la place qui convient et faites les accords nécessaires.*

Exemple : Je / aimer / les / rouge / fleur
⇨ J'aime les fleurs rouges.

1 Je / trouver / ce / original / spectacle

....

2 Elle / collectionner / les / vieux / livres

....

3 Vous / attendre / vos / allemand / collègue

....

4 Tu / partir / l' / prochain / année

....

5 Nous / prendre / une / chaud / douche

....

6 Je / photographier / une / étranger / dame

....

7 Ce / être / une / ennuyeux / conférence

....

8 Elle / adorer / les / vieux / film

....

3 LE COMPARATIF DES ADJECTIFS

A *Observez ces phrases du texte p. 173 puis lisez le tableau.*

« J. Binoche est plus belle que jamais. »
« Moins amusant qu'en 1980. »

Le comparatif des adjectifs
– Toulouse est **moins** grande **que** Paris.
= Ce film est **aussi** intéressant **que** le roman.
+ Il est **plus** petit **que** son frère.
Attention :
bon
– moins bon(ne)
= aussi bon(ne)
+ **meilleur**(e)
mauvais
– moins mauvais(e)
= aussi mauvais(e)
+ **pire** ou plus mauvais(e)

B *Comparez les mots indiqués.*

1. Établissez une relation d'égalité.

Exemple :
les chiens / les chats
⇨ Les chiens sont *aussi* affectueux *que* les chats.

a le tigre / le lion
b le *Monde* / le *Times*
c un kilo de fer / un kilo de plomb
d l'alcool / les cigarettes
e les garçons / les filles

2. Établissez une relation de supériorité.

Exemple : Paris / Marseille
⇨ Paris est *plus* peuplé *que* Marseille.

a la Ferrari / la Twingo
b le football / le rugby
c le téléphone / la télécopie
d le président de la République / un ministre
e les Rolling Stones / Marguerite Yourcenar

3. Établissez une relation d'infériorité.

Exemple : l'ouvrier / le directeur
⇨ L'ouvrier est *moins* informé *que* le directeur.

a la banlieue / le centre ville
b la chaise / le fauteuil
c le métro / la voiture
d Genève / Mexico
e l'Afrique / le Canada

❻ *Faites des comparaisons.*

Exemple : La vie à Paris est plus fatigante qu'à Vichy.

1 Paris et Vichy

a La vie à Paris est active. Il y a beaucoup d'activités culturelles. Mais c'est fatigant. Il faut toujours se dépêcher. Les Parisiens sont souvent énervés. Mais c'est une ville cosmopolite et séduisante.

b La vie à Vichy est calme. Il y a beaucoup de parcs. Le climat est le même qu'à Paris. En hiver, il fait froid et, en été, il fait chaud. Les Vichyssois ont beaucoup de temps pour leurs loisirs. C'est une ville thermale agréable qui attire les touristes français et étrangers.

2 Le cinéma et la télévision

a Le cinéma est très intéressant. C'est un art. Il permet au spectateur de s'évader. Il amuse et fait réfléchir le public. Les places de cinéma sont un peu chères et il faut avoir le courage de se déplacer.

b La télévision propose des émissions de niveaux variés. Cela peut-être très bien ou très mauvais. Mais elle permet de se changer les idées en restant à la maison. Et puis, c'est presque gratuit.

---

4 LES PRONOMS PERSONNELS INDIRECTS

Ⓐ *Observez ces documents et trouvez ce que remplacent les pronoms personnels indirects.*

1 lui : ....

2 lui : ....

3 leur : ....

Tu appelles Paul ?

Oui, bien sûr, je lui téléphone tout de suite.

1

MARIANNE ADORE LE BATEAU. JE LUI AI PROPOSÉ DE VENIR AVEC NOUS !

2

VACANCES SCOLAIRES :

Satisfaction pour les enfants
et les professeurs

On leur a accordé plus de vacances !

3

❸ Classez ces verbes dans le tableau en formulant des questions :

téléphoner - écouter - aimer - parler - dire bonjour - voir - inviter - sourire - regarder
expliquer l'exercice - chercher - proposer du café - attendre - conseiller un livre - remercier

À QUI ?	QUI ?
À qui téléphones-tu ?	**Qui** attendez-vous ?

Voir				Sourire			
je	vois	nous	voyons	je	souris	nous	sourions
tu	vois	vous	voyez	tu	souris	vous	souriez
il / elle / on	voit	ils / elles	voient	il / elle / on	sourit	ils / elles	sourient
Futur :		**Passé composé :**		**Futur :**		**Passé composé :**	
je verrai		j'ai vu		je sourirai		j'ai souri	

❸ Complétez avec le, la, l', les, lui, leur.

1 – Tes invités sont arrivés ?

– Pas encore, nous .... attendons.

2 – Vous avez écrit à Marianne et à Cécile ?

– Non, je ne .... écris jamais.

– Pourquoi ?

– Parce que je ne .... aime pas trop. Je ne .... vois jamais et je ne .... téléphone pas.

3 – Ils ne comprennent pas. Vous pouvez .... aider ?

– Oui, ne vous inquiétez pas. Je .... expliquerai tout.

4 – Vous .... donnerez son cadeau, demain ?

– Bien sûr, je .... offrirai aussi des roses rouges parce qu'elle .... adore !

5 – J'ai rencontré M. et Mᵐᵉ Eltion !

– Tu .... as dit pour jeudi ?

– Oui, je .... ai conseillé de venir à la réunion !

Les pronoms personnels indirects

– Tu **lui** téléphones.
– **À qui ?**
– À mon collègue !

– On **lui** répond.
– **À qui ?**
– À ta voisine.

– Mes cousins **leur** ont parlé.
– **À qui ?**
– À nos amis.

– Catherine **leur** parlera.
– **À qui ?**
– À ces étudiantes.

① Écoutez puis remplacez les pronoms par la personne qui convient à la situation.

Exemple : Ah, cette fois, je *lui* ai dit non pour son argent de poche !

lui = *à ma fille*
à mon fils

1 leur = ...

2 lui = ...

3 l' = ...

la = ...

4 lui = ...

5 l' = ...

6 le = ...

7 leur = ...

8 lui = ...

9 leur = ...

5 EXPRIMER UN AVIS POSITIF OU NÉGATIF

Ⓐ Lisez ces critiques et indiquez celle qui donne un avis positif.

1.
Très beau film à voir absolument. Je pense que c'est le film de l'année...

2.
... À mon avis, le réalisateur n'a pas maîtrisé son histoire. Il y a trop de longueurs. De plus, la fin est détestable...

3.
... On peut aimer... C'est le genre de film où l'on trouve un peu de tout, un peu de rien...

Ⓑ Après avoir observé les tableaux ci-contre, complétez ces dialogues puis jouez-les deux par deux.

1 – .... ce livre ?
– .... que c'est très bien.

2 – .... la Grèce ?
– Je trouve que ....

3 – .... cette émission ?
– Non, j'ai préféré ....

4 – Que .... de cet article du *Monde* ?
– Pas mal, mais ....

5 – Vous .... ce nouveau groupe de rock ?
– Ah non, ...

6 – Alors, ces vacances, ... ?
– Super ! ....

Demander à quelqu'un son opinion

Vous avez aimé ?
Comment avez-vous trouvé le film ?
Alors, ça t'a plu ?
Qu'est-ce que tu en penses ?
Est-ce que tu crois que c'est bien ?

Exprimer un avis négatif

À mon avis, c'est mauvais.
Moi, je pense que c'est nul.
Je préfère le film d'hier.
J'ai vraiment détesté la fin !

Exprimer un avis positif

Selon lui, c'est mauvais mais moi, j'ai beaucoup aimé ce livre.
Moi, j'ai adoré.
Je trouve que c'est amusant.
Je pense qu'il faut aller le voir.
Quel beau film !

ⓒ *Écoutez cette journaliste qui donne son avis sur quatre émissions télévisées puis complétez le tableau.*

	CANAL 3	TF2	FRANCE 1	CULTURE +
DATE	lundi 27			
HEURE	20 h 45			
TYPE D'ÉMISSION	film d'amour : « Amoureuse »			
AVIS DU JOURNALISTE ET RAISON DE SON CHOIX	Avis très positif : film sentimental et de réflexion sociale			

ⓓ *Lisez ces fiches techniques de films qui ont fait date dans l'histoire du cinéma. Puis rédigez une présentation en donnant votre avis.*

« Les temps modernes »

États-Unis, 1936 – Film muet

Metteur en scène : Charlie Chaplin

Thème : critique de la société américaine de 1929 avec le personnage de Charlot.

Acteurs : Charlie Chaplin, Paulette Goddard

Exemple :

Les temps modernes : c'est un film américain muet. Le personnage principal s'appelle Charlot et travaille dans une usine. Le metteur en scène, Charlie Chaplin, critique la société industrielle après la crise économique de 1929. C'est une critique de la société américaine.

J'aime beaucoup ce film parce que Charlie Chaplin est amusant.

Le thème du film est intéressant et permet de réfléchir au problème de la société industrielle.

« E.T. L'extra-terrestre »

États-Unis, 1982 – Film de science fiction
Metteur en scène : Steven Spielberg
Thème : l'amitié entre un jeune garçon
et un extra-terrestre.
Acteurs : Dee Wallace, Henri Thomas, Peter Coyote

« Les Visiteurs »

France, 1993 – Film comique
Metteur en scène : Jean-Marie Poiré
Thème : l'arrivée des chevaliers du Moyen Âge
au XXe siècle.
Acteurs : Christian Clavier, Valérie Lemercier, Jean Réno

Maintenant, vous savez *exprimer votre avis.*

Choisissez un film ou un livre. Présentez-le à la classe en donnant un avis négatif ou positif.

Exemples :

1 J'ai vu le dernier film avec Madonna.
C'est un film d'aventures. Cela ne m'a pas plu, d'abord parce que c'est trop violent, et puis parce que je n'aime pas trop cette actrice.

2 Oh, j'ai adoré le « Salon de Musique » de Satyjit Ray. C'est un film très émouvant, inoubliable avec une musique superbe. J'ai eu l'impression de vivre en Inde pendant deux heures.

REPÈRES

Faites correspondre les affiches et les résumés.

1   Un film sur les rapports entre les hommes et les animaux.

2   D'après l'œuvre de Zola, l'histoire des luttes
    des mineurs dans le Nord de la France au XIXe siècle.

3   Une actrice française tombe amoureuse
    d'un architecte japonais.

4   Cyrano aime sa cousine Roxane qui lui
    préfère Christian, un jeune soldat.
    D'après la pièce en vers d'Edmond Rostand.

5   Une Française, mère adoptive
    d'une petite Indochinoise lutte
    pour vivre en Indochine.

B

A

E

D

6 [r] [l]

A *Écoutez et répétez.*

1 rond / long
2 franc / flan
3 court / coule
4 bord / bol
5 corps / col
6 grâce / glace
7 rêve / lève

B *Écoutez et soulignez les lettres qui se prononcent* [l].

1 Tu leur as lu cette belle histoire.
2 Qu'elle est belle, cette peinture de Léonard de Vinci.
3 Ils sont de plus en plus malheureux.
4 Pourquoi est-elle triste et désolée ?
5 Céline est allée à la gare pour prendre son billet pour l'Italie.
6 J'ai peur de l'heure !

C *Écoutez et complétez avec les lettres « l » ou « r ».*

1 I...... est t....ès diffici...e de ....e ....ui di....e.
2 J'ai ......âté ......e t....ain mais ça m'est éga......
3 C'est faci......e de ne pas se t......omper.
4 I.... semb....e ho....ifié et su......p....is !
5 E....e p....éfè....e ......a ....e....ouer ......'an p.....ochain.
6 ......es é....èves n'ont pas ......e mo....a.....
7 I.... n'y a p....us de gue......e dans ces pays ......ointains.
8 J'ai oubié de ....e ....e...i....e

D *Complétez le tableau.*

[r] [l]		
[r] peut s'écrire	.... : surpris	
	rr	: ....
[l] peut s'écrire	.... : le	
	.... : elle	

SÉQUENCE 4

DES VACANCES

Ⓐ *Après écoute, faites correspondre chaque photo à une personne interviewée :*

1re personne : ....   2e personne : ....   3e personne : ....

4e personne : ....   5e personne : ....

DOSSIER 4

A

B

C

D

E

14e FESTIVAL INTERNATIONAL
22 octobre - 1er novembre 1992

C I N E M A
MEDITERRANEEN
MONTPELLIER

La Méditerranée se pare à l'automne des douceurs de l'été indien : c'est le moment qu'a choisi Montpellier pour inviter au Corum, l'Opéra-Palais des congrès de Montpellier, tous ceux qui s'intéressent aux cinémas de son pourtour. Dix jours pour faire le tour complet du meilleur des films tournés au cours de l'année écoulée, de Gibraltar à Tbilissi. Une décade d'émotions et de passion qui fera se retrouver amateurs et professionnels autour d'une célébration : celle du riche devenir des images de la Méditerranée.

MONTPELLIER DISTRICT   MONTPELLIER FRANCE

le nouvel **Observateur**

PARTENAIRE OFFICIEL DU 14e FESTIVAL INTERNATIONAL
DU CINEMA MEDITERRANEEN DE MONTPELLIER

Ⓑ *Écoutez à nouveau ces extraits du micro-trottoir et complétez le tableau suivant.*

	QUI ?	ÂGE ?	OÙ ?	CONNAIT LA RÉGION		RAISON DU CHOIX
				oui	non	
Vacances « culture »						
Vacances « balades »						
Vacances « vertes »						
Vacances « club »						
Vacances « camping »						

Ⓒ *Écoutez à nouveau ces cinq personnes et essayez de trouver le sens des mots suivants.*

1 **rural(e)**
 a. de la ville
 b. au bord de la mer
 c. de la campagne

2 **onéreux (euse)**
 a. pénible
 b. loin
 c. cher

3 **le dépaysement**
 a. le changement d'habitudes
 b. le changement de maison
 c. le changement de travail

4 **la pollution**
 a. l'amélioration des conditions de vie
 b. la dégradation de l'environnement
 c. l'action de recevoir

5 **un festival**
 a. une fête nocturne
 b. un grand défilé
 c. une grande manifestation culturelle

6 **fréquenté**
 a. où il y a habituellement du monde
 b. où il pleut beaucoup
 c. où il fait chaud

7 **l'altitude**
 a. la largeur
 b. la longueur
 c. la hauteur

1 EXPRIMER L'HYPOTHÈSE

Ⓐ Observez les phrases suivantes.

Si nous pouvons, nous recommencerons.
Elle peut si elle veut.
Si tu es d'accord, j'inviterai Jean-Paul.
Va au lit si tu es fatigué !
Si vous aimez la chaleur, allez sur la Côte d'Azur !
Si c'est possible, je préfère prendre l'ascenseur.

Partir	
Je	pars
Tu	pars
Il / elle / on	part
Nous	partons
Vous	partez
Ils / elles	partent

Futur :
je partirai

Passé composé :
je suis parti(e)

Ⓑ Choisissez la (ou les) bonne(s) réponse(s).

1 Dans les propositions introduites par *si*, le verbe peut être :
   - au présent ☐
   - au futur ☐
   - à l'impératif ☐

2 La proposition introduite par *si* se place :
   - toujours en début de phrase ☐
   - toujours après la principale ☐
   - avant ou après la principale ☐

3 Le verbe de la principale peut être :
   - au futur simple ☐
   - au passé composé ☐
   - à l'impératif ☐
   - au présent ☐

Ⓒ Observez le tableau, puis conjuguez les verbes au temps qui convient.

Exemple : (continuer - trouver) Si tu continues tout droit, tu trouveras le musée Van Gogh.

1 **aller - faire**

   Si mon frère .... en Afrique, il .... de belles photos.

2 **jouer - pleuvoir**

   Nous ne .... pas au tennis mardi prochain s'il ....

3 **être - aller**

   Si tu .... trop fatiguée, ... voir ton médecin !

4 **téléphoner - avoir**

   Je lui .... si j'........................... le temps.

5 **vouloir - devoir**

   Si vous........................... connaître mon âge, vous .... le deviner !

6 **réussir - étudier**

   Tu .... tes examens, si tu .... sérieusement.

7 **pouvoir - partir**

   Si vous ...., ... demain soir !

8 **gagner - acheter**

   Si je .... au loto, j'........................... un château.

D *Complétez les phrases suivantes à votre guise.*

1 Si je deviens riche, ...

2 Si vous êtes libre ce soir, ...

3 S'il fait beau demain, ...

4 Si vous voulez réussir, ...

5 Si tu ne veux pas grossir, ...

6 Si nos voisins partent en voyage, ...

7 .... je t'inviterai à mon anniversaire.

8 .... arrête de fumer.

9 .... vous allez être très célèbre.

10 .... il reviendra.

11 .... nous dormirons toute la journée.

12 .... écris-lui !

Exprimer l'hypothèse

Les propositions introduites par **si + présent** peuvent exprimer une hypothèse réalisable.

Si je peux, je te téléphone ce soir.
Tu auras un bonbon **si** tu es sage.
Si vous avez froid, fermez la porte !

Attention : le verbe directement après **si** ne peut jamais être au futur.
S'il vient demain, nous parlerons de cela.

Si vous aimez la Méditerranée, vous ne serez pas déçu du voyage !

2 RIEN/PERSONNE

Ⓐ *Trouvez le contraire de ces phrases.*

1 Il ne te demande rien !

....

2 À 2000 mètres d'altitude, il n'y a personne.

....

Ⓑ *Observez le tableau.*

Quelque chose ≠ rien
Quelqu'un ≠ personne

Elle voit **quelqu'un**.   ≠ Elle **ne** voit **personne**.
Tu bois **quelque chose** ? ≠ Tu **ne** bois **rien** ?

Attention, au passé composé :
Elle **n'**a vu **personne**. Tu **n'**as **rien** bu.
(**personne** est après   (**rien** est entre l'auxiliaire
le verbe complet)   et le participe passé)

Ⓒ *Répondez aux questions suivant le modèle.*

Exemple : Vous avez rencontré quelqu'un ?
⟹ Non, je n'ai rencontré personne.

1 Tu as acheté quelque chose en ville ? Non, ...

2 Il invitera quelqu'un pour son anniversaire ? Non, ...

3 Vous avez vu quelqu'un dans l'immeuble ? Non, ...

4 Tu as appris quelque chose aujourd'hui ? Non, ...

5 Vous voyez quelque chose au tableau ? Non, ...

6 Elle veut parler à quelqu'un ? Non, ...

7 As-tu besoin de quelqu'un ? Non, ...

8 On mange quelque chose au bar ? Non, ...

Ⓓ *Faites une phrase avec* **rien** *ou* **personne** *pour caractériser les personnes suivantes. Aidez-vous du dictionnaire.*

Exemple : un avare : Il ne dépense rien.

1 un dépressif : ....

2 un mauvais mari : ....

3 un muet : ....

4 un paresseux : ....

5 un distrait : ....

6 un prisonnier : ....

7 un nouvel étudiant dans la classe : ....

8 un misanthrope : ....

Fernandez, *Le Centenaire 2*,
revue *À Suivre* n° 188, sept. 93.

188

3 QUI/QUE/OÙ

A *Observez les phrases suivantes :*

1 C'est une région **où** je suis déjà allé.
La ville **où** j'habite est la plus belle.

2 Nous allons dans un village **que** nous adorons.
Ce guide **que** nous avons acheté est très précis.

3 Notre fils Maxime **qui** a 8 ans pourra faire du vélo.
J'aime les fleurs **qui** sentent bon.

B *En conservant le sens de chacune des phrases ci-dessus, complétez :*

Exemple : 1 C'est une région où je suis déjà allé.
⯈ C'est une région. Je suis déjà allé dans cette région.

Cette ville est la plus belle de la région. J'habite ....

2 Nous allons dans un village. Nous adorons ....

Ce guide est très précis. Nous avons acheté ....

3 Notre fils Maxime pourra faire du vélo. .... a 8 ans.

J'aime les fleurs. .... sentent bon.

C *Quelles sont les fonctions de* **où, qui** *et* **que** *?*

1 où	**a**	sujet du verbe.
2 qui	**b**	complément d'objet direct du verbe.
3 que	**c**	complément de lieu du verbe.

D *Complétez les phrases suivantes avec* **qui, que, où.**

1 **AU MAGASIN DE JOUETS**

La vendeuse – Tu veux une poupée .... parle ou .... marche ?

La petite fille – Une poupée .... parle et .... pleure aussi ; et puis, je voudrais

un autre jouet .... ma petite sœur ne pourra pas me prendre !

2 **AU RESTAURANT**

Le serveur – Le vin .... nous recommandons est un grand Bordeaux.

Le client – Je vais choisir un vin plus léger .... ma femme préférera sûrement.

La cliente – Oui, je n'aime pas les vins .... montent à la tête.

3 AU CAFÉ

Dominique   – On fait un tennis demain après-midi ?

Marc   – Bonne idée. Si c'est toi .... gagnes, je t'offre un verre après la partie,
                et si je gagne, c'est toi .... paieras. D'accord ?

Dominique   – D'accord ! On se retrouve à 15 heures au gymnase .... tu connais,
                .... on a joué lundi dernier.

Les pronoms relatifs qui, que, où

Qui est un pronom relatif sujet.
L'homme **qui** salue est le président.
C'est moi **qui** ai eu cette idée.

Que est un pronom relatif complément d'objet.
Le sac **qu'**elle porte est très lourd.
L'homme **que** j'aime est parfait.

Où est un pronom relatif complément de lieu.
La Bourgogne est une région **où** il fait bon vivre.
Paris est la ville de France **où** il y a le plus de musées.

Remarque :
    que + voyelle ⇨ **qu'** (**qu'**elle)
    qui + voyelle ⇨ **qui** (**qui** aime)

---

❷ Complétez ces phrases à votre guise.

1 Voici le musée que ....

                 qui ....

                 où ....

2 Je connais des villes où ....

                      qui ....

                      que ....

3 C'est la femme qui ....

              que ....

❸ Qui est-ce ? Qu'est-ce que c'est ?

C'est une chose **que** le professeur de français utilise, **qui** permet d'écouter et **qui** est électrique.
(Réponse : le magnétophone).

À votre tour, formulez une définition ; les autres étudiants doivent trouver l'objet ou la personne.

C'est une personne qui ....

....

REPÈRES

Après avoir lu ces documents indiquant ce qu'aiment les Français, choisissez la bonne réponse.

	Vrai	Faux
1 La Turquie est le pays le plus visité par les Français.	☐	☐
2 La Tour Eiffel est le monument parisien le plus visité.	☐	☐
3 *Cyrano de Bergerac* a constitué la meilleure recette du cinéma français.	☐	☐
4 Le cassoulet est le plat le plus apprécié des Français.	☐	☐
5 Le jus de raisin est le jus de fruits le plus vendu.	☐	☐
6 Le plus gros cachet des acteurs américains a été pour Tom Cruise.	☐	☐
7 Le droit est le secteur d'activité le moins recherché.	☐	☐
8 La publicité est le secteur d'activité le plus recherché.	☐	☐

VACANCES : VOS DIX DESTINATIONS FAVORITES

LONG-COURRIERS

1 États-Unis
2 Canada (dont 60 % au Québec)
3 Antilles
4 Thaïlande

Sources : ministère du Tourisme et Syndicat national des agents de voyage (SNAV)

MOYEN-COURRIERS

1 Espagne
2 Portugal
3 Italie, sauf Adriatique
4 Autriche
5 Grande-Bretagne
6 Turquie

Les monuments les plus visités
1 Centre Georges-Pompidou **2** Tour Eiffel
3 Cité des Sciences et de l'Industrie **4** Musée du Louvre
Source : Caisse nationale des monuments historiques (CNMH)

Les plus gros cachets des stars américaines
1 Arnold Schwarzenegger (15 millions de dollars pour *Terminator 2*).
2 Tom Cruise (12,5 millions de dollars pour *A few Good Men*).
3 Michael Douglas (10 millions de dollars pour *Basic instinct*).
4 Harrison Ford (9 millions de dollars pour *Patriot Games*).
5 Kevin Costner (8 millions de dollars pour *Robin des Bois*).

Les plus gros cachets des stars françaises
(Source : distributeur)
1 Gérard Depardieu (12,5 millions de francs pour *Christophe Colomb*, mais le tiers environ pour ses deux derniers films, *Tous les matins du monde* et *Mon père, ce héros*). **2** Christophe Lambert (5 millions de francs pour *Highlander II*) **3** Alain Delon (4 millions de francs pour le *Le Retour de Casanova*). **4** Catherine Deneuve (2,5 millions de francs pour *Indochine*). **5** Daniel Auteuil (1,5 millions de francs pour *Lacenaire* et *Ma vie est un enfer*).

Les meilleurs recettes du cinéma français
à l'étranger (Source : Unifrance film). **1** Cyrano de Bergerac (104 649 929 F).
2 Nikita (81 805 346 F). **3** Astérix et le coup de menhir (69 009 563 F).
4 La Gloire de mon père (19 210 211 F). **5** Tatie Danielle (17 282 627 F).

À TABLE : LES PRODUITS LES PLUS CONSOMMÉS

Les plats préférés
Cassoulet, choucroute, raviolis, coucous, paella, quenelles, saucisses-lentilles, saucisses-haricots.
Source : Sécodip

Les jus de fruits les plus vendus
Jus d'orange, jus de pomme, jus de pamplemousse, jus d'ananas.
Source : Union nationale des producteurs de jus de fruits et boissons aux fruits (UNPJF)

Les légumes frais les plus vendus
(hors pommes de terre) Tomates, carottes, salades, endives, choux-fleurs, poireaux, courgettes, oignons, concombres, artichauts.
Source : Sécodip

Les viandes les plus demandées
Bœuf, poulet, porc, jambon, veau, dinde, mouton/agneau, abats, lapin.
Source : Sécodip

Les fruits frais les plus achetés
Pommes, oranges, bananes, pêches, nectarines, clémentines/mandarines, poires, melons, raisins.
Source : Sécodip (dix premiers mois)

Les vins les plus consommés
Champagne, Côtes-du-Rhône, Bordeaux (rouge), Alsace, Côtes-de-Provence, Bordeaux (blanc), Beaujolais.
Source : Institut national des appellations d'origine (Inao)

LES SECTEURS D'ACTIVITÉS LES PLUS RECHERCHÉS

1 Enseignement
2 Recherche
3 Environnement
4 Publicité (créatifs)
5 Audiovisuel
6 Interprétariat
7 Relations publiques
8 Journalisme
9 Marketing
10 Droit
Source : « L'Etudiant »

VSD décembre 1992

4 LE SUPERLATIF DE L'ADJECTIF

Ⓐ *Observez le tableau.*

Le superlatif de l'adjectif
le, la, les plus / moins + adjectif
1 La Chine est le pays **le plus** peuplé du monde.
2 Paris est **la plus** grande ville **de** France.
3 Le soleil est l'énergie **la moins** coûteuse.
Remarque :
La place de l'adjectif n'est pas fixe :
Paris est **la plus grande ville** de France.
Paris est **la ville la plus peuplée** de France.
Superlatif irrégulier : bon ⤐ le meilleur
⤐ la meilleure
⤐ les meilleur(e)(s)
C'est **la meilleure** actrice de l'année.

Ⓑ *Lisez en page 199 la transcription de l'exercice A p. 184 et relevez les superlatifs.*

1 la formule la moins onéreuse, ...

....

2 ....

....

3 ....

....

4 ....

....

5 ....

....

6 ....

Ⓒ *Complétez ces slogans publicitaires avec* **le, la, les plus / moins.**

Exemple : Le linge .... blanc avec Activ-Blanc !

⤐ Le linge le plus blanc avec Activ-Blanc !

1 Prenez Toniform, vous serez .... dynamique des hommes !

2 Super Twingy, ... pratique et .... chère des petites voitures !

3 Votre chien sera .... beau s'il mange chaque jour son Fidolo !

4 Les jambes .... fines avec Minciligne !

5 Avec le logiciel Comptaplus, devenez le comptable .... expert !

6 Miniphone, le téléphone .... encombrant

et .... performant !

Ⓓ *En vous inspirant du micro-trottoir de l'exercice p. 184 racontez en une dizaine de lignes ce que sont pour vous les plus belles vacances. Expliquez vos raisons. (Pour vous aider, suivez le schéma proposé dans l'exercice B, p. 185.)*

....

....

....

....

REPÈRES

Voici les réponses d'un test culturel sur la France. À vous de trouver les questions.

Exemple : Paris ⫐ Quelle est la plus grande ville de France ?

1 Le Mont-Blanc ....
2 Catherine Deneuve ....
3 La Loire ....
4 La Manche ....
5 Le Grand Louvre
6 Le steak-frites ....
7 La Tour Eiffel ....
8 Le TGV ....

La Loire (château de Chaumont)

5 JEUX DE RÔLES

Vous êtes dans un club de vacances au bord de la mer. Vous participez à un jeu présenté par l'animateur du club. Jouez des scènes par groupes de deux.

1 L'animateur salue, parle du programme de la journée écoulée et présente le jeu. Il faut répondre à cinq questions de connaissance du monde ou de la vie quotidienne.

Exemples : Quelle est la plus grande ville du monde ?
C'est petit, on l'utilise à la maison… qu'est-ce que c'est ?

• Si le candidat répond bien aux cinq questions, il gagne quelque chose.

• S'il ne répond pas à une question, il aura un gage (réaliser une tâche en français).

2 Il appelle le premier candidat.
Le candidat salue.
L'animateur l'interroge sur son nom, son âge, sa profession…
Le candidat répond aux questions.
L'animateur pose les questions du jeu.
Le candidat répond.
L'animateur propose le cadeau ou le gage.
Le candidat remercie pour le cadeau ou effectue son gage, puis il salue.

Possibilités de gages
Chanter, réciter une poésie, épeler un mot difficile, trouver en une minute 20 mots qui commencent par un « s » ou un « b », réciter l'alphabet à l'envers, répéter plusieurs fois très vite : « les chemises de l'archiduchesse sont-elles sèches, archi-sèches », etc.

Maintenant, vous savez *réagir quand on vous parle.*

Trouvez deux réponses à ces phrases.

Exemple :

Quelqu'un vous dit : « Ça y est ! J'ai trouvé un appartement. »

Vous répondez : ⇨ Super ! Il est bien ?

⇨ Tu dois être content. J'espère que ce n'est pas trop cher.

1 J'ai faim !

2 Paule ne vient plus chez moi !

3 Tu es encore en retard. Il est déjà 10 h !

4 Quel froid aujourd'hui !

5 Vous avez vu le dernier film de Tavernier ?

6 Bonjour, vous désirez ?

7 Ouille ! Vous me marchez sur les pieds !

8 Elle a l'air sympathique, tu ne trouves pas ?

9 Allez, je vous invite au restaurant.

10 Vous partez en vacances ? Vous êtes content ?

Maintenant, vous savez *réagir dans certaines situations.*

Que dites-vous dans les situations suivantes ? Trouvez deux réponses possibles.

Exemple :

Le chauffeur de taxi ne vous rend pas votre monnaie.

⇨ Alors là, vous exagérez ! Et ma monnaie alors ?

⇨ Je crois que vous vous trompez ! Il manque 30 francs !

1 Un ami vous demande encore de l'argent. Or, vous savez qu'il ne vous le rend jamais.

2 Dans le train, la place que vous avez réservée est occupée.

3 Vous êtes invité(e) dans une famille française. On vous sert des escargots, des tripes et du camembert.

4 Sur la plage, vous êtes près de quelqu'un qui vous plaît. Vous essayez de lui parler.

5 Un ami vient d'être reçu à un examen. Vous le félicitez. Vous l'invitez à prendre un verre.

6 À l'hôtel, il n'y a ni draps, ni couvertures dans votre chambre.

7 Dans un magasin, une dame passe devant vous sans faire la queue et sans s'excuser.

8 À la poste, vous ne comprenez pas les renseignements qu'on vous donne pour envoyer un paquet à l'étranger.

9 Votre professeur vous demande si vous voulez faire une dictée.

6 [b] [v]

Ⓐ *Écoutez puis répétez.*
Distinguez les sons [b] et [v].

[b]	[v]
bon	vont
bain	vin
banc	vent
boire	voir
j'ai bu	j'ai vu

Ⓑ *Écoutez puis complétez la grille.*

	1	2	3	4	5	6	7	8
[b]	✕							
[v]								

Ⓒ *Écoutez et complétez avec « b » ou « v ».*

1 Nous a......ons ...... u un ......on film.

2 Ce ......in est di......in.

3 ......onsoir ma ......elle !

4 Her......é ......eut cette ......elle ......outeille.

5 ......on ......ent !

6 Elle se lè......e du ......anc.

7 Ce n'est pas une a......enture ......anale.

Ⓓ *Écoutez et écrivez les phrases que vous entendez.*

1 ....

2 ....

3 ....

4 ....

Transcriptions

DOSSIER 1 - SÉQUENCE 0

■ EXERCICE 1 C, p. 7
7 Bonjour, bienvenue en France !

■ EXERCICE 2 A, p. 7
1 Les passagers à destination de New York. Embarquement immédiat porte 36.
2 La SNCF est heureuse de vous accueillir sur le train 3295 à destination de Bordeaux.
3 Aujourd'hui, à Prifou, promotion sur les produits alimentaires : St-Nectaire à 56 F le kilo, jambon à 39,50 F.

■ EXERCICE 4 A, p. 9
1 – Je m'appelle Henri et vous ?
– Moi, je m'appelle Marie.
2 – Elle s'appelle Annie ?
– Non, elle s'appelle Corinne.
3 – Lui, il s'appelle André et elle ?
– Elle, elle s'appelle Julie.
4 – Je m'appelle Philippe et toi ?
– Moi, je m'appelle Charlotte.

SAVOIR-FAIRE, p. 12
1 Laclavetine Maria.
2 Hervé Banthoux.
3 Visage Julia.
4 Alice Crouz.

■ EXERCICE 7 B, p. 14
1 C'est un ami ?
2 Il fait beau.
3 Tu es libre ?
4 Il est américain ?
5 C'est l'école de Pierre.
6 Ça va bien ?
7 Elle est française.
8 Il est deux heures.
9 Vous allez bien ?
10 Elle s'appelle Marie.

DOSSIER 1 - SÉQUENCE 1

■ EXERCICE 1 B, p. 16
1 Tu habites
2 Ils aiment
3 Vous regardez
4 Nous aimons
5 Ils regardent / Il regarde
6 Tu aimes
7 Vous aimez
8 Nous cherchons
9 Elle habite
10 Je cherche

■ EXERCICE 2 A, p. 18
1 J'arrive en France, c'est formidable.
2 Quel travail ! Comme je suis fatigué !
3 Toi ici ! Comme je suis content !
4 Tu es seule ? Moi aussi…
5 Ouf ! La journée est finie !
6 Chic ! C'est les vacances !
7 Oh, il pleut encore !…
8 Salut, me revoilà !

DOSSIER 1 - SÉQUENCE 2

p. 24
A. Bonjour ! Ici le 47 27 03 41 ; vous êtes bien à l'Institut de langue française de Tours. L'Institut est fermé aujourd'hui. Pour avoir des informations, répondez bien à ces questions, nous vous contacterons.

Quel est votre nom ? Votre prénom ?
Quelle est votre nationalité ?
Quelle est votre adresse ?
Votre numéro de téléphone ?
Quel âge avez-vous ?

Voulez-vous habiter dans une famille ou à la cité universitaire ?
Merci ; au revoir et à bientôt !

B. Bonjour ! Je m'appelle Lisa Hand. Je suis américaine et j'habite 108 Riverside Drive à New York 1.0.0.2.4. Mon numéro de téléphone est le 201.310.511. J'ai 24 ans. Je voudrais venir en septembre et suivre le cours intensif. Je voudrais habiter dans une famille.

■ EXERCICE 1 B, p. 25
1 Elle est suisse.
2 Il est français.
3 Il est suédois.
4 Elle est thaïlandaise.
5 Il est saoudien.
6 Elle est espagnole.
7 Il est marocain.
8 Elle est coréenne.
9 Il est belge.
10 Elle est australienne.

■ EXERCICE 6 D, p. 33
Alors pour demain :
Vous faites l'exercice numéro 11 page 148.
Vous lisez le texte de Balzac page 39.
Vous étudiez le tableau numéro 2 page 134.
Sur votre cahier, vous écrivez 3 phrases avec être et 3 phrases avec avoir.
Attention, demain nous regardons une cassette vidéo dans la salle B38 à 8 heures.

SAVOIR-FAIRE, p. 33
Bonjour, vous avez demandé le service informations pratiques. Notez bien les numéros de téléphone utiles à Paris.
Sos Médecins : 47 37 77 77
Samu : 45 67 50 50
SNCF : 45 82 50 50
Taxi radio : 42 60 61 40
Mairie de Paris : 42 76 40 40
Office de Tourisme : 47 23 61 72
Air France : 45 35 61 61

DOSSIER 1 - SÉQUENCE 3

p. 36
1 Bonjour ! Je m'appelle LÊ Minh. Je suis vietnamien ; j'ai 29 ans et je travaille dans une banque. Je suis grand pour un vietnamien ; je mesure 1,80 m !
2 Je m'appelle Juan Lagos, je viens de Colombie et j'ai 22 ans. Je suis étudiant et je veux devenir professeur de français. J'aime le cinéma, le sport et j'adore sortir avec mes amis.
3 Moi, je suis tanzanienne et je m'appelle Fina. J'habite en Tanzanie. Oui, il fait chaud ! J'ai 18 ans, je suis petite, sportive et bien sûr dynamique. Ma passion : la natation.
4 Mon prénom est Suzanne, j'habite à Oslo ; j'ai 26 ans. Je veux apprendre le français pour travailler dans une entreprise. Je suis mariée et j'ai deux enfants ; mon mari s'appelle Sven, ma fille Klara et mon petit garçon Matts.

DOSSIER 2 - SÉQUENCE 1

■ EXERCICE 3 D, p. 53
1 – Mademoiselle ! S'il vous plaît !
– Madame ?
– Avez-vous des robes rouges courtes à volants ?
– Heu, je regrette, Madame…
– Bon, alors quand recevez-vous des tailleurs verts à rayures jaunes ?
– Heu…

2 – Florence, est-ce que vous êtes prête pour la réunion ?
– Quelle réunion ? Quand est-ce qu'il y a une réunion ?
– Demain !
– Mon Dieu ! Où est-ce que nous avons rendez-vous ?
– Au bureau central ! Comme d'habitude !
3 – Dis donc, tu sors ce soir ?
– Ouais.
– Tu vas où ?
– Au concert d'Elton John.
– C'est où ?
– A Bercy.
– Comment tu vas là-bas ?
– Avec la Jaguar de mon père.

■ EXERCICE 5, p. 56
1 Moi, j'aime bien le cinéma mais je préfère sortir avec mes amis.
2 Le cinéma, ça ne me plaît pas trop. Par contre, j'adore passer une soirée à lire un bon roman !
3 Sortir, c'est sympa, mais faire du sport, c'est super. C'est ce que je préfère.
4 Quand je suis au cinéma, je suis bien, je rêve. J'adore voir un beau film !
5 Moi le soir, je suis fatigué. La télé, c'est bien.

DOSSIER 2 - SÉQUENCE 2

p. 61
1 Biarritz cet été, voilà une bonne idée !
Du soleil, du sable fin, de l'air pur…
C'est aussi le calme, le repos…
Venez et faites du surf, de la planche à voile, ou encore des promenades en mer et en montagne.
Découvrez le pays basque et ses merveilles !
Vite, il faut réserver maintenant au 59 24 28 32.
Biarritz cet été, voilà une bonne idée !
2 Visitez Lille, la ville moderne, le quartier Saint-Sauveur, et admirez surtout le vieux Lille avec ses jolies maisons des XVIIᵉ et XVIIIᵉ siècles.
Vous voulez de la gaieté, de l'amitié et des sourires sincères, venez connaître les habitants de cette ville !
Ici, la joie de vivre est dans l'air, et l'air est souvent très doux…

■ EXERCICE 5 D, p. 69
7 heures / 5 h 15 / 19 h 10 / à 20 h 30 / 19 h 45 / 21 h 30 / 20 h 35 / 21 h 55 / 20 h 50 / 22 h 05.

SAVOIR-FAIRE, p. 69
Tout de suite, les conseils de Bison Futé pour ce week-end. Pour vos vacances d'hiver, partez ce week-end, mais attention à la circulation ; c'est un week-end orange. Si vous habitez Paris, évitez de partir vendredi entre 9 heures et 18 heures ; si possible, reportez votre départ à samedi après-midi ou à dimanche.
Samedi, roulez tranquille après 18 heures ; ne soyez pas sur les routes avant, car c'est une journée rouge. Dimanche, prenez tout votre temps, et surtout, roulez doucement !

■ EXERCICE 7 B, p. 72
1 liberté
2 le café
3 téléphone
4 retour
5 habité
6 départ
7 revenir
8 qualité
9 elle me parle
10 cinéma
11 le petit éléphant
12 debout

1 le livre   7 les étés
2 les chats   8 les chanteurs
3 les prénoms   9 le salon
4 les noms   10 les Canadiens
5 le père   11 le poids
6 le quartier   12 les filles

DOSSIER 2 - SÉQUENCE 3

p. 73

Phiphi Bonjour à tous, vous écoutez Radio Chébran et vous êtes avec Phiphi pour notre grand jeu : « Mystère dans la ville ». Vous devez arriver le premier devant un monument célèbre de notre ville. Pour cela, écoutez bien toutes les indications. Jouez avec nous ; un jeu vidéo à gagner ! Alors, vous êtes prêts, rendez-vous place Léon Blum devant l'hôtel de ville ! [...] Prenez la rue de la monnaie et allez tout droit. Au bout de la rue, tournez à gauche après l'église et allez place du Marché. Là, prenez la rue très commerçante ; suivez cette rue, puis tournez à droite après la poste. [...]

Mathilde – Allô, bonjour Phiphi, c'est Mathilde.

Phiphi – Oui, bonjour Mathilde. Alors où êtes-vous ?

Mathilde – Je suis rue des Cerisiers, devant la poste. C'est bien ?

Phiphi – Ah non ma petite Mathilde ; pour arriver au but, il faut retourner place du Marché et prendre la rue la rue, j'ai dit, avec beaucoup de magasins. Ah, écoutez bien ! [...] Vous êtes maintenant près d'un café ; entre ce café et la bibliothèque, il y a une toute petite rue. C'est ça ? Alors, continuez tout droit.

Hervé – Allô Phiphi, bonjour ! Je m'appelle Hervé et je suis rue de l'Étoile, devant le musée d'Art Moderne. Je suis sur la bonne route ?

Phiphi – Oh oui, oui, Hervé, continuez, vous êtes bientôt devant le monument mystérieux ! Allez Hervé ! [...] Ah, mais c'est une jeune femme qui arrive la première, elle court, elle a l'air fatiguée !

Christine – Bonjour Phiphi, oh, je suis très contente !

Phiphi – Je comprends, vous gagnez notre magnifique jeu vidéo ! Mais comment vous appelez-vous ?

Christine – Christine Butin.

Phiphi – Christine, pouvez-vous dire où nous sommes exactement ?

Christine – Bien sûr, nous sommes place Saint-Pierre, devant la cathédrale.

Phiphi – Et oui, bravo Christine ; le jeu vidéo pour vous et tout de suite, le champagne !

Phiphi – Une dernière question : « Comment gagner à notre jeu ? »

Christine – Pour gagner, il faut bien écouter, et aussi... courir vite !

■ EXERCICE 5 C, p. 80

1 Une baguette, 3,20 francs, s'il vous plaît !
2 Le café, c'est pour vous ?
3 Deux escalopes de veau pour Madame Bouquin !
4 Oui monsieur, je vous apporte la carte, tout de suite !
5 Le dernier roman de Le Clézio, le voilà !
6 Une charlotte aux poires ou au chocolat ?
7 Vous voulez changer des lires italiennes en francs français, c'est ça ?
8 Je vous fais un shampoing doux, Madame Garnier ?

■ EXERCICE 7 A, p. 82

1 Pérou   6 Henri
2 lire   7 lourd
3 tout   8 dire
4 nul   9 lune
5 fou   10 vite

■ EXERCICE 7 C, p. 82

1 Bonjour Myriam, je te trouve très jolie aujourd'hui !
2 Tu as une mine superbe.
3 Vous avez pris le taxi ?
4 Tout le monde a l'habitude de courir autour du lac le dimanche.
5 Salut, comment vas-tu ?
6 Il fume une cigarette brune.
7 C'est sûr, c'est difficile !

DOSSIER 2 - SÉQUENCE 4

p. 83

Alex – Le steack frites, c'est pour madame du 6 ! La salade pour monsieur du 10 ! La tarte, c'est pour qui ?

Une cliente – Mais non, ce n'est pas pour moi ! Je veux du fromage !

Alex – L'addition du 5 ! Et ces messieurs-dames ?

La dame – Le poulet à l'américaine, c'est quoi ?

Alex – C'est un poulet avec une sauce américaine, tomate, cognac, vin blanc, poivre.

Le monsieur – Qu'est-ce que vous choisissez ? Vous ne voulez pas de poisson, Sylvia ?

La dame – Un poisson ? Ah, je ne sais pas... Oh, je vous fais attendre ! Excusez-moi ! Écoutez, je prends un poulet tout bête !

Alex – Un poulet, c'est parfait. Monsieur ?

Le monsieur – Je prendrai du poisson, avec du bordeaux !

Alex – Merci, bon appétit !

Le monsieur – Votre amitié, pour moi, est très importante, Sylvia, vous êtes exceptionnelle !

Alex – Voilà l'addition !

Le monsieur – Mais il y a une erreur ! Ça ne fait pas 432 F !

Alex – Oh, je vous ai donné l'addition du 4 !

D'après *Garçon* de Claude Sautet
© Avant-scène, janvier 1984.

■ EXERCICE 2 D, p. 87

Dialogue 1 :
– Vous habitez toujours place d'Ivry ?
– Ah non, je n'habite plus là-bas. Maintenant j'habite ici, rue du Marché, c'est plus calme !

Dialogue 2 :
– Vous voulez du café ?
– Non merci, je ne prends pas de café mais je veux bien encore un gâteau ! Ah je suis trop gourmande !

Dialogue 3 :
– Tu sors ce soir ?
– Non, je ne sors pas. Si tu veux, on peut préparer l'examen d'anglais ensemble !

Dialogue 4 :
– Vous désirez un timbre à 2, 80 F ?
– Pardon, je ne comprends pas... Je veux... lettre... envoyer... Angleterre...

■ EXERCICE 3 C, p. 90

1 Combien ça coûte ces salades ?
2 Oh je suis désolé. Excusez-moi !
3 Mais il y a une erreur madame !
4 Avec plaisir et avec deux sucres, s'il vous plaît !

5 Vous prenez du café ?
6 C'est d'accord, on se voit demain !
7 Avec les fruits, je voudrais des tomates !
8 Non, pas de gâteau, je suis au régime !
9 Mais non, je n'ai pas demandé de vin !
10 Ça va ! Je suis d'accord avec toi !

■ EXERCICE 7 B, p. 95

1 Il y a un bureau et des tableaux de Picasso.
2 Tu te lèves tôt puis tu achètes des journaux et tu pars au bureau en vélo.
3 J'aime les gâteaux au chocolat.
4 La vie des gens d'aujourd'hui n'est pas toujours drôle.
5 Allô ! C'est Paulette !

■ EXERCICE 8, p. 95

La Tour d'Ivoire

Donnez-moi vos bagages
je vous les fais monter
c'est au cinquième étage
par ici s'il vous plaît
c'est au fond du couloir
nous vous avons gardé
la jolie chambre « ivoire ».

Monsieur doit être sans doute
fatigué par la route
le temps est si mauvais.

Ah ! Monsieur, quelle saison !
nous sommes toujours complets
et nos réservations
vont jusqu'à la fin mai
on a dû refuser
Madame de Grandvison
et Monsieur Lechéquier.

C'est une chambre parfaite
avec doubles fenêtres
toute capitonnée.

Vous avez dans l'armoire
deux autres oreillers
tous les journaux du soir
sont à votre chevet
si vous me permettez
pour l'air conditionné
tout doit rester fermé.

La rue est très bruyante
dès cinq heures du matin
d'ici on n'entend rien.

Je vous laisse à présent
tenez, voici la clé
prenez-vous des croissants
au petit déjeuner ?
Bonsoir et à demain
bonne nuit dormez bien
faut-il vous réveiller ?

Oh ! en cas de besoin
vous n'avez qu'à sonner
appelez le gardien.

La Tour d'ivoire de Gilbert Lafaille, 1978

DOSSIER 3 - SÉQUENCE 1

Le temps de vivre, p. 98

Nous prendrons le temps de vivre
D'être libres, mon amour.
Sans projet et sans habitude
Nous pourrons rêver notre vie.

Viens, je suis là, je n'attends que toi
Tout est possible, tout est permis !

Viens, écoute ces mots qui vibrent
Sur les murs du mois de mai ;
Ils nous disent la certitude
Que tout peut changer un jour.

Viens, le suis là, je n'attends que toi
Tout est possible, tout est permis.

Nous prendrons le temps de vivre
D'être libres, mon amour.
Sans projet et sans habitude
Nous pourrons rêver notre vie.

Georges Moustaki

■ EXERCICE 2 C, p. 101

1 Des cigarettes, ah non, je n'en ai plus.
2 Tu manges qu'un steak frites ?
3 Moi, je n'ai qu'un frère et il habite Lyon.
4 Non merci, j'ai vraiment pas faim.
5 Tu n'as qu'un livre de Jean-Paul Sartre ?
6 Elle boit jamais de café.
7 Christine n'achète plus de bonbons.
8 Je peux pas, j'ai que 5 francs.
9 Lui, il n'a pas de dictionnaire pour travailler.
10 En ce moment je n'écoute que ce disque, il est super !

SAVOIR-FAIRE, p. 103

Sans plus attendre, la météo de ce long week-end du 14 juillet : Sophie Mérand.
Après le vent et la pluie d'hier, nous aurons un week-end assez beau. Aujourd'hui samedi, le temps sera doux mais il y aura encore des nuages sur tout le pays. Il ne pleuvra pas, sauf sur la Normandie et la Bretagne en fin de journée. Les températures : 20 degrés à Paris, 19 à Lille, 21 à Bordeaux et 24 à Marseille. Demain, même type de temps avec de la pluie sur le Nord du pays. Il y aura du soleil sur la Côte d'Azur. Les nuages disparaîtront progressivement et dans quelques jours, il fera beau et même très chaud.

■ EXERCICE 7 A, p. 109

1 Il y a du lait.
2 Julien, tu viens ?
3 Le thym, c'est divin.
4 Je sais les faire.
5 Je laisse le sel.
6 J'adore le vin et le pain.
7 C'est un progrès net.
8 Le mois prochain, je viens te voir.
9 Germain arrive demain.
10 Je me souviens très bien du jardin.

DOSSIER 3 - SÉQUENCE 2

■ EXERCICE B, p. 111

1 Stéphanie est née à Monaco. Elle est partie à 5 ans à Paris. Elle a fait du ski, de la natation. Elle est devenue professeur aux États-Unis. Elle est revenue vivre en France. Elle a épousé Daniel. Son fils est né à Londres en 1990.
2 Stéphanie est née à Monaco le 1er février 1965. À neuf ans, elle est allée habiter à Paris. Elle a fait ses études dans la capitale puis elle est partie aux États-Unis. Elle est devenue chanteuse. Elle a chanté « Comme un ouragan ». Elle est revenue vivre à Monaco. Elle a rencontré le futur papa de Louis. Son fils est né le 26 novembre 1992 à Monaco.
3 La princesse de Monaco est née à Monaco le 26 novembre 1992. Elle est restée à Monaco avec son frère et sa sœur. Elle a fait ses études dans la principauté. Elle a chanté « Comme un ouragan ». Maintenant elle est devenue mère. Son fils s'appelle Daniel.

■ EXERCICE 1 E, p. 113

1 Je fais mon exercice.
2 J'ai dit bonjour.
3 J'aime le Brésil.

4 J'ai fini de manger.
5 J'ai conduit ma moto.
6 J'écris une carte.
7 Je choisis un bon film.

■ EXERCICE 1 H, p. 115

1 D'abord la vie de Jean … Jean Le Gall… Né le 4 août 1929 en Bretagne… Père ingénieur… Université… Professeur dans un lycée parisien… Directeur de l'information à la radio… Publie un livre sur son expérience à la radio… Marié, deux enfants. Aime les vieux livres et le théâtre…
2 René Ragueneau… Né le 27 décembre 1941 à Tourfon… Parents agriculteurs… Certificat d'études primaires… À 19 ans, usine… À 35 ans, directeur… Sa femme, institutrice, attend un troisième enfant… Ses spectacles préférés : le cinéma, le cirque, l'opérette… Ne fait pas de politique…
3 Janine Garnier… Née à Paris le 13 janvier 1949… Père ouvrier… Veut devenir comédienne… Secrétaire… Fait du théâtre et de la télévision… Tourne des films publicitaires… Lit Prévert et Balzac…

D'après *Mon oncle d'Amérique*
d'Alain Resnais © Éd. Albatros.

■ EXERCICE 7 A, p. 122

1 Elle a quel âge ?
2 Ils ont de la chance.
3 Ces gens sont grands.
4 C'est un banc tout blanc.
5 Anne a acheté un âne.
6 Florent prend son temps.
7 Il revient dans un an.
8 Elle a du charme !
9 Cette dame est artisane.
10 Entrez dans cette chambre.

DOSSIER 3 - SÉQUENCE 3

■ EXERCICE 3 C, p. 127

1 – On va au cinéma à 8 heures ?
  – Oh oui, bonne idée !
2 – Je peux ouvrir la fenêtre ?
  – Ah non, n'ouvrez pas, il fait froid !
3 – Qu'est-ce que tu voudrais faire plus tard ?
  – Moi, je veux être riche et ne rien faire…
4 – Ne touchez pas, c'est fragile !
  – Ah, excusez-moi…
5 – 128 francs, s'il vous plaît !
  – Ah non, c'est trop cher, je ne suis pas d'accord !
6 – Comment réussir tous mes examens ?
  – Il faut travailler dur et aussi bien vous reposer.
7 – Tu veux écouter Don Giovanni ?
  – Ah non, je déteste l'opéra ! Ne mets pas ça !

■ EXERCICE 4 C, p. 129

1 Oh merci Philippe, c'est vraiment gentil !
2 Tiens, c'est rien du tout, c'est un petit jouet pour les enfants.
3 Voilà une petite surprise, ma chérie !
4 Mais c'est trop ! Il ne fallait pas !
5 Je vous ai rapporté un souvenir de Thaïlande.
6 Oh, c'est une bonne surprise ! Merci.
7 J'ai quelque chose pour toi.
8 Quelle bonne idée ! Ça me plaît beaucoup !

■ EXERCICE 7, p. 133

1 – Martine, salut c'est Pierre ! Grande nouvelle, j'ai eu mon bac et je voudrais inviter quelques copains pour l'apéritif vendredi soir. J'espère que tu pourras être avec nous ; c'est à 19 h chez moi. Bisous, à bientôt !
2 – Bonsoir Bertrand et Angélique, ici Suzanne Casanova. Mon mari et moi orga-

nisons un cocktail pour fêter le mariage de notre fille Marianne. Nous espérons vivement vous compter parmi nos invités. La soirée aura lieu au château de Beaulieu le samedi 18 juin. Merci de nous communiquer votre réponse avant le 3 juin. À très bientôt !
3 – On a gagné, on a gagné ! Ça y est, on est champions de France ! Et oui, on a gagné 88 à 79… Super match ! Bon, vous venez on est au restaurant « Les amis » sur la place de l'église à St-Georges. On boit l'apéro et on vous attend pour dîner avec nous. À tout à l'heure.
4 – Coucou, c'est Dominique ! J'organise une petite fête jeudi soir pour mon anniversaire. Et oui, 30 ans déjà ! J'espère que vous pourrez venir ; c'est à 19 heures à la salle des fêtes de Monnaie. On va danser toute la nuit !

■ EXERCICE 8 A, p. 134

1 C'est notre bateau.
2 Le thon c'est bon.
3 Ce morceau d'opéra est très beau.
4 Ils vont en montagne.
5 Son prénom ? C'est Yvon.
6 J'adore ces journaux.
7 Nous répondons à ces questions.
8 Ils sont bons, ces melons ?
9 Votre idée est bonne.
10 C'est mon oncle Raymond.

DOSSIER 3 - SÉQUENCE 4

■ EXERCICE 2 B, p. 138

2 Houlala ! c'est long ! J'en ai assez ! Je reviendrai une autre fois.
3 Comme je suis contente ! Ils arrivent demain.
4 Partir avec toi ? Avec plaisir ! C'est super !
5 Jean, j'en ai ras-le-bol de ranger ta chambre ! Fais un effort !
6 Organiser une fête pour son anniversaire ? Quelle bonne idée !

■ EXERCICE 5 A, p. 143

1 Il pense à sa compagne.
2 Elles vont à Lyon.
3 Il est très long.
4 Tu t'es trempé.
5 Les enfants se mettent en rang.
6 C'est un ton froid.
7 Ils sont vingt.
8 C'est un droit.
9 Cela dure cent minutes.
10 J'ai eu cent cinq francs.

■ EXERCICE 5 B, p. 143

1 C'est un bon pain pour demain.
2 Dans un moment, tout ira bien.
3 On enregistre vingt pour cent de résultats positifs.
4 C'est un roman intéressant.
5 On a fait peindre notre maison en blanc !
6 L'antiquaire vend une lampe très marrante.
7 Mais si voyons ! Allons jusqu'au pont !

DOSSIER 4 - SÉQUENCE 1

La discrète, p. 146

– Allô, Catherine ? C'est Antoine ! Vous voulez sortir ?
– Oui, j'aimerais bien marcher le long de la Seine…
– Mais ça va être plein de monde !
– Vous n'avez pas envie de faire un tour en bateau ?
– En bateau-mouche ?

– Oui, vous n'avez pas envie ?

– Oh non, non non et non, c'est loin et puis il ne fait pas beau. Je n'ai pas du tout envie. Vous avez des goûts bizarres, Catherine. L'autre jour, vous me proposez la piscine. Ce soir, vous voulez me faire monter sur un bateau-mouche.

– Je me demande ce que je fais avec vous ! Vous n'aimez rien !

– Comment ça, je n'aime rien… C'est pas vrai du tout ! Tenez je vais vous emmener dans un café… très spécial ! Ça vous plaît ?

– Oh ! Fichez-moi la paix !

*D'après La discrète
de Jean-Pierre Roussin et Christian Vincent
© Gallimard*

■ EXERCICE 4 B, p. 153

1 – Bonjour, Lise, tu viens au cinéma avec nous ?
– À quelle heure ?
– À 10 heures.
– Non, c'est trop tard. Merci d'avoir appelé, bonne soirée !
2 – Madame Sorin, ici le cabinet médical. Pouvez-vous passer à 17 h aujourd'hui ?
– Euh, attendez, je vais voir si c'est possible ! Je ne sais pas, je vous rappelle.
– Très bien, Merci !…
3 – Mlle Bien, pourrais-je passer chez vous à 14 h, demain ?
– Oh non, je regrette mais je serai absente.
– Bon, je vous rappelle pour fixer un autre rendez-vous.
4 – Allô, le 47. 20. 13. 75 ?
– Oui, c'est bien ici !
– Madame, vous avez gagné un téléviseur ! Si vous êtes chez vous, nous serons heureux de vous le livrer !
– Oh, c'est formidable ! Entendu, je vous attends !
5 – Chérie, tu es libre pour le week-end ?
– Euh, attends, je réfléchis !…
– Bon, salut, réfléchis toute seule !

■ EXERCICE 7 C, p. 160

1 Ils s'aiment bien.
2 Ils sauront le russe.
3 Ils offrent le café.
4 Nous avons tout.
5 Ils sont froids.

■ EXERCICE 7 D, p. 160

1 Ces garçons sont bizarres.
2 Il ne supporte pas les courses du mois de décembre.
3 Votre proposition est excellente.
4 Ils se sont amusés dans la maison de sa sœur.
5 Dans le désert du Sahara, il n'y a pas de poissons !

DOSSIER 4 - SÉQUENCE 2

■ EXERCICE 4 A, p. 166

8 heures, les informations : Nicolas Sifflet.
– Le Premier Ministre prend des décisions énergiques pour améliorer l'économie française.
– Enfin, Israël et la Palestine signeront aujourd'hui un accord de paix.
– On attend des milliers de Français sur les routes pour ce week-end du 15 août.
– Le Ministre de l'Éducation nationale présentera demain un projet de réforme de l'école.
– Ce soir dans le journal de France 2, Bruno Mature recevra Bertrand Blier pour son dernier film.

– En tennis, le Tchèque Novacek bat Stefan Edberg en cinq sets.

■ EXERCICE 6 D, p. 172

1 J'ai mangé des choux rouges.
2 Elle a acheté le journal jeudi.
3 Il choisit un joli chemisier beige.
4 Jacques cherche toujours le danger.
5 Chaque jour des milliers de gens prennent le TGV.

DOSSIER 4 - SÉQUENCE 3

■ EXERCICE 1 C, p. 175

1 Tu manges des pommes vertes.
2 C'est une préoccupation bien actuelle.
3 Ce sont des touristes allemands.
4 Mon amie est brésilienne.
5 Elle est très amicale.
6 Il y a une très bonne nouvelle.
7 C'est le dernier film de Tavernier.
8 Il y a un vieux monsieur et une vieille dame.
9 C'est une voiture un peu chère.
10 Voilà une étudiante travailleuse.
11 Elle est vraiment mignonne.
12 C'est tout neuf.
13 Tu es heureuse.
14 Je suis espagnol.
15 Il a une femme charmante.
16 Il habite au premier étage.

■ EXERCICE 4 D, p. 179

0 Ah cette fois, je lui ai dit non pour son argent de poche !
1 Vous leur répondez toujours calmement, vous êtes une mère formidable !
2 On lui donne son biberon ?
3 Je peux l'appeler, ce soir ? J'ai envie de la voir !
4 C'est la fête des pères ! On lui offre un parfum ?
5 Je l'adore dans tous ses films ! Il est extraordinaire !
6 On le félicite à la fin du concert.
7 Vous leur demandez conseil quand vous êtes malade.
8 Quand je lui achète mon pain, je lui souris.
9 On peut leur donner des pourboires.

■ EXERCICE 5 C, p. 180

Lundi 27
Très beau film français à 20 h 45 sur Canal 3. Je trouve que c'est une histoire d'amour exceptionnelle. C'est un film sentimental mais aussi une réflexion sociale. Ne manquez pas « Amoureuse » avec Charlotte Gainsbourg.

Mardi 28
Émission un peu ennuyeuse : Les « Infos » de la 2 présentent un dossier sur les banlieues des grandes villes à 22 h 30. Mais c'est trop démagogique. Il n'y a pas d'explications ou de solutions proposées. On veut simplement faire pleurer le téléspectateur.

Jeudi
Nul, nul et nul. Changez de chaîne. Évitez « Soirée fantastique » à 21 h 20 sur France 1. Cette émission de variétés est vraiment sans intérêt. Ni rythme, ni humour : je préfère prendre un bon livre.

Samedi
À mon avis, c'est la plus belle soirée de la semaine. Sur Culture +, soirée thématique à 21 h 55 : la Méditerranée et ses capitales. Un film passionnant suivi d'un débat très intéressant.

■ EXERCICE 6 C, p. 183

1 Il est très difficile de le lui dire.
2 J'ai raté le train mais ça m'est égal.
3 C'est facile de ne pas se tromper.

4 Il semble horrifié et surpris !
5 Elle préfère la relouer l'an prochain.
6 Les élèves n'ont pas le moral.
7 Il n'y a plus de guerre dans ces pays lointains.
8 J'ai oublié de le relire.

DOSSIER 4 - SÉQUENCE 4

Micro-trottoir, p. 184

Vous écoutez Radio Sud ; le thème de notre émission d'aujourd'hui : les Français et leurs vacances. Nathalie Lhermitte est allée interroger une centaine de personnes au cœur même de Paris pour tenter de dessiner le paysage des prochaines vacances.

– M. Leclerq, 41 ans.
Cette année, nous partons en gîte rural en Champagne. C'est une région où je suis déjà allé à l'âge de 12 ans avec mes parents. Ma femme a sa sœur pas loin, et notre fils Maxime, qui a 8 ans, pourra faire du vélo avec ses cousins. La campagne c'est joli, c'est tranquille. Partir en gîte est pour nous la formule la moins onéreuse, la plus pratique et la plus agréable.

– Mme Martin, 38 ans.
Pour nous, les plus belles vacances doivent signifier dépaysement. Alors, chaque année nous choisissons de camper loin de Paris. Nous quittons le bruit et la pollution pour aller dans un petit village que nous adorons et qui se situe à 20 km de Nice. Là, au moins, on est sûrs d'avoir du soleil et puis le camping, c'est tellement sympa !

– M. Georges Courtois, 54 ans.
D'habitude, nous passons l'été dans notre maison de famille en Dordogne, mais cette année, nous sommes partis avec nos trois grands enfants à la découverte des nombreux festivals du Sud de notre pays. Musique et beauté, voilà l'idée. Aix, Orange, Montpellier… les plus beaux endroits de France, et pour nous tous, les vacances les plus réussies. Vraiment, si nous pouvons, nous recommencerons !

– Mme Egal, 45 ans.
Ah, nous, c'est chaque année le Club Med. C'est peut-être la formule la plus chère, mais au moins, on ne fait rien : pas de ménage, pas de vaisselle. Cette année, nous avons choisi l'Espagne. Ah ! je voudrais déjà y être !

– Pascal Charrier, 30 ans.
Ma femme et moi, nous recherchons les endroits les moins fréquentés. Nous voulons du calme et de l'air pur, c'est pourquoi nous choisissons la montagne. Nous aimons marcher et à 2 000 mètres d'altitude, il n'y a personne. Je connais les Pyrénées et j'ai très envie d'y retourner cette année !

■ EXERCICE 6 B, p. 195

1 C'est bon.   5 Bernard boite.
2 Oui, c'est vrai.   6 C'est un vin vieux.
3 Il boit bien.   7 C'est bien.
4 Ils vont bien.   8 Vas-y vite!

■ EXERCICE 6 C, p. 195

1 Nous avons vu un bon film.
2 Ce vin est divin.
3 Bonsoir ma belle !
4 Hervé veut cette belle bouteille.
5 Bon vent !
6 Elle se lève du banc.
7 Ce n'est pas une aventure banale.

■ EXERCICE 6 D, p. 195

1 J'ai pris un bon bain.
2 Nous voulons venir.
3 Elle vit à Vienne.
4 Elle est belle cette voiture verte !

PRÉCIS GRAMMATICAL

1 LES DÉTERMINANTS

Ils s'accordent en genre (masculin, féminin) et en nombre (singulier, pluriel) avec le nom qu'ils précèdent.

1 L'article

	SINGULIER		PLURIEL	
	MASCULIN	FÉMININ	MASCULIN	FÉMININ
ARTICLE DÉFINI	**le** livre **l'**appartement	**la** femme **l'**amie	**les** livres **les** appartements	**les** femmes **les** amies
ARTICLE INDÉFINI	**un** disque **un** enfant	**une** fille **une** histoire	**des** disques **des** enfants	**des** filles **des** histoires
ARTICLE PARTITIF *	**du** pain **de l'**argent	**de la** salade **de l'**eau		

*__Forme négative__ : PAS DE ▷ — Tu veux du pain ? — Non, je ne veux **pas de** pain.

2 Le démonstratif

SINGULIER		PLURIEL
MASCULIN	FÉMININ	
ce document **cet** homme	**cette** feuille	**ces** documents - **ces** feuilles **ces** hommes

3 Le possessif

	SINGULIER		PLURIEL	
	MASCULIN	FÉMININ	MASCULIN	FÉMININ
JE	**mon** père	**ma** mère **mon** amie	**mes** voisins	**mes** voisines
TU	**ton** père	**ta** mère **ton** amie	**tes** voisins	**tes** voisines
IL ,ELLE	**son** père	**sa** mère **son** amie	**ses** voisins	**ses** voisines
NOUS	**notre** père	**notre** mère	**nos** voisins	**nos** voisines
VOUS	**votre** père	**votre** mère	**vos** voisins	**vos** voisines
ILS / ELLES	**leur** père	**leur** mère	**leurs** voisins	**leurs** voisines

4 L'interrogatif

	SINGULIER	PLURIEL
MASCULIN	**Quel** âge as-tu ?	**Quels** livres préférez-vous ?
FÉMININ	**Quelle** est votre nationalité ?	**Quelles** villes connais-tu ?

5 Le numéral

	NUMÉRAL CARDINAL	NUMÉRAL ORDINAL	NUMÉRAL CARDINAL	NUMÉRAL ORDINAL
MASCULIN	1 un	1**er** premier	18 dix-huit	dix-huitième
FÉMININ	1 une	1**re** première	19 dix-neuf	dix-neuvième
			20 vingt	vingtième
	2 deux	deuxième	21 vingt et un	vingt et unième
	3 trois	troisième	22 vingt-deux	vingt-deuxième
	4 quatre	quatrième	23 vingt-trois	vingt-troisième
	5 cinq	cinquième	30 trente	trentième
	6 six	sixième	31 trente et un	trente et unième
	7 sept	septième	40 quarante	quarantième
	8 huit	huitième	50 cinquante	cinquantième
	9 neuf	neuvième	60 soixante	soixantième
	10 dix	dixième	70 soixante-dix	soixante-dixième
	11 onze	onzième	80 quatre-vingts	quatre-vingtième
	12 douze	douzième	90 quatre-vingt-dix	quatre-vingt-dixième
	13 treize	treizième	91 quatre-vingt-onze	quatre-vingt-onzième
	14 quatorze	quatorzième	100 cent	centième
	15 quinze	quinzième	1 000 mille	millième
	16 seize	seizième	1 000 000 un million	millionnième
	17 dix-sept	dix-septième		

2 LES NOMS

1 Le nom commun

a) Le genre

	MASCULIN	FÉMININ
Même nom au masculin et au féminin	un enfant	une enfant
On ajoute « e » au masculin	un ami	une ami**e**
eur / euse	un chant**eur**	une chant**euse**
eur / rice	un act**eur**	une act**rice**
er / ère	un bouch**er**	une bouch**ère**
Nom différent au masculin et au féminin	un garçon	une fille

b) Le nombre

	SINGULIER	PLURIEL
On ajoute « s » au singulier	une table	des table**s**
Mots terminés par **s** ou **x** ⇨ singulier = pluriel	un tapi**s** une noi**x**	des tapi**s** des noi**x**
eau / eaux	un tabl**eau**	des tabl**eaux**
eu / eux	un chev**eu**	des chev**eux**
al / aux	un journ**al**	des journ**aux**

2 Le nom propre

PRÉNOMS, NOMS DE VILLE : PAS DE DÉTERMINANT	NOMS DE PAYS OU DE RÉGIONS : SEULEMENT L'ARTICLE DÉFINI	NOMS DE FAMILLE SEULEMENT L'ARTICLE DÉFINI AU PLURIEL
Hélène arrive. Lille est au nord.	**Le** Japon, **la** Suisse, **l'**Iran, **la** Bretagne	**Les** Martin sont à Paris.

3 LES ADJECTIFS

1 Le qualificatif

a) Le genre

	MASCULIN	FÉMININ
Adjectif invariable	jeune – moderne – drôle [ʒœn] [mɔdɛʀn] [dʀol]	jeune – moderne – drôle [ʒœn] [mɔdɛʀn] [dʀol]
On ajoute « e » au masculin	grand – anglais – mexicain [gʀã] [ãglɛ] [mɛksikɛ̃]	grand**e** – anglais**e** – mexicain**e** [gʀãd] [ãglɛz] [mɛksikɛn]
er / ère	dernier – cher – entier [dɛʀnje] [ʃɛʀ] [ãtje]	derni**ère** – ch**ère** – enti**ère** [dɛʀnjɛʀ] [ʃɛʀ] [ãtjɛʀ]
if / ive	sportif – actif [spɔʀtif] [aktif]	sporti**ve** – acti**ve** [spɔʀtiv] [aktiv]
on / onne	bon [bɔ̃]	bon**ne** [bɔn]
ien / ienne	italien – parisien [italjɛ̃] [paʀizjɛ̃]	italien**ne** – parisien**ne** [italiɛn] [paʀiziɛn]
eux / euse	peureux – amoureux [pœʀø] [amuʀø]	peureu**se** – amoureu**se** [pœʀøz] [amuʀøz]
Forme différente au masculin et au féminin	beau – nouveau – vieux [bo] [nuvo] [vjø]	bel**le** – nouvel**le** – vi**eille** [bɛl] [nuvɛl] [vjɛj]

b) Le nombre

Les règles sont les mêmes que pour les noms.

Mon amie est petit**e**. ⟶ Mes amies sont petit**es**.
Il est beau. ⟶ Ils sont beau**x**.
Elle est française. ⟶ Elles sont françaises.
Il est heureux. ⟶ Ils sont heureu**x**.

2 Le comparatif

PLUS / AUSSI / MOINS + ADJECTIF + QUE
+   =   –

Elle est **plus** stupide **que** sa sœur.
Aujourd'hui, il fait **aussi** chaud **qu'**hier.
Ta voiture est **moins** rapide **que** ma moto.

Attention ! Bon ⟶ Meilleur

Ces pommes sont **meilleures** que ces poires.

3 Le superlatif

LE, LA, LES + PLUS / MOINS + ADJECTIF (+ DE)

1. Karl est **le plus** grand **de** la classe.
2. C'est l'actrice **la moins** connue **du** film.
3. Ce sont les animaux **les plus** gros **du** monde.

NB : Quand l'adjectif est placé après le nom,
il faut répéter l'article (2-3).

4 LES PRONOMS

1 Sujets

Marie parle ⟶ **elle** parle
Je parle
Tu parles
Il, elle, on parle
Nous parlons
Vous parlez
Ils, elles parlent

2 Compléments d'objet direct

Il connaît *Paul*, il aime *Paul*. ⟶ Il **le** connaît, il **l'**aime.
(connaître quelqu'un, aimer quelqu'un)

Il **me** connaît, il **m'**aime.	Il **nous** connaît, il **nous** aime.
Il **te** connaît, il **t'**aime.	Il **vous** connaît, il **vous** aime.
Il **le** connaît, il **l'**aime.	Il **les** connaît, il **les** aime (ces hommes).
Il **la** connaît, il **l'**aime.	Il **les** connaît, il **les** aime (ces femmes).

3 Compléments d'objet indirect

Il parle à *Paul*, il aime *Paul* ▷ Il **lui** parle. (parler à quelqu'un)

Il **me** parle.	Il **nous** parle.
Il **te** parle.	Il **vous** parle.
Il **lui** parle. (à Pierre)	Il **leur** parle. (à Pierre et Jean)
Il **lui** parle. (à Marie)	Il **leur** parle. (à Marie et Anne)

4 Pronoms toniques

a) Klaus, il est allemand et ses amis, ils sont français.
Lui, il est allemand et **eux**, ils sont français.

moi	nous
toi	vous
lui	eux
elle	elles

b) Elle va chez Marie.
Elle va chez **elle**.

Le pronom tonique s'utilise :
a – pour renforcer le pronom sujet
b – après une préposition

5 Pronoms réfléchis

Je **me** lave
Tu **te** laves
Il **se** lave
Elle **se** lave
On **se** lave
Nous **nous** lavons
Vous **vous** lavez
Ils **se** lavent
Elles **se** lavent

6 EN, pour exprimer la quantité

Je mange du poulet.	▷ J'**en** mange.
Je bois de la bière.	▷ J'**en** bois.
Il prend des escargots.	▷ Il **en** prend.
Elle achète un litre de lait.	▷ Elle **en** achète **un litre**.
Je voudrais un timbre.	▷ J'**en** voudrais **un**.
J'ai assez de travail.	▷ J'**en** ai **assez**.

7 La place des pronoms

Tu connais Marc ?	Tu as parlé à Pierre ?	Je dois aider Michel ?
Oui, je **le** connais.	Oui, je **lui** ai parlé.	Oui, aide-**le**.
Non, je ne **le** connais pas.	Non, je ne **lui** ai pas parlé.	Non, ne **l'**aide pas.

Le pronom se place *avant* le verbe dont il dépend, *sauf* à l'impératif affirmatif.

8 Les pronoms relatifs

Qui	Sujet	L'étudiant **qui** est venu s'appelle Jonas.
Que	Complément d'objet direct	J'ai aimé le film **que** nous avons vu.
Où	Complément de lieu	Voilà la maison **où** j'habite.

5 LES PRÉPOSITIONS

1 à + article défini

- (à + le) = **au**
Je vais **au** cinéma.
Elle habite **au** Japon.

- (à + la) = **à la**
Anne est
à la bibliothèque.
Ils partent **à la** piscine.

- (à + l') = **à l'**
Il est **à l'**école.
Elle danse **à l'**Opéra.

- (à + les) = **aux**
Demandez **aux** étudiants.
Il va **aux** États-Unis.

2　de + article défini

- (de + le) = **du**
  Elle parle **du** bonheur.
  Il vient **du** Brésil.

- (de + la) = **de la**
  J'aime cette photo
  de la mer.
  Elle arrive
  de la Réunion.

- (de + l') = **de l'**
  Elle vient **de l'**usine.
  J'ai peur **de l'**accident.

- (de + les) = **des**
  Elle s'occupe **des** enfants.
  Ils reviennent
  des Antilles.

6　LA PHRASE INTERROGATIVE

1　L'interrogation directe

FAMILIER	Tu pars ?	
STANDARD	**Est-ce que** tu pars ?	– Oui / Non
SOUTENU	Pars-tu ?	

FAMILIER	A - Tu vas **où** ? B - Il parle **comment** ? C - Ils viennent **quand** ? D - **Pourquoi** tu es fatigué ? E - Cela coûte **combien** ?	
STANDARD	A - **Où** est-ce que tu vas ? B - **Comment** est-ce qu'il parle ? C - **Quand** est-ce qu'ils viennent ? D - **Pourquoi** est-ce que tu es fatigué ? E - **Combien** est-ce que cela coûte ?	A – À Paris. B – Bien. C – Demain. D – **Parce que** je travaille trop. E – 350 francs.
SOUTENU	A - **Où** vas-tu ? B - **Comment** parle-t-il ? C - **Quand** viennent-ils ? D - **Pourquoi** es-tu fatigué ? E - **Combien** cela coûte-t-il ?	

FAMILIER	– Vous faites **quoi** ?	
STANDARD	– **Qu'**est-ce que vous faites ?	– Nous sortons.
SOUTENU	– **Que** faites-vous ?	

FAMILIER	– Tu aimes **qui** ?	
STANDARD	– **Qui** est-ce que tu aimes ?	– Philippe.
SOUTENU	– **Qui** aimes-tu ?	

2 L'interrogation indirecte

INTERROGATION DIRECTE	INTERROGATION INDIRECTE
J'adore le cinéma.	Il dit **qu'**il adore le cinéma.
Vous vivez ici ?	Je lui demande **si** elle vit ici ?
Qui vient ce soir ?	Je lui demande **qui** vient ce soir ?
Que lis-tu ?	Je lui demande **ce qu'**il lit ?
Quand arrive-t-elle ?	Je lui demande **quand** elle arrive ?
Pourquoi es-tu triste ?	Je lui demande **pourquoi** elle est triste ?
Comment allez-vous ?	Je lui demande **comment** il va ?
Où passez-vous vos journées ?	Je lui demande **où** il passe ses journées ?

7 LA PHRASE NÉGATIVE

ne… pas	Je **ne** mange **pas**.
ne… plus	Ils **n'**écoutent **plus**.
ne… jamais	On **ne** discute **jamais**.
ne… rien	Ils **ne** font **rien**.
ne… personne	Il **n'**y a **personne**.
ne… que (seulement)	Il **n'**y a **que** trois personnes.

Attention à la place de la négation !

TEMPS SIMPLES		TEMPS COMPOSÉS	
		ne + auxiliaire + pas/plus/rien… + participe passé	
ne + verbe + pas	Je **ne** peux **pas**.	ne… pas	Tu **n'**as **pas** voulu écouter.
ne + verbe + plus	Vous **ne** pourrez **plus** partir.	ne… plus	Vous **n**avez **plus** lu.
ne + verbe + jamais	**Ne** fais **jamais** de sport.	ne… rien	On **n'**a **rien** écrit.
ne + verbe + rien	Il **n'**y a **rien**.	ne… jamais	Nous **ne** sommes **jamais** allés
ne + verbe + personne	Vous **ne** voyez **personne**.		à la piscine.
		ne + auxiliaire + participe passé + personne	
		⇨ Je **n'**ai rencontré **personne**.	

8 PHRASE PASSIVE

La forme passive se construit avec l'auxiliaire **être**.

	TEMPS SIMPLES	TEMPS COMPOSÉS
PRÉSENT	Le journaliste **écrit** un article.	Un article **est écrit par** le journaliste.
PASSÉ COMPOSÉ	Un homme **a volé** des bijoux.	Des bijoux **ont été volés par** un homme.
FUTUR	Le ministre **présentera** le projet.	Le projet **sera présenté par** le ministre.

1   C'est / il est

C'EST	
+ nom propre	**C'est** Alain. **C'est** Mme Derier.
+ pronom tonique	**C'est** moi. **C'est** lui.
+ déterminant + nom	**C'est** un journaliste. **C'est** une journaliste. **C'est** mon frère. **C'est** le père de Michèle.
+ adjectif	**C'est** facile. Le sport, **c'est** agréable.

IL EST	
+ l'heure	**Il est** cinq heures.
+ nom de profession sans déterminant	**Il** est acteur. **Elle** est actrice.
+ adjectif	**Il** est difficile. **Il** est anglais. **Elle** est anglaise.

2   Il y a

Il y a est toujours à la troisième personne du singulier.

PRÉSENT	**Il y a** un beau film. **Il n'y a pas** de problème. Est-ce qu'**il y a** des légumes ? **Y a**-t-**il** des étudiants ?
FUTUR	**Il y aura** du soleil. **Il n'y aura pas** de pluie.
PASSÉ COMPOSÉ	**Il y a eu** des difficultés. **Il n'y a pas eu** de dessert.

PHONÉTIQUE

On écrit	On prononce	Exemples	On écrit	On prononce	Exemples
a	[a] [ɑ]	matin pâte	o	[ɔ] [o] –	mode pot paon
b	[b] [p] –	bateau absent plomb	p	[p] –	soupe trop
c	[k] [s] [g] –	carotte race second blanc	q	[k] –	quatre cinq cents
d	[d] [t] –	dent quand il veut grand	r	[ʀ] –	poire monsieur
e	[ə] [e] [ɛ]	regard aller père	s	[s] [z] –	sept oiseau filles
f	[f] [v] –	fille neuf ans nerf	t	[t] [s] –	tour attention profit
g	[ʒ] [g] –	rage garçon doigt	u	[y] [ɔ]	mule maximum
h	['] –	héros histoire	v	[v]	nouveau
i	[i] –	rime oignon	w	[w] [v]	whisky wagon
j	[ʒ] [dʒ]	jaune jogging	x	[ks] [gz] [s] [z] [k] –	taxe exemple dix dixième excité bijoux
k	[k]	képi			
l	[l] –	boule gentil	y	[i] [j]	gymnastique paye
m	[m] –	montagne automne	z	[z] [s] –	zone quartz assez
n	[n]	une			

LEXIQUE

Le numéro qui précède chaque mot ou expression renvoie à la page où le mot apparaît pour la première fois.
Cependant, plusieurs traductions sont proposées lorsque le même mot a des sens différents dans le manuel.

adj. : adjectif (masculin)
adv. : adverbe
fam. : langage familier
loc. : locution

n. f. : nom féminin
n. m. : nom masculin
prép. : préposition
v. : verbe

A

42	à l'aide de	with the help of	con	mit Hilfe von	con ayuda de	με τη βοήθεια του
74	(à) côté de, *loc.*	next to/beside	a fianco di	neben	al lado de	δίπλα σε
75	(à) droite, *loc.*	right	a destra	rechts	a la derecha	δεξιά
75	(à) gauche, *loc.*	left	a sinistra	links	a la izquierda	αριστερά
78	(à) pied	on foot	a piedi	zu Fuß	a pie	με τα πόδια
56	abstrait, *adj.*	abstract	astratto	abstrakt	abstracto	αφηρημένος
16	accepter, *v.*	to take on/to accept	accettare	annehmen/akzeptieren	aceptar	δέχομαι
65	accordéon, *n. m.*	accordion	fisarmonica	Akkordeon	acordeón	το ακορντεόν
38	acteur, *n. m.*	actor	attore	Schauspieler	actor	ο ηθοποιός
47	activités, *n. f.*	activities	attività	Aktivitäten	actividades	οι δραστηριότητες
166	actualité, *n. f.*	current events	attualità	Tagesgeschehen	actualidad	η επικαιρότητα
83	addition, *n. f.*	check/bill	conto	Rechnung	cuenta	ο λογαριασμός
46	admirer, *v.*	to admire	ammirare	bewundern	admirar	θαυμάζω
135	adolescence, *n. f.*	teenage years	adolescenza	Jugendalter	adolescencia	η εφηβική ηλικία
18	adorable, *adj.*	wonderfully kind	adorabile	reizend	encantador(a)	αξιολάτρευτος
16	adorer, *v.*	to be crazy (about)	adorare	anbeten	adorar/encantar	λατρεύω
12	adresse, *n. f.*	address	indirizzo	Anschrift	dirección	η διεύθυνση
59	affectueusement	(yours) affectionately	affettuosamente	herzlichst (im Brief)	cariñosamente	με αγάπη
19	âge, *n. m.*	age	età	Alter	edad	η ηλικία
93	agneau, *n. m.*	lamb	agnello	Lamm	cordero	το αρνάκι
16	aimer, *v.*	to like/to love	amare/piacere	lieben	querer a/gustar	αγαπώ
110	aîné, *adj.*	elder	maggiore	älter	mayor	ο μεγαλύτερος
170	allumette, *n. f.*	match	fiammiferfo	Streichholz	fósforo	το σπίρτο
91	ambiance, *n. f.*	atmosphere	atmosfera	Atmosphäre	ambiente	η ατμόσφαιρα
185	amélioration, *n. f.*	improvement	miglioramento	Verbesserung	mejora	η βελτίωση
59	amicalement, *adv.*	kind regards	amichevolmente	freundliche Grußformel im Brief	amistosamente	φιλικά
181	amitié, *n. f.*	friendship	amicizia	herzliche Grüße	amistad	η φιλία
59	amitiés, *n. f.*	best wishes	saluti	viele Grüße	recuerdos /saludos	με φιλία
150	amoureux, *adj.*	in love (with)	innamorato	verliebt	enamorado	ερωτευμένος
47	animé, *adj.*	lively	animato	belebt	animado	(έχει μεγάλη) κίνηση
20	année, *n. f.*	year	anno	Jahr	año	η χρονιά
63	anniversaire, *n. m.*	birthday	compleanno	Geburtstag	cumpleaños	τα γενέθλια
156	annuaire, *n. m.*	directory	elenco telefonico	Verzeichnis	guía	ο τηλεφωνικός κατάλογος
167	annulé (être)	cancelled (to be)	annullato	abgesetzt (werden)	anulado (ser)	ματαιώνομαι
47	août, *n. m.*	August	agosto	August	agosto	ο Αύγουστος
133	apéritif, *n. m.*	aperitive/drink	aperitivo	Aperitif	aperitivo	το απεριτίφ
79	appareil-photo, *n. m.*	camera	macchina fotografica	Fotoapparat	máquina fotográfica	η φωτογραφική μηχανή
10	appeler (s'), *v.*	… name is…	chiamarsi	heißen	llamarse	λέγομαι
165	applaudir, *v.*	to applaud	applaudire	Beifall klatschen	aplaudir a	χειροκροτώ
169	apprentissage, *n. m.*	apprenticeship /training	apprendistato	Lehre	aprendizaje	κατάρτιση (μαθητευομένων)
44	apprendre, *v.*	to learn	imparare	lernen	aprender	μαθαίνω
108	après-demain, *adv.*	(the) day after to-morrow	dopo domani	übermorgen	pasado mañana	μεθαύριο
65	argent, *n. m.*	money	denaro	Geld	dinero	τα λεφτά
167	arrêté (être)	arrested (to be)	arrestato (essere)	festgenommen (werden)	detenido (ser)	συλλαμβάνομαι
69	arrivée, *n. f.*	arrival	arrivo	Ankunft	llegada	η άφιξη
5	arriver, *v.*	to arrive	arrivare	ankommen	llegar	φθάνω
93	artichaut, *n. m.*	globe artichoke	carciofo	Artischocke	alcachofa	η αγκινάρα
7	artiste, *n. m./f.*	artist	artista	Künstler	artista	ο καλλιτέχνης
149	assez (de), *adv.*	enough	abbastanza (di)	genug	bastante/suficiente	αρκετός

	French	English	Italian	German	Spanish	Greek
43	assis	seated	seduto	sitzend	sentado	καθιστός
64	attacher, v.	to fasten	attaccare	anschnallen	abrochar	δένω
169	atteindre, v.	to reach	raggiungere	erreichen	alcanzar	φτάνω
114	attentat, n. m.	attempt/attack	attentato	Attentat	atentado	τρομοκρατική απόπειρα
40	attendre, v.	to wait for	aspettare	warten	esperar	περιμένω
161	attitude, n. f.	attitude	atteggiamento	Einstellung	actitud	η στάση
156	attraper, v.	to catch	prendersi	fangen	atrapar	αρπάζω
9	au revoir, loc.	goodbye/bye-bye	arrivederci	auf Wiedersehen	adiós	γεια σου
75	(au) bout de, loc.	(at) the end of	all' estremità di	am Ende	al final de	στην άκρη τού
75	(au) coin de, loc.	(at) the corner of	all' angolo di	an der Ecke	a la vuelta de	στην γωνία τού
54	auberge de jeunesse, n. f.	youth hostel	albergo della gioventù	Jugendherberge	albergue de juventud	ο ξενώνας νεότητας
167	augmenté (être)	a rise (to get)	aumentato (essere)	erhöht (werden)	aumentado (ser)	αυξάνομαι
24	aujourd'hui, adv.	to-day	oggi	heute	hoy	σήμερα
176	aussi (que)	as… as	quanto/come	genauso (wie)	tan (como)	τόσο … όσο
53	autobus, n. m.	bus	autobus	Bus	autobús	το λεωφορείο
99	automne, n. m.	autumn	autunno	Herbst	otoño	το φθινόπωρο
69	autoroute, n. f.	motorway	autostrada	Autobahn	autopista	ο αυτοκινητόδρομος
108	avant-hier, adv.	(the) day before yesterday	l'altro ieri	vorgestern	antes de ayer	προχθές
117	avare, n. m.	miser	avaro	geizig	avaro	τσιγγούνης
106	avenir, n. m.	future	avvenire	Zukunft	futuro	το μέλλον
120	aventurier, n. m.	adventurous	avventuriero	Abenteurer	aventurero	ριψοκίνδυνος
54	avion, n. m.	plane	aereo	Flugzeug	avión	το αεροπλάνο
179	avis (à mon)	opinion (in my)	parere (al mio)	Meinung (meiner/nach)	parecer (a mi)	(κατά τη) γνώμη (μου)
15	avocat, n. m.	solicitor	avvocato	Rechtsanwalt	abogado	ο δικηγόρος
35	avril, n. m.	April	aprile	April	abril	ο Απρίλιος

B

	French	English	Italian	German	Spanish	Greek
126	bagnole, n. f. (fam.)	bus	macchina	Auto ("Kiste")	coche	το αμάξι
44	bain, n. m.	bath	bagno	Bad	baño	το μπάνιο
93	banane, n. f.	banana	banana	Banane	banana	η μπανάνα
176	banlieue, n. m.	suburb	periferia	Vororte	afueras	το προάστιο
24	barrer, v.	to strike (off)	depennare	durchstreichen	tachar	διαγράφω
37	baskets, n. m.	trainers	scarpe da basket	Turnschuhe	zapatillas de deporte	τα σπορτέξ (παπούτσια)
198	bateau-mouche, n. m.	Seine-steamer	"bateau mouche"	Personendampfer	«bateau-mouche»	το τουριστικό καραβάκι
170	bâtonnet, n. m.	stick	bastoncino	Stäbchen	palito	το μπαστουνάκι
165	battre, v.	to beat	battere	schlagen	vencer	κερδίζω
47	beaucoup (de), adv.	many/a lot of	molto	viel	mucho	πολύς, πολλή, πολύ
47	beau (il fait)	fine (the weather is)	bel tempo (fa)	schön (es ist–)	buen tiempo (hace)	(κάνει) καλό καιρό
37	beau, adj.	beautiful	bello	schön	hermoso	ωραίος
45	beaucoup, adv.	very much/a lot	molto	viel	mucho	πολύ
95	besoin (en cas de)	need (if the … arises)	bisogno (in caso di)	Bedarf (bei Bedarf)	en caso de necesidad	σε περίπτωση ανάγκης
78	besoin de (avoir)	to need/to require	bisogno di (avere)	brauchen	necesitar	χρειάζομαι
19	bibliothèque, n. f.	library	biblioteca	Bibliothek	biblioteca	η βιβλιοθήκη
54	bicyclette, n. f.	bicycle	bicicletta	Fahrrad	bicicleta	το ποδήλατο
15	bientôt (à) !	see you soon !	presto (a)	bald (bis)	hasta pronto	θα τα ξαναπούμε
65	bière, n. f.	beer	birra	Bier	cerveza	η μπύρα
30	billet, n. m.	ticket	biglietto	Fahrkarte	boleto	το εισιτήριο
59	bisous, n. m.	love and kisses (from)	baci	Küßchen	besitos	τα φιλάκια
69	blessé, n. m.	casualty/injured (person)	ferito	Verletzter	herido	ο τραυματίας
55	boire, v.	to drink	bere	trinken	beber	πίνω
88	boisson, n. f.	beverage/drink	bibita	Getränk	bebida	το ποτό
65	bon, adj.	good	buono	gut	bueno	καλός
30	bonbon, n. m.	sweet/candy	caramella	Bonbon	caramelo	η καραμέλα
9	bonjour, n. m.	good morning/day	buongiorno	guten Tag	buenos días	η καλημέρα
37	bottes, n. f.	boots	stivali	Stiefel	botas	οι μπότες
80	boucher, n. m.	butcher	macellaio	Fleischer	carnicero	ο χασάπης
126	bouffer, v. (fam.)	to get at the grub	mangiare	essen	comer	ντερλικώνω
128	bouilli, adj.	boiled	bollito	gekocht	hervido	βραστός
80	boulanger, n. m.	baker	fornaio	Bäcker	panadero	ο φούρναρης
126	boulot, n. m. (fam.)	daily grind	lavoro	Arbeit	trabajo	η δουλειά
129	bouquet, n. m.	bunch (of flowers)	mazzo	Strauß	ramo	το μπουκέτο
59	boutique, n. f.	shop	bottega	Geschäft	tienda	το μαγαζί
70	brasserie, n. f.	brasserie	birreria	Speiselokal	cervecería	η μπυραρία
159	bricolage, n. m.	do-it-yourself	"bricolage"	Basteln	bricolaje	το μαστορίλίκι
37	brun, adj.	dark-haired	bruno	braun	moreno	μελαχρινός
95	bruyant, adj.	noisy	rumoroso	laut	ruidoso	θορυβώδης

	French	English	Italian	German	Spanish	Greek
75	bureau de tabac, *n. m*	tobacconist	tabaccheria	Tabakgeschäft	estanco	το καπνοπωλείο
54	bus, *n. m.*	bus/coach	bus	Bus	autobús	το λεωφορείο
73	but, *n. m.*	aim/goal	meta	Ziel	finalidad/objetivo	ο σκοπός

C

	French	English	Italian	German	Spanish	Greek
151	c'est de sa faute !	it's his/her fault!	è colpa sua!	Das ist seine Schuld!	¡es culpa suya!	φταίει!
138	ça m'énerve !	it annoys me!	mi da ai nervi!	Das regt mich auf !	¡me pone nervioso!	μ'εκνευρίζει!
138	ça me plaît !	it suits me fine!	mi piace !	Das gefällt mir!	¡me gusta!	μ'αρέσει!
138	ça suffit !	that's enough!	basta !	Das reicht!	¡basta!	φτάνει!
75	cabine téléphonique, *n. f.*	phone box/booth	cabina telefonica	Telefonzelle	cabina telefónica	ο τηλεφωνικός θάλαμος
191	cachet, *n. m.*	fee	cachet	Gage	remuneración	η αμοιβή
77	cahier, *n. m.*	notebook	quaderno	Heft	cuaderno	το τετράδιο
64	caisse, *n. f.*	cash desk/check-out	cassa	Kasse	caja	το ταμείο
117	calme, *n. m.*	(a) cool customer	tranquillità, calma	der Ruhige	calma	ήρεμος
47	calme, *adj.*	quiet/peaceful	calmo	ruhig	tranquilo	ήσυχος
79	carnet, *n. m.*	notebook	taccuino	Notizbuch	libreta (de apuntes)	το σημειωματάριο
93	carotte, *n. f.*	carrot	carota	Möhre	zanahoria	το καρότο
112	carrière, *n. f.*	career	carriera	Karriere	carrera	η σταδιοδρομία
100	carte (de vœux), *n. f.*	(greeting) card	carta (di auguri)	(Wunsch)karte	tarjeta de felicitaciones	η (ευχητήρια) κάρτα
39	cassette, *n. f.*	cassette	cassetta	Kassette	cassette	η κασέτα
23	cela dépend	it depends	dipende	je nachdem	esto depende	εξαρτάται
27	célèbre, *adj.*	famous	celebre/famoso	berühmt	célebre	διάσημος
28	centre (ville), *n. m.*	city-centre/downtown	centro	Zentrum/Stadtmitte	centro	το κέντρο
93	cerise, *n. f.*	cherry	ciliegia	Kirsche	cereza	το κεράσι
106	cesser, *v.*	to stop	cessare	aufhören	cesar	σταματώ
120	chaîne de restaurants, *n. f.*	restaurant-chain	catena di ristoranti	Restaurantkette	cadena de restaurantes	αλυσίδα εστιατορίων
66	chaleur, *n. f.*	warmth	calore	Wärme	calor	η ζέστη
15	chambre, *n. f.*	room/bed-room	camera	Zimmer	habitación	το δωμάτιο
83	champignon, *n. m.*	mushroom	fungo	Pilz	champiñon/hongo	το μανιτάρι
159	chanson, *n. f.*	song/lyric	canzone	Lied	canción	το τραγούδι
173	chance, *n. f.*	opportunity	fortuna	Glück	suerte	η τύχη
185	changement, *n. m.*	change	cambiamento	Änderung	cambio	η αλλαγή
14	changer, *v.*	to change	cambiare	ändern	cambiar	αλλάζω
63	chanter, *v.*	to sing	cantare	singen	cantar	τραγουδώ
37	chapeau, *n. m.*	hat	cappello	Hut	sombrero	το καπέλο
117	chaque, *adj. ind.*	each/every	ogni	jeder, jede, jedes	cada	κάθε
93	charcuterie, *n. f.*	delicatessen	salumeria	Wurstwaren	charcutería	αλαντικά
20	chat, *n. m.*	cat	gatto	Katze	gato	η γάτα
54	château, *n. m.*	castle	castello	Schloß	castillo	ο πύργος
103	chaud (il fait)	hot (the weather is)	caldo (fa)	warm (es ist–)	calor (hace)	(κάνει) ζέστη
70	chauffeur, *n. m.*	driver	autista	Fahrer	chófer	ο οδηγός
69	chef de l'État, *n. m.*	head of State	capo dello Stato	Staatsoberhaupt	jefe de Estado	ο αρχηγός του κράτους
37	chemise, *n. f.*	shirt	camicia	Hemd	camisa	το ποκάμισο
37	chemisier, *n. m.*	blouse	camicetta	Bluse	blusa	η μπλούζα (γυναικεία)
156	chéquier, *n. m.*	cheque-book	libretto di assegni	Scheckheft	talonario de cheques	το μπλόκ επιταγών
33	chèque, *n. m.*	cheque	assegno	Scheck	cheque	η επιταγή
15	chercher, *v.*	to look for	cercare	suchen	buscar	ψάχνω
173	chevalier, *n. m.*	knight	cavaliere	Ritter	caballero	ο ιππότης
94	cheval, *n. m.*	horse	cavallo	Pferd	caballo	το άλογο
37	cheveux, *n. m.*	hair	capelli	Haare	cabellos	τα μαλλιά
75	chez, *prép.*	at … 's	da/presso	bei	en casa de	στου, στης
15	chien, *n. m.*	dog	cane	Hund	perro	ο σκύλος
121	chimiste, *n. m.*	scientist	chimico	Chemiker/in	químico	ο, η χημικός
14	choisir, *v.*	to select	scegliere	wählen	elegir	διαλέγω
117	chômeur, *n. m.*	unemployed	disoccupato	Arbeitsloser	desempleado	ο άνεργος
173	chômage, *n. m.*	dole	disoccupazione	Arbeitslosigkeit	desempleo	η ανεργία
128	chou fermenté, *n. m.*	fermented cabbage	cavolo fermentato	gegorener Kohl	repollo fermentado	λάχανο τουρσί
69	circulation (routière)	(road) traffic	circolazione stradale	(Straßen)verkehr	tránsito (de carretera)	(οδική) κυκλοφορία
7	citer, *v.*	to quote	citare	nennen	citar	αναφέρω
42	clair, *adj.*	clear	chiaro	klar	claro	σαφής
5	classe, *n. f.*	class-room	classe	Klasse	clase	η τάξη
13	classer, *v.*	to classify	classificare	ordnen	clasificar	κατατάσσω
83	client, *n. m.*	customer	cliente	Kunde	cliente	ο πελάτης
9	cocher, *v.*	to tick	indicare con una croce	ankreuzen	señalar	σημειώνω

	French	English	Italian	German	Spanish	Greek
141	code civil, *n. m.*	civil code	codice civile	Bürgerliches Gesetzbuch	código civil	ο αστικός κώδικας
104	colère (en)	angry	arrabbiato	Wut	estar furioso	θυμωμένος
84	combien, *adv.*	how many/how much	quanto	wieviel	cuanto	πόσος, -η, -ο / πόσο
140	commencer, *v.*	to begin/to start	cominciare	beginnen	empezar	αρχίζω
91	commander, *v.*	to order	ordinare	bestellen	pedir	παραγγέλλω
38	comment, *adv.*	what's … like/how	come	wie	como	πώς
21	commerçant, *n. m.*	shopkeeper	commerciante	Geschäftsinhaber	comerciante	ο έμπορος
75	commissariat, *n. m.*	police-station	commissariato	Kommissariat	comisaría	(αστινομικό) τμήμα
14	comparer, *v.*	to compare	paragonare	vergleichen	comparar	συγκρίνω
9	compléter, *v.*	to fill in	completare	ergänzen	completar	συμπληρώνω
12	comprendre, *v.*	to understand	capire	verstehen	entender	καταλαβαίνω
81	comptable, *n. m.*	accountant	ragioniere	Buchhalter	contador/contable	ο λογιστής
69	concert, *n. m.*	recital/concert	concerto	Konzert	concierto	η συναυλία
167	conduit (être)	taken to (to be)	condotto (essere)	gebracht (werden)	llevado (ser)	οδηγούμαι / οδηγημένος
173	condamné, *adj.*	condemned	condannato	verurteilt	condenado	καταδικασμένος
155	confirmer, *v.*	to confirm	confermare	bestätigen	confirmar	επιβεβαιώνω
54	confiseries, *n. f.*	sweets/candies	dolciumi	Süßwarenhandlung	dulces	τα γλυκά
15	confortable, *adj.*	confortable	comodo	komfortabel	cómodo/a	άνετος
121	congés parentaux, *n. m.*	extended paternity/ maternity leave	congedi parentali	Elternurlaub	excedencia por cargas de familia	άδεια μητρότητας, πατρότητας
6	connaître, *v.*	to know	conoscere	kennen	conocer	γνωρίζω
63	conseil, *n. m.*	advice	consiglio	Rat	consejo	η συμβουλή
196	contacter, *v.*	to get in touch	contattare	Kontaktieren	contactar	απαντώ
15	content, *adj.*	pleased/happy	contento	erfreut	contento	ευχαριστημένος
121	contraception, *n. f.*	contraception	contracezione	Empfängnisverhütung	contracepción	η αντισύλληψη
7	correspondre (faire), *v.*	to pair (off)	corrispondere (fare)	zuordnen	relacionar	αντιστοιχίζω
11	correspondre, *v.*	to correspond	corrispondere	entsprechen	corresponder	αντιστοιχώ
33	corriger, *v.*	to correct	correggere	verbessern	corregir	διορθώνω
37	costume, *n. m.*	suit	vestito	Anzug	traje	το κουστούμι
66	courage, *n. m.*	courage	coraggio	Mut	ánimo	το θάρρος
29	cours, *n. m.*	class	corso	Vorlesung	clase	το μάθημα
78	courses (faire les)	shopping (to do the)	spesa (fare la)	Einkäufe (machen)	hacer la compra	(κάνω τα) ψώνια
37	court, *adj.*	short	corto	kurz	corto	κοντός
57	coûter, *v.*	to cost	costare	kosten	costar	στοιχίζω
39	crayon, *n. m.*	pencil	matita	Bleistift	lápiz	το μολύβι
166	culture, *n. f.*	cultural events	cultura	Kultur	cultura	ο πολιτισμός
120	curieux, *adj.*	interested (in)/keen (to)	curioso	neugierig	curioso	περίεργος

D

	French	English	Italian	German	Spanish	Greek
142	d'abord, *loc. adv.*	in the first place/first	innanzi	zuerst	primero	πρώτον
20	dans, *prép.*	in/into/inside	in/nel	in	en	(μέσα) σε
159	danse, *n. f.*	dancing	danza	Tanz	baile	ο χορός
140	début, *n. m.*	start	inizio	Anfang	principio	η αρχή
99	décembre, *n. m.*	December	dicembre	Dezember	diciembre	ο Δεκέμβριος
138	déception, *n. f.*	disappointment	delusione	Enttäuschung	decepción	η απογοήτευση
169	décollage, *n. m.*	take-off	decollo	Start	despegue	η απογείωση
120	décontracté, *adj.*	relaxed	rilassato	entspannt	suelto	άνετος
159	décorer, *v.*	to decorate/to do up	arredare	dekorieren	decorar	διακοσμώ
173	décourager, *v.*	to discourage	scoraggiare	entmutigen	desalentar	αποθαρρύνω
55	découvrir, *v.*	to look for	scoprire	entdecken	descubrir	ανακαλύπτω
185	défilé, *n. m.*	parade	corteo	Umzug	desfile	η παρέλαση
161	déguster, *v.*	to savour	assaporare	genießen	saborear	γεύομαι
53	demain, *adv.*	to-morrow	domani	morgen	mañana	αύριο
16	demander, *v.*	to ask for	chiedere	(um etw.) bitten	pedir	ζητώ
70	dentiste, *n. m.*	dentist	dentista	Zahnarzt	dentista	ο οδοντογιατρός
22	département, *n. m.*	region/country	dipartimento	Departement	departamento	ο νομός
132	dépêcher (se), *v.*	to hurry	sbrigarsi	sich beeilen	apresurarse	κάνω γρήγορα
156	déplacer(se), *v.*	to go in person	spostarsi	sich begeben	trasladarse	μετακινούμαι / πηγαίνω
59	dépliant, *n. m.*	leaflet/brochure	pieghevole	Faltprospekt	folleto	τό προσπέκτους
188	dépressif, *adj.*	depressive (person)	depressivo	depressiver Mensch	depresivo	καταθλιπτικός
139	depuis, *prép.*	since/ago	da	seit	desde	από
121	député, *n. m.*	M.P.	deputato	Abgeordneter	diputado	ο βουλευτής
23	dernier, *adj.*	last	ultimo	letzter	último	τελευταίος
75	derrière, *prép.*	at the back of/behind	dietro	hinter	detrás de	πίσω (από)
28	dessert, *n. m.*	sweet course	dessert	Nachspeise	postre	το επιδόρπιο
173	dessin animé, *n. m.*	cartoon	cartoni animati	Zeichentrickfilm	dibujo animado	κινούμενα σχέδια
179	détestable, *adj.*	dreadful	orribile	abscheulich	detestable	απαίσιος

	French	English	Italian	German	Spanish	Greek
16	détester, v.	to hate	detestare	verabscheuen	detestar	απεχθάνομαι
73	deuxième, adj.	second	secondo	zweite/r	segundo/da	δεύτερος
75	devant, prép.	in front of	davanti	vor	delante de	μπροστά (σε)
38	deviner, v.	to guess	indovinare	raten	adivinar	μαντεύω
62	devoir, v.	must/to have to	dovere	müssen	deber	οφείλω / πρέπει
33	devoirs, n. m.	homework	compiti	Hausaufgaben	ejercicios	τα μαθήματα
40	différent, adj.	different	differente	verschieden	diferente/distinto	διαφορετικός
52	difficile, adj.	difficult	difficile	schwierig	difícil	δύσκολος
56	dimanche, n. m.	Sunday	domenica	Sonntag	domingo	η Κυριακή
93	dinde, n. f.	turkey	tacchino	Pute	pavo	η γαλοπούλα
16	dîner, v.	to dine/to have dinner	cena	zu Abend essen	cenar	δειπνώ
125	dingue, adj. (fam.)	crazy/wild/way out	pazzo	verrückt	chiflado	μουρλός
173	dinosaure, n. m.	dinosaur	dinosauro	Dinosaurier	dinosaurio	ο δεινόσαυρος
9	dire, v.	to say/to state	dire	sagen	decir	λέω
164	disparaître, v.	to vanish	sparire	verschwinden	desaparecer	εξαφανίζομαι
173	disparu, adj.	dead	scomparso	verschwunden	desaparecido	ο εκλιπών
167	dizaine, n. f.	about ten	decina	ungefähr zehn	decena	η δεκάδα
7	document, n. m.	document	documento	Dokument	documento	το στοιχείο
152	dommage, loc.	what a pity	peccato	schade	lástima	κρίμα
41	dormir, v.	to sleep	dormire	schlafen	dormir	κοιμάμαι
71	doucement, adv.	easy/gently	piano	langsam	despacio	σιγά
103	doux (il fait)	mild (the weather is)	mite (il tempo è)	mild (es ist mildes Wetter)	agradable (hace un tiempo)	(είναι) γλυκός καιρός
121	droits, n. m.	rights	diritti	Rechte	derechos	τα δικαιώματα
37	drôle, adj.	funny	divertente	lustig	gracioso	αστείος

E

	French	English	Italian	German	Spanish	Greek
65	eau, n. f.	water	acqua	Wasser	agua	το νερό
67	éboueur, n. m.	bin-man/dustman	spazzino	Müllarbeiter	basurero	ο σκουπιδιάρης
166	économie, n. f.	economy	economia	Wirtschaft	economía	η οικονομία
7	écouter, v.	to listen to	ascoltare	zuhören	escuchar	ακούω
163	écrire, v.	to write	scrivere	schreiben	escribir	γράφω
46	église, n. f.	church	chiesa	Kirche	iglesia	η εκκλησία
165	élire/élu, v.	to elect/elected	eleggere/eletto	wählen	elegir/elegido	εκλέγω / εκλεγμένος
53	émission, n. f.	broadcast/programme	trasmissione	Sendung	emisión	η εκπομπή
157	emmener, v.	to take	portare	mitnehmen	llevar	παίρνω κάποιον μαζί μου
181	émouvant, adj.	moving/touching	commovente	ergreifend	conmovedor	συγκινητικός
64	emporter, v.	to take … with	portare	mitbringen	llevar	παίρνω κάτι μαζί μου
55	en pleine mer	on the open sea	in alto mare	auf hoher See	en medio del mar	στα ανοιχτά
74	(en) face de, loc.	opposite	di fronte a	gegenüber von	(en) frente de	απέναντι σε
66	énergie, n. f.	energy	energia	Energie	energía	η ενεργητικότητα
176	énervé, adj.	stressed	nervoso	nervös	nervioso	εκνευρισμένος
112	enfance, n. f.	childhood	infanzia	Kindheit	infancia/niñez	η παιδική ηλικία
19	enfant, n. m.	child	bambino	Kind	niño	το παιδί
142	enfin, adv.	at last/in the end	finalmente	endlich	por último	τέλος
173	ennuyeux, adj.	boring	noioso	langweilig	aburrido	βαρετός
42	ensemble, adv.	together	insieme	zusammen	junto/ta	μαζί
142	ensuite, adv.	then	poi	darauf	luego, después	κατόπιν
169	entretien, n. m.	interview	colloquio	Gespräch	reunión/entrevista	η συνομιλία
75	entre, prép.	between	tra	zwischen	entre	μεταξύ
63	entreprise, n. f.	firm/society	impresa	Unternehmen	empresa	η επιχείρηση
64	entrer, v.	to go in/to go into/	entrare	hineingehen	entrar	μπαίνω
57	entrée, n. f.	entrance fee	ingresso	Eintritt	entrada	η είσοδος
84	entrée, n. f.	first course		Vorspeise	entrada/primer plato	το ορεκτικό
193	envers (à l')	in reverse order	rovescio (a)	umgekehrt	revés (al)	(απ'την) ανάποδη
22	enveloppe, n. f.	envelope	busta	Briefumschlag	sobre	ο φάκελος
198	envie (avoir)	to want to	voglia (avere)	Lust (haben)	ganas (tener)	έχω όρεξη
185	environnement, n. m.	environment	ambiente	Umwelt	medio ambiente	το περιβάλλον
15	envoyer, v.	to send	mandare	zusenden	enviar	στέλνω
12	épeler, v.	to spell (out)	compitare	buchstabieren	deletrear	υπαγορεύω γράμμα-γράμμα
70	épicier, n. m.	grocer	salumiere	Lebensmittelhändler	tendero de ultramarinos	ο μπακάλης
135	époque, n. f.	time	epoca	Zeit	época	η εποχή
154	erreur, n. f.	wrong number	errore	Irrtum	error/equivocación	το λάθος
56	escargot, n. m.	snail	lumaca	Schnecke	caracol	το σαλιγκάρι
15	espérer, v.	to hope	sperare	hoffen	esperar	ελπίζω

	French	English	Italian	German	Spanish	Greek
38	essayer, *v.*	to try	provare	versuchen	intentar/probar	προσπαθώ
99	été, *n. m.*	summer	estate	Sommer	verano	το καλοκαίρι
52	étonnant, *adj.*	strange/unusual	sorprendente	erstaunlich	sorprendente	εκπληκτικός
35	étranger, *n. m.*	foreigner	straniero	Ausländer	extranjero	ο ξένος
10	étudiant, *n. m.*	student	studente	Student	estudiante	ο σπουδαστής
173	évader (s'), *v.*	to escape	evadare	ausbrechen	evadirse/escaparse	ξεφεύγω (από τήν πραγματικότητα)
70	éveiller (s'), *v.*	to wake up	svegliarsi	wach werden	despertarse	ξυπνώ
166	événement, *n. m.*	event	evento	Ereignis	acontecimiento	το γεγονός
164	éviter, *v.*	to avoid	evitare	vermeiden	evitar	αποφεύγω
61	évoquer, *v.*	to suggest	evocare	an etw. denken lassen	mencionar/evocar	θυμίζω
35	examen, *n. m.*	exam	esame	Prüfung	examen	η εξέταση
29	excellent, *adj.*	first-class	eccellente	ausgezeichnet	excelente	εξαιρετικός
90	excuser (s'), *v.*	to apologize	scusarsi	sich entschuldigen	disculparse	ζητώ συγγνώμην
49	exposition, *n. f.*	art exhibition	mostra	Ausstellung	exposición	η έκθεση
56	exprimer, *v.*	to express	esprimere	ausdrücken	expresar	εκφράζω

F

	French	English	Italian	German	Spanish	Greek
65	faire, *v.*	to make/to do	fare	machen	hacer	κάνω
63	faire attention	to pay attention (to)	fare attenzione	achtgeben	tener cuidado	προσέχω
41	faire du sport	to practice sports	fare dello sport	Sport treiben	hacer deportes	κάνω αθλητισμό
131	faire-part, *n. m.*	announcement card	partecipazione	Familienanzeige (Zeitung/Karte)	esquela	το αγγελτήριο
166	fait divers, *n. m.*	criminal offence	fatto di cronaca	Vermischtes	suceso policial	η μικρή είδηση
5	famille, *n. f.*	family	famiglia	Familie	familia	η οικογένεια
176	fatigant, *adj.*	tiring/exhausting	faticoso	anstrengend	cansador	κουραστικός
15	fatigué (être), *adj.*	tired	stanco	müde	cansado (estar)	κουράζομαι
33	faute, *n. f.*	mistake	errore	Fehler	error/falta	το λάθος
70	fermé, *adj.*	closed	chiuso	geschlossen	cerrado	κλειστός
196	fermer, *v.*	to close	chiudere	schließen	cerrar	κλείνω
47	festival, *n. m.*	festival	festival	Festival	festival	το φεστιβάλ
63	fête (faire la)	a good time (to have)	festeggiare	Fest (ein Fest feiern)	juerga (hacer)	γιορτάζω
99	février, *n. m.*	February	febbraio	Februar	febrero	ο Φεβρουάριος
198	fichez-moi la paix !	leave me alone!	smettetela!	Lassen Sie mich in Frieden!	¡déjeme en paz!	αφήστε με ήσυχο!
104	fidèle, *adj.*	faithful	fedele	treu	fiel	πιστός
38	fille, *n. f.*	daughter	figlia	Tochter	hija	η κόρη
18	film (policier), *n. m.*	thriller/detective film	giallo	Krimi	película policíaca	η (αστινομική) ταινία
140	finir, *v.*	to end	finire	beenden	terminar	τελειώνω
125	flic, *n. m.* (fam.)	cop	poliziotto	Polizist ("Bulle")	policía	ο μπάτσος
169	flottement, *n. m.*	floating	fluttuazione	Floating	flotación	η διακύμανση
128	foie gras, *n. m.*	liver preserve/pâté	fegato d'oca	Gänseleber	"foie gras"	το φουά γκρα
63	fois, *n. f.*	time	volta	Mal	vez	η φορά
66	force, *n. f.*	strength	forza	Kraft	fuerza	η δύναμη
169	formation, *n. f.*	further education	formazione	Ausbildung	formación	η κατάρτιση
31	formulaire, *n. m.*	form	modulo	Formular	formulario	το έντυπο
10	formules de politesse	letter ending phrases	formule di cortesia	Höflichkeitsformeln	fórmulas de cortesía	τύποι ευγενείας
103	frais (il fait)	cool (the weather is)	fresco (fa)	kühl (es ist–)	fresco (está)	(κάνει) δροσιά
19	frère, *n. m.*	brother	fratello	Bruder	hermano	ο αδελφός
126	fric, *n. m.* (fam.)	dough/hard cash	grana	Geld ("Kohle")	dinero	ο παράς
128	frite, *n. f.*	chip	patate fritte	Pomme frite	patata frita	η τηγανητή πατάτα
103	froid (il fait)	cold (the weather is)	freddo (fa)	kalt (es ist–)	frío (hace)	(κάνει) κρύο
93	fromage blanc	soft white cheese	formaggio bianco	Quark	queso blanco	το στραγγιχτό γιαούρτι
56	fromage, *n. m.*	cheese	formaggio	Käse	queso	το τυρί
19	fruit, *n. m.*	fruit	frutto	Frucht	fruta	το φρούτο
93	fruits de mer, *n. m.*	shell fish	frutti di mare	Meeresfrüchte	mariscos	τα θαλασσινά
71	fumer, *v.*	to smoke	fumare	rauchen	fumar	καπνίζω
151	fumée, *n. f.*	smoke	fumo	Rauch	humo	ο καπνός

G

	French	English	Italian	German	Spanish	Greek
193	gage, *n. m.*	forfeit	pegno	Pfand	prenda	η ποινή (παιχνιδιού)
73	gagnant, *n. m.*	winner	vincitore	Gewinner	ganador	ο νικητής
73	gagner, *v.*	to win	vincere	gewinnen	ganar	κερδίζω
48	gai, *adj.*	cheerful	allegro	fröhlich	alegre	χαρούμενος
19	gare, *n. f.*	station	stazione	Bahnhof	estación	ο σταθμός
66	gâteau, *n. m.*	cake	dolce	Gebäck	pastel	το γλυκό
67	gens, *n. m.*	people	gente	Leute	gente	οι άνθρωποι
54	gîte, *n. m.*	holiday home	allogio	Nachtquartier	morada	το κατάλυμα

	French	English	Italian	German	Spanish	Greek
93	glace, *n. f.*	ice cream	gelato	Eis	helado	το παγωτό
39	gomme, *n. f.*	eraser/rubber	gomma	Radiergummi	goma	η γομολάστιχα
56	goûts, *n. m.*	tastes	gusti	Vorlieben	gustos	οι προτιμήσεις
37	grand, *adj.*	tall	grande	groß	alto	ψηλός
176	gratuit, *adj.*	free	gratuito	gratis	gratuito	δωρεάν
128	grenouille (cuisse de), *n. f.*	frog-leg	rana (coscia di)	(Frosch)schenkel	ranas (ancas de)	(ποδαράκι) βατράχου
37	gros, *adj.*	fat	grosso	dick	gordo	παχύς
54	grotte, *n. f.*	grotto	grotta	Höhle	gruta	το σπήλαιο
42	groupe, *n. m.*	team/group	gruppo	Gruppe	grupo	η ομάδα
106	guerre, *n. f.*	war	guerra	Krieg	guerra	ο πόλεμος

H

	French	English	Italian	German	Spanish	Greek
132	habiller (s'), *v.*	to get dressed	vestirsi	sich anziehen	vestirse	ντύνομαι
15	habiter, *v.*	to live in	stare	wohnen	vivir	κατοικώ
93	haricot, *n. m.*	green bean	fagiolo	Bohne	alubia	το φασολάκι
185	hauteur, *n. f.*	height	altezza	Höhe	altura	το ύψος
24	hébergement, *n. m.*	lodgings	allogio	Unterkunft	alojamiento	η στέγαση
110	héroïne, *n. f.*	heroine	eroina	Heldin	heroína	η ηρωίδα
152	hésiter, *v.*	to hesitate	esitare	zögern	vacilar	διστάζω
27	heure, *n. f.*	hour	ora	Stunde	hora	η ώρα
108	hier, *adv.*	yesterday	ieri	gestern	ayer	χθες
161	historien, *n. m.*	historian	storico	Historiker	historiador	ο ιστορικός
99	hiver, *n. m.*	winter	inverno	Winter	invierno	ο χειμώνας
161	hommage, *n. m.*	homage	omaggio	Hommage	homenaje	η τιμητική εκδήλωση
79	horaires, *n. m.*	timetable/schedule	orari	Fahrplan	horarios	τα δρομολόγια
174	horreur (film d')	horror-film	orrore (film dell')	Horror(film)	horror (película de)	(ταινία) φρίκης
54	hôtel, *n. m.*	hotel	albergo	Hotel	hotel	το ξενοδοχείο
93	huile, *n. f.*	oil	olio	Öl	aceite	το λάδι
93	huître, *n. f.*	oyster	ostrica	Auster	ostra	το στρείδι

I

	French	English	Italian	German	Spanish	Greek
48	ici, *adv.*	here	qui	hier	aquí	εδώ
19	idée, *n. f.*	idea/notion	idea	Idee	idea	η ιδέα
71	il faut	it takes	occorre	hier: es dauert	es necesario	χρειάζεται / χρειάζονται
20	il y a	there is/there are/ago	c'è	da ist, da sind	hay	υπάρχει
19	immeuble, *n. m.*	building/block	palazzo	Gebäude	edificio	η πολυκατοικία
38	infirmière, *n. f.*	nurse	infermiera	Krankenschwester	enfermera	η νοσοκόμα
181	inoubliable, *adj.*	unforgettable	indimenticabile	unvergeßlich	inolvidable	αξέχαστος
106	inquiet, *adj.*	worried	preoccupato	beunruhigt	preocupado	ανήσυχος
70	instituteur, *n. m.*	primary schoolteacher	maestro	Lehrer (Grund-, Volksschule)	maestro	ο δάσκαλος
127	interdire, *v.*	to forbid	vietare	verbieten	prohibir	απαγορεύω
43	intervenir, *v.*	to take part (in)	intervenire	sich beteiligen	intervenir	επεμβαίνω
16	inviter, *v.*	to invite	invitare	einladen	invitar	προσκαλώ
138	irritation, *n. f.*	annoyance	irritazione	Ärger	irritación	εκνευρισμός

J

	French	English	Italian	German	Spanish	Greek
117	jamais, *adv.*	never	mai	nie	nunca/jamás	ποτέ
93	jambon, *n. m.*	ham	prosciutto	Schinken	jamón	το ζαμπόν
99	janvier, *n. m.*	January	gennaio	Januar	enero	ο Ιανουάριος
20	jardin, *n. m.*	garden	giardino	Garten	jardín	ο κήπος
59	je t'embrasse	kisses from...	ti abbraccio	Ich umarme Dich	un beso/un abrazo	σε φιλώ
10	je vous en prie	you're welcome	prego	bitte	de nada	σας παρακαλώ
33	jeudi, *n. m.*	Thursday	giovedì	Donnerstag	jueves	η Πέμπτη
37	jeune, *adj.*	young	giovane	jung	joven	νέος
30	jouer, *v.*	to act	far la parte di	spielen	jugar a	παίζω
28	jouer, *v.*	to play	giocare	spielen	jugar a	παίζω
20	jour, *n. m.*	day	giorno	Tag	día	η ημέρα
166	journal, *n. m.*	newspaper	giornale	Zeitung	diario, periódico	η εφημερίδα
70	journaliste, *n. m.*	journalist	giornalista	Journalist	periodista	ο δημοσιογράφος
165	juger, *v.*	to pass judgment	giudicare	beurteilen	juzgar	κρίνω
99	juillet, *n. m.*	July	luglio	Juli	julio	ο Ιούλιος
47	juin, *n. m.*	June	giugno	Juni	junio	ο Ιούνιος
37	jupe, *n. f.*	skirt	gonna	Rock	falda	η φούστα
66	jus, *n. m.*	juice	sugo	Saft	jugo	ο χυμός

K						
149	kilo, *n. m.*	kilo	chilo	Kilo	kilo	το κιλό
L						
52	là-bas, *adv.*	(out) here	laggiù	dort	allá	εκεί
37	laid, *adj.*	ugly	brutto	häßlich	feo	άσχημος
64	laisser, *v.*	to leave	lasciare	lassen	dejar	αφήνω
66	lait, *n. m.*	milk	latte	Milch	leche	το γάλα
93	laitiers (produits)	dairy (products)	latticini	Milchprodukte	lácteos (productos)	γαλακτοκομικά (προϊόντα)
89	lapin, *n. m.*	rabbit	coniglio	Kaninchen	conejo	το κουνέλι
185	largeur, *n. f.*	width	larghezza	Breite	ancho	το πλάτος
56	légume, *n. m.*	vegetable	legume	Gemüse	verdura	το λαχανικό
44	lentement, *adv.*	slowly	lentamente	langsam	despacio	αργά
42	levez-vous !	stand up!	alzatevi !	Steht/Stehen Sie auf!	¡levántese!	σηκωθείτε!
38	libraire, *n. m.*	bookseller	libraio	Buchhändler	librero	ο βιβλιοπώλης
98	libre, *adj.*	free	libero	frei	libre	ελεύθερος
21	lieu, *n. m.*	place	luogo	Ort	lugar	ο τόπος
77	limonade, *n. f.*	lemonade	gassosa	Limonade	gaseosa	η λεμονάδα
12	lire, *v.*	to read	leggere	lesen	leer	διαβάζω
156	livrer, *v.*	to deliver	consegnare	liefern	entregar	παραδίδω
59	loin, *adv.*	far	lontano	weit	lejos	μακριά
135	lointain, *adj.*	distant/remote	lontano	fern	lejano	μακρινός
48	loisir, *n. m.*	leasure/free time	tempo libero	Freizeit (gestaltung)	tiempo libre	η διασκέδαση
37	long, *adj.*	long	lungo	lang	largo	μακρύς
185	longueur, *n. f.*	length	lunghezza	Länge	largo	το μήκος
15	loyer, *n. m.*	rent	affitto	Miete	alquiler	το ενοίκιο
69	lundi, *n. m.*	Monday	lunedì	Montag	lunes	η Δευτέρα
37	lunettes, *n. f.*	spectacles	occhiali	Brille	anteojos	τα γυαλιά
M						
67	magasin, *n. m.*	shop/store	negozio	Geschäft	tienda	το κατάστημα
8	magazine, *n. m.*	magazine	periodico	Zeitschrift	revista	το περιοδικό
99	mai, *n. m.*	May	maggio	Mai	mayo	ο Μάιος
61	maintenant, *adv.*	now	ora	jetzt	ahora	τώρα
121	maire, *n. m.*	mayor/mayoress	sindaco	Bürgermeister/in	alcalde	ο δήμαρχος
19	maison, *n. f.*	house	casa	Haus	casa	το σπίτι
52	malade, *adj.*	sick/ill	malato	krank	enfermo	άρρωστος
16	manger, *v.*	to eat	mangiare	essen	comer	τρώω
69	mardi, *n. m.*	Tuesday	martedì	Dienstag	martes	η Τρίτη
15	mari, *n. m.*	husband	marito	Ehemann	marido	ο σύζυγος
135	marquer, *v.*	to have an impact	lasciare il segno	kennzeichnen	marcar	σημαδεύω
128	marrons, *n. m.*	chestnuts	castagne	Eßkastanien	castañas	τα κάστανα
99	mars, *n. m.*	March	marzo	März	marzo	ο Μάρτιος
30	matin, *n. m.*	morning	mattina	Morgen	mañana	το πρωί
103	mauvais (il fait)	bad (the weather is)	brutto tempo (fa)	schlecht (es ist–)	mal tiempo (hace)	(ο καιρός είναι) κακός
15	médecin, *n. m.*	doctor/G.P.	medico	Arzt	médico	ο γιατρός
176	meilleur, *adj.*	better	migliore	besser	mejor	καλύτερος
166	mensuel, *n. m.*	monthly	mensile	Monatszeitschrift	mensual	το μηνιαίο περιοδικό
18	mer, *n. f.*	sea	mare	Meer	mar	η θάλασσα
9	merci, *n. m.*	thank you	grazie	Danke	gracias	ευχαριστώ
29	mercredi, *n. m.*	Wednesday	mercoledì	Mittwoch	miércoles	η Τετάρτη
71	messe, *n. f.*	mass	messa	Messe	misa	η λειτουργία
166	météo, *n. f.*	weather forecast	meteorologia	Wettervorhersage	metereología	το μετεωρολογικό δελτίο
121	metteur en scène, *n. m.*	director (film/stage)	regista	Intendant/in	escenógrafo	ο σκηνοθέτης
107	milliard, *n. m.*	1000 million/billion	miliardo	Milliarde	mil millones	το δισεκατομμύριο
37	mince, *adj.*	slim	snello	schlank	delgado	αδύνατος
135	miroir, *n. m.*	reflection	specchio	Spiegel	espejo	ο καθρέφτης
188	misanthrope, *n. m.*	misanthropist	misantropo	Menschenfeind	misántropo	ο μισάνθρωπος
40	mission, *n. f.*	task	missione	Mission	misión	η αποστολή
79	mode de vie, *n. m.*	way of life	genere di vita	Lebensweise	modo de vida	ο τρόπος ζωής
149	moins (de), *adv.*	less	meno (di)	weniger	menos	λιγότερος, -η, -ο
176	moins (que)	less… than	meno (di)	weniger (als)	menos (que)	λιγότερο … από
20	mois, *n. m.*	month	mese	Monat	mes	ο μήνας
48	monde (beaucoup de)	people (a lot of/many)	gente (molta)	Leute (viele)	gente (mucha)	πολύς κόσμος
199	monter, *v.*	to go on board	salire	steigen	subir	ανεβαίνω
66	montagne, *n. f.*	mountains	montagna	Berg	montaña	το βουνό
40	montre, *n. f.*	watch	orologio	Uhr	reloj	το ρολόι (του χεριού)

59	monument, *n. m.*	monument	monumento	Denkmal	monumento	το μνημείο
69	mort, *n. m.*	dead	morto	Tod	muerto	ο νεκρός
34	mot, *n. m.*	word	parola	Wort	palabra	η λέξη
93	moule, *n. f.*	mussel	cozza	Miesmuschel	mejillón	το μύδι
37	moustaches, *n. f.*	moustache	baffi	Schnurrbart	bigote	τα μουστάκια
18	moyen (de transport)	mean of transportation	mezzo di trasporto	(Transport)mittel	medio (de transporte)	το (μεταφορικό) μέσον
188	muet, *adj.*	dumb (person)	muto	stumm	mudo	βουβός
39	muet, *adj.*	mute	muto	stumm	mudo	άφωνος
54	musée, *n. m.*	museum	museo	Museum	museo	το μουσείο
80	musicien, *n. m.*	musician	musicista	Musiker	músico	ο μουσικός

N

44	nager, *v.*	to swim	nuotare	schwimmen	nadar	κολυμπώ
121	navigatrice, *n. f.*	sailor	navigatrice	Seefahrerin	navegante	η θαλασσοπόρος
65	nécessaire, *adj.*	essential	necessario	nötig	necesario	αναγκαίος
103	neiger, *v.*	to snow	nevicare	schneien	nevar	χιονίζει
35	nerveux, *adj.*	anxious/on edge	nervoso	nervös	nervioso	νευρικός
37	nez, *n. m.*	nose	naso	Nase	nariz	η μύτη
52	Noël, *n. m.*	Christmas	Natale	Weihnachten	Navidad	τα Χριστούγεννα
12	nom, *n. m.*	name	cognome	Name	apellido	το επώνυμο
129	non, fallait pas !	but you should'nt! that's too much	non c'era bisogno!	Das war doch nicht nötig!	¡no era necesario!	όχι, δεν χρειαζόταν!
33	noter, *v.*	to note (down)	segnare	aufschreiben	anotar	σημειώνω
99	novembre, *n. m.*	November	novembre	November	noviembre	ο Νοέμβριος
103	nuage, *n. m.*	cloud	nuvola	Wolke	nube	το σύννεφο

O

6	objet, *n. m.*	object	oggetto	Gegenstand	objeto	το αντικείμενο
35	occupé, *adj.*	busy	occupato	beschäftigt	ocupado	απασχολημένος
99	octobre, *n. m.*	October	ottobre	Oktober	octubre	ο Οκτώβριος
66	œuf, *n. m.*	egg	uovo	Ei	huevo	το αυγό
120	offre (d'emploi), *n. f.*	(jobs) ads	offerta (d'impiego)	(Stellen)angebot	oferta (de empleo)	η προσφορά (εργασίας)
15	offrir, *v.*	to offer	regalare	anbieten	ofrecer	προσφέρω
83	oignon, *n. m.*	onion	cipolla	Zwiebel	cebolla	το κρεμμύδι
192	onéreux, *adj.*	expensive	oneroso	kostspielig	costoso	δαπανηρός
46	ordinateur, *n. m.*	computer	computer	Computer	ordenador	ο ηλεκτρονικός εγκέφαλος
13	ordre alphabétique	alphabetical order	ordine alfabetico	alphabetische Reihenfolge	orden alfabético	αλφαβητική σειρά
71	ordres, *n. m.*	orders	ordini	Befehle	órdenes	οι διαταγές
95	oreiller, *n. m.*	pillow	cuscino	Kopfkissen	almohada	το μαξιλάρι
48	organiser, *v.*	to arrange	organizzare	veranstalten	organizar	οργανώνω
173	otage (prendre en)	hostage (to take)	ostaggio (prendere in)	Geisel (nehmen)	rehén (retener a alguien como)	(παίρνω) όμηρο
52	où, *adv.*	where	dove	wo	donde	πού
84	ouvert, *adj.*	open	aperto	geöffnet	abierto	ανοιχτός
21	ouvrier, *n. m.*	factory worker	operaio	Arbeiter	obrero	ο εργάτης
42	ouvrir, *v.*	to open	aprire	öffnen	abrir	ανοίγω

P

37	pantalon, *n. m.*	trousers	pantaloni	Hose	pantalón	το παντελόνι
30	paquet, *n. m.*	parcel	pacchetto	Paket	paquete	το πακέτο
57	parc (de loisirs), *n. m.*	leisure park	parco (turistico)	Ausflugspark	parque(turístico)	το (τουριστικό) άλσος
62	parce que, *loc.*	because	perchè	weil	porque	επειδή
90	pardon, *loc.*	(I'm) sorry	scusi	Entschuldigung	perdón	συγγνώμην
28	parenthèse, *n. f.*	bracket	parentesi	Klammer	paréntesis	η παρένθεση
117	parfois, *adv.*	at times/sometimes	a volte	manchmal	a veces/algunas veces	κάποτε
55	parlement, *n. m.*	Parliament	parlamento	Parlament	parlamento	η βουλή
30	partir, *v.*	to travel/to leave (for)	andare via	weggehen/(weg) fahren	salir/irse	φεύγω
70	partout, *adv.*	everywhere	dappertutto	überall	en todas partes	παντού
154	passer, *v.*	to put ... through to	passare	verbinden	pasar	δίνω
93	pâté, *n. m.*	pâté	pasticcio	Pastete	«pâté»	το πατέ
66	patience, *n. f.*	patience	pazienza	Geduld	paciencia	η υπομονή
63	patient, *adj.*	patient	paziente	Patient	paciente	υπομονετικός
54	pâtisseries, *n. f.*	pastries/cakes	dolci	Gebäck	dulces	οι πάστες / τα γλυκά
80	pâtissier, *n. m.*	pastry-cook	pasticciere	Konditor	repostero	ο ζαχαροπλάστης
64	payer, *v.*	to pay	pagare	bezahlen	pagar	πληρώνω
50	pays, *n. m.*	country	paese	Land	país	η χώρα
159	peindre, *v.*	to paint	pitturare	malen	pintar	ζωγραφίζω
56	peinture, *n. f.*	painting	pittura	Gemälde	pintura	η ζωγραφική

	French	English	Italian	German	Spanish	Greek
40	perdre, *v.*	to lose	perdere	verlieren	perder	χάνω
148	perdu, *adj.*	lost	perso	verloren	perdido	χαμένος
59	permettre, *v.*	to give opportunity	permettere	erlauben	permitir	επιτρέπω
98	permis (tout est)	permitted	permesso	Erlaubnis	permitido	(όλα) επιτρέπονται
188	personne, *pron. ind.*	nobody	nessuno	niemand	nadie	κανείς
7	personnage, *n. m.*	figure	personaggio	Persönlichkeit	personaje	το πρόσωπο
173	persuadé (être)	persuaded	persuaso (essere)	überzeugt (sein)	convencido (estar)	πείθομαι / πεπεισμένος
37	petit, *adj.*	small/short	piccolo	klein	bajo	κοντός
150	peu (de), *adv.*	a little	poco	wenig	poco	λίγος, -η, -ο
117	peureux, *n. m.*	coward	pauroso	ängstlich	miedoso	φοβιτσιάρης
16	photographier, *v.*	to take a picture	fotografare	fotografieren	sacar una foto	φωτογραφίζω
85	pièce, *n. f.*	room	stanza	Zimmer	habitación	το δωμάτιο
149	pincée (de sel), *n. f.*	pinch (of salt)	pizzico (di sale)	Prise (Salz)	pizca (de sal)	η πρέζα (αλάτι)
176	pire, *adj.*	worse	peggiore	schlechter	peor	χειρότερος
63	place, *n. f.*	seat	posto	Platz	lugar	η θέση
47	plage, *n. f.*	beach	spiaggia	Strand	playa	η αμμουδιά
167	plainte, *n. f.*	complaint	lagnanza	Beschwerde	queja	η μήνυση
48	plaire, *v.*	to please	piacere	gefallen	gustar	αρέσω
15	plan, *n. m.*	street-map/plan	pianta	Plan	plano	ο χάρτης
54	planche à voile, *n. f.*	surfing-board	wind surf	Surfen	tabla de vela	η ιστιοσανίδα
92	plat principal, *n. m.*	main course	piatto forte	Hauptgericht	plato principal	το κύριο πιάτο
150	plein (de), *adv.*	many/a lot of	pieno di/un sacco di	viel	lleno (de)	γεμάτος
70	plein, *adj.*	overcrowded	pieno	voll	lleno/completo	γεμάτος
148	pleurer, *v.*	to weep	piagere	weinen	llorar	κλαίω
45	pleut (il)	it's raining	piove	es regnet	llueve	βρέχει
103	pleuvoir, *v.*	to rain	piovere	regnen	llover	βρέχει
150	plus (de), *adv.*	more	più (di)	mehr	más	περισσότερος, -η, -ο
142	plus tard, *loc. adv.*	later	dopo	später	más tarde	αργότερα
176	plus (que)	more… than	più (di)	mehr (als)	más (que)	περισσότερο … από
63	plusieurs, *adj.*	several	parecchi	mehrere	varios/as	πολλοί, πολλές, πολλά
93	poire, *n. f.*	pear	pera	Birne	pera	το αχλάδι
93	poireau, *n. m.*	leek	porro	Porree	puerro	το πράσο
83	poisson, *n. m.*	fish	pesce	Fisch	pescado	το ψάρι
34	poliment, *adv.*	politely	cortesemente	höflich	cortésmente	ευγενικά
166	politique, *n. f.*	political affairs	politica	Politik	política	η πολιτική
93	pomme de terre, *n. f.*	potato	patata	Kartoffel	patata	η πατάτα
93	pomme, *n. f.*	apple	mela	Apfel	manzana	το μήλο
70	pompier, *n. m.*	fireman	vigile del fuoco	Feuerwehrmann	bombero	ο πυροσβέστης
147	ponctuel, *adj.*	on time	puntuale	pünktlich	puntual	ακριβής
43	poser (une question), *v.*	to ask	fare una domanda	stellen (eine Frage)	hacer (una pregunta)	θέτω
119	poster, *v.*	to mail	imbucare	einwerfen	echar al correo	ταχυδρομώ
54	poste, *n. f.*	post-office	posta	Post	correo	το ταχυδρομείο
93	poulet, *n. m.*	chicken	pollo	Huhn	pollo	το κοτόπουλο
78	pour, *prép.*	in order to	per	für	para	για (να)
52	pourquoi, *adv.*	why	perchè	warum	¿por qué ?	γιατί
74	pouvoir, *v.*	can/may	potere	können	poder	μπορώ
48	préférer, *v.*	to prefer	preferire	vorziehen	preferir	προτιμώ
73	premier, *adj.*	first	primo	erster	primero	πρώτος
44	prendre, *v.*	to take	prendere	nehmen	tomar	παίρνω
155	prendre note	to note down	prendere nota	notieren	tomar nota	κρατώ σημείωση
12	prénom, *n. m.*	forename	nome	Vorname	nombre	το όνομα (βαπτιστικό)
74	près de, *loc.*	near	vicino a	in der Nähe von	cerca de	κοντά σε
53	près, *adv.*	close/near	vicino	nah	cerca	κοντά
9	présenter (se), *v.*	to introduce (oneself)	presentarsi	sich vorstellen	presentarse	παρουσιάζομαι
69	présenter, *v.*	to present	presentare	präsentieren	presentar	παρουσιάζω
30	presque, *adv.*	almost	quasi	beinahe	casi	σχεδόν
166	presse, *n. f.*	press	stampa	Presse	prensa	ο τύπος
75	pressing, *n. m.*	dry-cleaner	lavanderia	Schnellreinigung	tintorería	το καθαριστήριο
99	printemps, *n. m.*	spring	primavera	Frühling	primavera	η άνοιξη
188	prisonnier, *n. m.*	prisoner	prigioniero	Gefangener	preso	ο φυλακισμένος
35	problème, *n. m.*	problem	problema	Problem	problema	το πρόβλημα
53	prochain, *adj.*	next	prossimo	nächster	próximo	επόμενος
15	professeur, *n. m.*	teacher	professore	Lehrer (höhere Schule)	profesor	ο καθηγητής
27	profession, *n. f.*	profession	professione	Beruf	profesión	το επάγγελμα
98	projet, *n. m.*	plan	progetto	Plan	proyecto	το σχέδιο
159	promenade, *n. f.*	walk	passeggiata	Spaziergang	paseo	ο περίπατος
78	promener (se), *v.*	to go for a walk	passegiare	spaziergehen	ir de paseo	κάνω περίπατο

	French	English	Italian	German	Spanish	Greek
42	prononcer (se), *v.*	to be pronounced	pronunciarsi	ausgesprochen werden	pronunciarse	προφέρομαι
7	prononcer, *v.*	to pronounce	pronunciare	aussprechen	pronunciar	προφέρω
15	proposer, *v.*	to offer/to suggest	proporre	anbieten/vorschlagen	proponer	προτείνω
63	propre, *adj.*	clean	pulito	sauber	limpio	καθαρός
91	propreté, *n. f.*	cleanliness	pulizia	Sauberkeit	limpieza	η καθαριότητα
121	protection (de l'emploi), *n. f.*	(job) protection	protezione (dell'impiego)	Schutz des Arbeitsplatzes	protección (del empleo)	(επαγγελματική) προστασία
90	protester, *v.*	to protest	protestare	protestieren	protestar	διαμαρτύρομαι
37	pull, *n. m.*	sweater/jumper	pullover/maglia	Pullover	pull-over	το πουλόβερ

Q

61	qualité, *n. f.*	quality	qualità	Eigenschaft	cualidad	το προτέρημα
170	quantité, *n. f.*	quantity	quantità	Menge	cantidad	η ποσότητα
52	quand, *adv.*	when	quando	wann	cuando	πότε;
15	quartier, *n. m.*	district	quartiere	Stadtviertel	barrio	η συνοικία
26	quel, *adj. inter.*	which	quale	welcher	cuál	ποιος
117	quelquefois, *adv.*	sometimes	alcune volte	manchmal	algunas veces	μερικές φορές
188	quelque chose, *loc.*	something	qualcosa	etwas	algo	κάτι
188	quelqu'un, *pron. ind.*	somebody	qualcuno	jemand	alguien	κάποιος
27	question, *n. f.*	question	domanda	Frage	pregunta	η ερώτηση
6	que… ?	what	che	was	¿qué…?	τι;
154	qui est à l'appareil ?	who's calling?	con chi parlo ?	Wer ist am Apparat?	¿quién habla ? ¿quién es ?	ποιος είναι στο τηλέφωνο;
37	qui est-ce ?	who is it?	chi è?	Wer ist das?	¿quién es ?	ποιος είναι;
43	quitter, *v.*	to leave	lasciare	verlassen	dejar	εγκαταλείπω
154	quittez pas ! (ne)	hold on!	rimanga in linea !	Bleiben Sie am Apparat!	¡no cuelgue!	μην κλείνετε!
166	quotidien, *n. m.*	daily	quotidiano	Tageszeitung	diario	η εφημερίδα (ημερήσια)

R

154	raccrocher, *v.*	to ring off	riattaccare	auflegen	colgar	κλείνω
93	radis, *n. m.*	radish	ravanello	Radieschen	rábano	το ραπανάκι
128	ragoût (de viande), *n. m.*	(meat) stew	stufato (di carne)	(Fleisch)ragout	guisado (de carne)	το (κρέας) γιαχνί
91	rapidité, *n. f.*	quickness	rapidità	Schnelligkeit	rapidez	η ταχύτητα
154	rappeler, *v.*	to call back	richiamare	zurückrufen	volver a llamar	ξανατηλεφωνώ
117	rarement, *adv.*	seldom	raramente	selten	raramente	σπάνιως
138	"ras-le-bol" (fam.)	(feeling) fed up	(averne) piene le scatole	die Nase voll haben	estar hasta la coronilla	φτάνει πια
132	raser (se), *v.*	to shave	farsi la barba	sich rasieren	afeitarse	ξυρίζομαι
191	recette, *n. f.*	box-office takings	incasso	Einnahme	ingresos	η είσπραξη
15	recevoir, *v.*	to welcome/to receive	ricevere	empfangen/erhalten	recibir	δέχομαι
193	réciter, *v.*	to recite	recitare	aufsagen	recitar	απαγγέλλω
152	réfléchir, *v.*	to think about	riflettere	nachdenken	pensar	σκέφτομαι
16	refuser, *v.*	to refuse	rifiutare	ablehnen	rechazar	αρνούμαι
16	regarder, *v.*	to look at	guardare	(an)sehen	mirar	κοιτάζω
7	région, *n. f.*	region	regione	Region	región	η περιοχή
33	régler, *v.*	to pay up	pagare	bezahlen	abonar	πληρώνω
152	regretter, *v.*	to be sorry	dispiacere	bedauern	lamentar	λυπούμαι
61	relever, *v.*	to pick out	annotare	hervorheben	señalar	βρίσκω
16	remarquer, *v.*	to notice	notare	bemerken	observar	παρατηρώ
167	remboursé (être)	refunded (to be)	rimborsato (essere)	zurückstattet (werden)	reembolsado (ser)	επιστρέφονται τα χρήματα
34	remercier, *v.*	to thank	ringraziare	danken	agradecer	ευχαριστώ
24	remplir, *v.*	to fill in	riempire	ausfüllen	completar	συμπληρώνω
33	remplir , *v.* (un chèque)	to fill out	compilare (un assegno)	ausfüllen	completar (un cheque)	συμπληρώνω
16	rencontrer, *v.*	to meet	incontrare	treffen	encontrar	συναντώ
40	rendez-vous, *n. m.*	appointment	appuntamento	Verabredung	cita	το ραντεβού
159	réparer, *v.*	to do repair jobs	riparare	reparieren	arreglar	επιδιορθώνω
11	répéter, *v.*	to repeat	ripetere	wiederholen	repetir	επαναλαμβάνω
135	replonger (se), *v.*	to go back (to)	rituffare	wieder eintauchen	sumergir de nuevo	ξαναβυθίζομαι
34	répondre, *v.*	to answer	rispondere	antworten	contestar/responder	απαντώ
15	réponse, *n. f.*	answer	risposta	Antwort	respuesta	η απάντηση
61	réserver, *v.*	to book	prenotare	buchen	reservar	κρατώ θέση
67	restaurant, *n. m.*	restaurant	ristorante	Restaurant	restaurante	το εστιατόριο
63	rester (au lit)	to stay (in bed)	stare (a letto)	bleiben(im Bett)	quedarse (en la cama)	μένω (στο κρεβάτι)
16	rester, *v.*	to stay/to remain	stare	bleiben	quedar	μένω
7	retrouver, *v.*	to recognize/to find	ritrovare	wiederfinden	encontrar	ξαναβρίσκω
63	réussir, *v.*	to achieve success	riuscire	gelingen	tener éxito	πετυχαίνω

	French	English	Italian	German	Spanish	Greek
27	rêve, *n. m.*	dream	sogno	Traum	sueño	το όνειρο
50	revenir, *v.*	to come back	tornare	zurückkommen	volver/regresar	επιστρέφω
156	rhume, *n. m.*	cold	raffreddore	Schnupfen	resfriado	το συνάχι
41	riche, *adj.*	rich/wealthy	ricco	reich	rico	πλούσιος
188	rien, *pron. ind.*	nothing	niente	nichts	nada	τίποτε
164	rire, *v.*	to laugh	ridere	lachen	reír	γελώ
37	robe, *n. f.*	dress	abito	Kleid	vestido	το φουστάνι
83	rôti de porc, *n. m.*	pork-roast	arrosto di porco	Schweinebraten	asado de cerdo	το χοιρινό ψητό
156	rougeole, *n. f.*	measles	morbillo	Masern	sarampión	η ιλαρά
71	rouler, *v.*	to drive	guidare	fahren	conducir	τρέχω
166	rubrique, *n. f.*	feature/column	rubrica	Rubrik	rúbrica	η στήλη

S

	French	English	Italian	German	Spanish	Greek
10	s'il vous plaît	if you please/please	per piacere	bitte	por favor	σας παρακαλώ
48	sable, *n. m.*	sand	sabbia	Sand	arena	η άμμος
149	sachet, *n. m.*	bag (tea-bag)	sacchetto	Beutel	sobrecito	το φακελάκι
95	saison, *n. f.*	season	stagione	Saison	estación	η εποχή
83	salade, *n. f.*	salad	insalata	Salat	ensalada/lechuga	η σαλάτα
20	salle de bains, *n. f.*	bathroom	bagno	Badezimmer	cuarto de baño	το μπάνιο
20	salon, *n. m.*	sitting-room/living-room	salotto	Wohnzimmer	salón	το σαλόνι
37	salopette, *n. f.*	dungarees	tuta	Latzhose	peto, de trabajo	η σαλοπέτα
9	saluer, *v.*	to greet	salutare	begrüßen	saludar	χαιρετώ
9	salut !	hi!/hello!	salve!	Hallo!	¡hola!	γεια (σου)!
30	samedi, *n. m.*	Saturday	sabato	Samstag	sábado	το Σάββατο
94	saucisse, *n. f.*	sausage	salsiccia	Würstchen	salchicha	το λουκάνικο
93	saucisson, *n. m.*	salami	salame	Wurst	salchichón	το σαλάμι
10	savoir, *v.*	to know (how)	sapere	können/wissen	saber	ξέρω
173	science-fiction	science-fiction	fantascienza	Science-fiction	ciencia/ficción	επιστημονική φαντασία
159	sculpture, *n. f.*	sculpture	scultura	Skulptur	escultura	το γλυπτό
177	séduisant, *adj.*	fascinating	affascinante	verlockend	atractivo	γοητευτικός
55	séjourner, *v.*	to stay	soggiornare	sich aufhalten	permanecer	διαμένω
83	sel, *n. m.*	salt	sale	Salz	sal	το αλάτι
179	selon, *prép.*	according	secondo	gemäß	según	κατά (αυτόν)
20	semaine, *n. f.*	week	settimana	Woche	semana	η εβδομάδα
30	semblable, *adj.*	similar	simile	gleich	similar/idéntico	όμοιος
34	séparer, *v.*	to separate/to sort out	separare	trennen	separar	χωρίζω
53	septembre, *n. m.*	September	settembre	September	septiembre	ο Σεπτέμβριος
52	sérieux, *adj.*	serious-minded	serio	ernst	serio	σοβαρός
70	serveur, *n. m.*	waiter	cameriere	Kellner	camarero	ο σερβιτόρος
63	simplement, *adv.*	simply	semplicemente	einfach	simplemente	απλά
55	site, *n. m.*	site	sito	Ort	sitio	ο χώρος
61	situer (se), *v.*	to be situated	localizzare	sich befinden	situarse	βρίσκομαι
45	ski (faire du)	to ski	sci (fare del)	Ski (laufen)	esquiar	(κάνω) σκι
110	sœur, *n. f.*	sister	sorella	Schwester	hermana	η αδελφή
19	soleil, *n. m.*	sun	sole	Sonne	sol	ο ήλιος
64	sonner, *v.*	to push (bell)	suonare	klingeln	tocar el timbre	χτυπώ το κουδούνι
43	sortir, *v.*	to go out	uscire	hinausgehen	salir	βγαίνω
103	souffler (fort)	to blow (hard)	soffiare forte	blasen	soplar (fuerte)	φυσάω (δυνατά)
15	souligner, *v.*	to underline	sottolineare	unterstreichen	subrayar	υπογραμμίζω
128	soupe (de poissons), *n. f.*	fish-soup	zuppa (di pesci)	(Fisch)suppe	sopa (de pescado)	η ψαρόσουπα
120	souriant, *adj.*	cheerful	sorridente	heiter	sonriente	γελαστός
178	sourire, *v.*	to smile	sorridere	lächeln	sonreír	χαμογελώ
117	souvent, *adv.*	often	spesso	oft	a menudo/ muchas veces	συχνά
166	sport, *n. m.*	sports	sport	Sport	deporte	ο αθλητισμός
37	sportif, *adj.*	athletic	sportivo	sportlich	deportivo	αθλητικός
79	stylo, *n. m.*	pen/fountain-pen	penna	Füller, Kugelschreiber	estilográfica	το στυλό
161	succulent, *adj.*	tasty	squisito	lecker	suculento	νοστιμότατος
10	sucre, *n. m.*	sugar (lump of)	zucchero	Zucker	azúcar	η ζάχαρη
75	suivre, *v.*	to go along/to follow	seguire	folgen/belegen(Kurs)	seguir/tomar (clases)	ακολουθώ
61	sujet, *n. m.*	theme	soggetto	Thema	tema	το θέμα
37	sympathique, *adj.*	friendly	simpatico	sympathisch	simpático	συμπαθητικός

T

	French	English	Italian	German	Spanish	Greek
42	tableau, *n. m.*	black-board	lavagna	Tafel	pizarra	ο πίνακας
159	tableau, *n. m.*	painting/picture	quadro/pittura	Gemälde	cuadro	ο πίνακας
32	tableau, *n. m.*	chart	quadro	Tabelle	cuadro	ο πίνακας

121	tâches ménagères, *n. f.*	housework	lavori domestici	Hausarbeit	quehaceres domésticos	οι δουλειές του σπιτιού
63	taper, *v.*	to insert	comporre	tippen	marcar	χτυπώ
169	tarif, *n. m.*	rate/charge	tariffa	Preisliste	tarifa	η τιμή / η ταρίφα
93	tarte, *n. f.*	fruit-tart	torta	Torte	tarta	η τάρτα
46	temps, *n. m.*	time	tempo	Zeit	tiempo	ο χρόνος / ο καιρός
53	terminer, *v.*	to finish	finire	beenden	terminar	τελειώνω
79	ticket, *n. m.*	ticket	biglietto	Fahrkarte	billete	το εισιτήριο
80	timbres (carnet de), *n. m.*	stamps (book of)	francobolli (blocchetto di)	Briefmarken(heft)	sellos (carné de)	(μια δεκάδα) γραμματόσημα
37	timide, *adj.*	shy	timido	schüchtern	tímido	ντροπαλός
83	tomate, *n. f.*	tomato	pomodoro	Tomate	tomate	η ντομάτα
63	tonique, *adj.*	energetic	tonico	elastisch	tónico	σφριγηλός
28	toujours, *adv.*	always	sempre	immer	siempre	πάντοτε
119	tour (faire un)	to walk about	giro (fare un)	Runde (eine - drehen)	paseo (dar un)	(κάνω μία) βόλτα
30	tour, *n. f.*	tower	torre	Turm	torre	το καμπαναριό
77	tourner, *v.*	to turn	girare	abbiegen	girar	γυρίζω
71	tousser, *v.*	to cough	tossire	husten	toser	βήχω
10	tout droit	straight ahead	dritto	geradeaus	todo recto	όλο ίσια
159	travail manuel, *n. m.*	manual work	lavoro manuale	Handarbeit	trabajo manual	χειρωνακτική εργασία
117	travailleur, *n. m.*	hard worker	lavoratore	Arbeiter	trabajador	ο εργαζόμενος
16	travailler, *v.*	to work	lavorare	arbeiten	trabajar	δουλεύω
63	traverser, *v.*	to cross	attraversare	überqueren	cruzar	διασχίζω
15	triste, *adj.*	sad	triste	traurig	triste	στενοχωρημένος
155	tromper (se), *v.* (de numéro)	to dial the wrong number	sbagliarsi (di numero)	sich täuschen	equivocarse (de numero)	κάνω λάθος αριθμό
150	trop (de), *adv.*	too much/too many	troppo	zuviel	demasiado	πάρα πολύς
43	trop, *adv.*	too	troppo	zu	demasiado	πάρα πολύ
7	trouver, *v.*	to find	trovare	finden	buscar	βρίσκω
173	tuer, *v.*	to kill	uccidere	töten	matar	σκοτώνω

U

13	utiliser, *v.*	to use	utilizzare	benutzen	utilizar	χρησιμοποιώ

V

165	vaccin, *n. m.*	vaccine	vaccino	Spritze	vacuna	το εμβόλιο
20	valise, *n. f.*	suitcase	valigia	Koffer	maleta/valija	η βαλίτσα
47	vélo (faire du)	to go cycling	bicicletta (andare in)	Fahrrad (fahren)	bicicleta (montar en)	(κάνω) ποδήλατο
69	vendredi, *n. m.*	friday	venerdì	Freitag	viernes	η Παρασκευή
50	venir, *v.*	to come	venire	kommen	venir	έρχομαι
65	vent, *n. m.*	wind	vento	Wind	viento	ο αέρας
81	vétérinaire, *n. m.*	veterinary surgeon/vet	veterinario	Tierarzt	veterinario	ο κτηνίατρος
77	viande, *n. f.*	meat	carne	Fleisch	carne	το κρέας
167	victime, *n. f.*	victim	vittima	Opfer	víctima	το θύμα
37	vieux, *adj.*	elderly/old	vecchio	alt	viejo	γέρος
7	ville, *n. f.*	town/city	città	Stadt	ciudad	η πόλη
55	vin, *n. m.*	wine	vino	Wein	vino	το κρασί
49	visiter, *v.*	to visit	visitare	besuchen	visitar	επισκέπτομαι
43	vite, *adj.*	quickly	presto	schnell	rápido	γρήγορα
47	vivre, *v.*	to live	vivere	leben	vivir	ζω
15	voici, *prép.*	here is (enclosed)	ecco	hier ist, hier sind	aquí está	ιδού /νά
47	voile (faire de la)	sailing (to go)	vela (praticare la)	segeln	vela (practicar la)	(κάνω) ιστιοπλοΐα
178	voir, *v.*	to see	vedere	sehen	ver	βλέπω
19	voiture, *n. f.*	car	macchina	Wagen	automóvil	το αυτοκίνητο
93	volaille, *n. f.*	poultry	pollame	Geflügel	aves	τα πουλερικά
55	volcan, *n. m.*	volcano	vulcano	Vulkan	volcán	το ηφαίστειο
167	voleuse, *n. f.*	thief	ladra	Diebin	ladrona	η κλέφτρα
89	volontiers, *adv.*	with pleasure	volentieri	gern	con gusto	ευχαρίστως
10	vouloir, *v.*	to want	volere	wollen	querer	θέλω
69	voyage, *n. m.*	tour/trip	viaggio	Reise	viaje	το ταξίδι
16	voyager, *v.*	to travel	viaggiare	reisend	viajar	ταξιδεύω
39	voyelle, *n. f.*	vowel	vocale	Vokal	vocal	το φωνήεν

Y

125	y en a marre (fam.)	that's enough!	essere stufo	Ich hab's satt	estoy harto/ta	βαρέθηκα πια

DOSSIER 1 Arriver...

	GRAMMAIRE	LEXIQUE	COMMUNICATION SAVOIR-FAIRE	PHONIE GRAPHIE	REPÈRES
SÉQUENCE 0 p. 6 **en France** *(documents authentiques sonores et visuels)* *	– les pronoms personnels sujets – je m'appelle il / elle s'appelle	– quelques formules de politesse	– saluer quelqu'un – **se présenter** ** – **épeler** – **utiliser un dictionnaire**	– l'alphabet – intonation énonciative / interrogative	– quelques sigles
SÉQUENCE 1 p. 15 **dans une famille** *(lettre)*	– le présent des verbes du 1er groupe – les articles définis et indéfinis. – la marque du pluriel – quelques prépositions de lieu – il y a – verbe être	– quelques professions – les liens de parenté – la rue	– **présenter quelqu'un (nom, adresse, profession)** – exclamations – exprimer ses goûts – **parler de lieux et de personnes**	– les finales des mots	– les adresses et les codes postaux
SÉQUENCE 2 p. 24 **à l'institut de langue française** *(annonce sur répondeur téléphonique)*	– les adjectifs de nationalités (masculin / féminin) – l'interrogation avec quel(le) – l'interrogation totale – verbe avoir – être ou avoir ?	– des caractérisations personnelles – les chiffres et les nombres	– repérer les niveaux de langue – tu ou vous ? – interroger – demander poliment – **remplir un chèque** – **noter des numéros de téléphone**	– le découpage de la chaîne parlée – la liaison	– des formulaires administratifs
SÉQUENCE 3 p. 36 **en classe** *(document sonore : présentations)*	– c'est / il est – les adjectifs possessifs – verbes : vouloir, prendre, comprendre, apprendre	– l'apparence physique – les vêtements – les consignes de classe	– caractériser une personne – **décrire quelqu'un** – **intervenir en classe de langue**	– l'accent tonique – l'élision	– quelques prénoms français

* En italique : document déclencheur de chaque séquence.   ** En gras : savoir-faire

DOSSIER 2
Observer...

	GRAMMAIRE	LEXIQUE	COMMUNICATION SAVOIR-FAIRE	PHONIE GRAPHIE	REPÈRES
SÉQUENCE 1 p. 47 **les régions** *(article de presse)*	– à / de + noms de pays – le genre des noms de pays – l'interrogation partielle – parce que – verbes : aller, venir, vivre	– les pays – les régions françaises	– interroger – exprimer la cause – **s'informer sur un lieu** – **exprimer ses goûts** – **écrire une carte postale**	– l'alphabet phonétique international – quelques homophones	– lieux touristiques – présentation d'un parc de loisirs
SÉQUENCE 2 p. 61 **la ville** *(messages publicitaires)*	– l'impératif affirmatif – l'article partitif – article défini ou partitif ? – il faut – verbes : devoir, faire, entrer, sortir	– la ville – les moments de la journée – quelques professions	– **donner un conseil** – donner un ordre – demander / indiquer l'heure – **comprendre des conseils à la radio**	[ə] [e]	– les rythmes de la ville – des lieux publics et des repères dans la rue
SÉQUENCE 3 p. 73 **la rue** *(jeu radiophonique)*	– les articles contractés – les prépositions de lieu – pour / parce que – le féminin des noms de profession – les adjectifs démonstratifs – verbe : pouvoir	– les magasins – quelques professions – les moyens de transport	– demander son chemin – **indiquer une direction** – exprimer un but – **justifier ses choix**	[i] [y] [u]	– des objets quotidiens
SÉQUENCE 4 p. 83 **des gens et des lieux** *(dialogue de film)*	– l'interrogation avec que / combien – la négation (ne ... pas, ne ... plus, pas de) – le pluriel des noms – verbes : payer, boire, manger	– les aliments	– dire ce qu'on veut – proposer / accepter / refuser – demander le prix – exprimer son accord – protester / s'excuser – **obtenir ce que l'on veut au restaurant** – **quoi dire dans un magasin**	[o]	– l'addition d'un restaurant – deux types de restauration – des tickets de caisse

DOSSIER 3 — Vivre…

	GRAMMAIRE	LEXIQUE	COMMUNICATION SAVOIR-FAIRE	PHONIE GRAPHIE	REPÈRES
SÉQUENCE 1 p. 98 **au jour le jour** *(chanson)*	– ne … que – le futur simple – le futur proche – prépositions de temps : en, au, dans – verbes : savoir, pleuvoir, neiger	– les mois – les saisons – la météo	– exprimer une restriction – **comprendre un bulletin météorologique** – parler du temps qu'il fait – **parler de l'avenir** – se situer dans le temps (1)	[ɛ] [ɛ̃]	– les fêtes traditionnelles – l'avenir en chiffres
SÉQUENCE 2 p. 110 **une vie de princesse** *(roman-photo)*	– le passé composé (affirmatif / négatif) – les participes passés des verbes – l'accord du participe passé – ne … jamais – les pronoms personnels toniques	– les étapes de la vie – les caractéristiques d'une personne	– **raconter sa vie** – exprimer un fait habituel / un fait ponctuel – exprimer la fréquence d'une action – **parler de ses habitudes**	[a] [ã]	– les femmes en France
SÉQUENCE 3 p. 123 **au fil des années** *(bande dessinée)*	– on – l'impératif négatif – il faut – les verbes pronominaux (au présent et à l'impératif) – verbes : offrir, recevoir	– vocabulaire familier – des spécialités gastronomiques	– distinguer les registres de langue – interdire / donner un conseil – **offrir / recevoir un cadeau** – exprimer des vœux – **proposer une sortie**	[o] [õ]	– Noël en France – quelques faire-part et invitations
SÉQUENCE 4 p. 135 **au XXᵉ siècle** *(article de presse)*	– les pronoms COD – il y a, depuis – d'abord, ensuite, enfin – verbe : connaître	– des objets très français – faits historiques	– **exprimer la satisfaction / l'irritation** – se situer dans le temps (2) – marquer les étapes d'une action	[ɛ̃] [ã] [õ]	– quelques personnages historiques – quelques acquis socio-culturels

DOSSIER 4 Proposer...	GRAMMAIRE	LEXIQUE	COMMUNICATION SAVOIR-FAIRE	PHONIE GRAPHIE	REPÈRES
SÉQUENCE 1 p. 146 **une sortie** (dialogue de film)	– le style indirect – les adverbes de quantité – le pronom **en** de quantité – verbes : dire, répondre	– les loisirs – les sorties	– exprimer une quantité – proposer / accepter / refuser un rendez-vous – exprimer une hésitation – **dialoguer par téléphone** – **parler de ses loisirs**	[s] [z]	– le minitel
SÉQUENCE 2 p. 161 **des lectures** (couvertures de livres)	– c'est / il est + adjectif – récapitulation des emplois de c'est / il est – tout (adjectif) – la forme passive – le genre des noms – verbes : écrire, lire	– l'information – la presse	– **raconter un fait divers** – donner un titre à un article	[ʃ] [ʒ]	– quelques journaux et magazines – le chèque-lire
SÉQUENCE 3 p. 173 **un film** (critiques de films)	– le féminin des adjectifs – la place des adjectifs – le comparatif des adjectifs – les pronoms COI – constructions verbales – verbes : voir, sourire	– le cinéma	– comparer – **exprimer un avis positif / négatif** – demander à quelqu'un son opinion	[r] [l]	– quelques films français
SÉQUENCE 4 p. 184 **des vacances** (micro-trottoir)	– si + présent – quelque chose / ne ... rien – quelqu'un / ne ... personne – les pronoms relatifs : qui, que, où – le superlatif de l'adjectif – verbe : partir	– les vacances	– exprimer l'hypothèse – exprimer le degré d'une qualité – **réagir dans certaines situations**	[b] [v]	– ce qu'aiment les français – test culturel sur la France

Mame Imprimeurs à Tours